[英] 玛吉·凯瑟克 著

丁宁 译

中国园林

历史、艺术和建筑

北京大学出版社
PEKING UNIVERSITY PRESS

著作权合同登记号　图字：01-2011-2942

图书在版编目（CIP）数据

中国园林：历史、艺术和建筑 /（英）玛吉·凯瑟克（Maggie Keswick）著；丁宁译 . —— 北京：北京大学出版社，2020.10
ISBN 978-7-301-31187-5

Ⅰ . ①中… Ⅱ . ①玛… ②丁… Ⅲ . ①古典园林 – 文化研究 – 中国 Ⅳ . ① K928.73

中国版本图书馆 CIP 数据核字 (2020) 第 022759 号

The Chinese Garden by Maggie Keswick
Copyright © Quarto Publishing plc. 2003
Text copyright © Lily Jencks 1978, 2003
Simplified Chinese Edition © 2020 Peking University Press
This translation published by arrangement with Frances Lincoln Ltd, an imprint of The Quarto Group
All Rights Reserved.

书　　　名	中国园林：历史、艺术和建筑
	ZHONGGUO YUANLIN: LISHI YISHU HE JIANZHU
著作责任者	［英］玛吉·凯瑟克（Maggie Keswick）著　丁　宁译
责任编辑	黄敏劼　张丽娉
标准书号	ISBN 978-7-301-31187-5
出版发行	北京大学出版社
地　　　址	北京市海淀区成府路 205 号　100871
网　　　址	http://www.pup.cn　新浪微博：@北京大学出版社　@培文图书
电子信箱	pkupw@qq.com
电　　　话	邮购部 010-62752015　发行部 010-62750672　编辑部 010-62750883
印　刷　者	天津联城印刷有限公司
经　销　者	新华书店
	787 毫米 ×1092 毫米　16 开本　21.5 印张　260 千字
	2020 年 10 月第 1 版　2020 年 10 月第 1 次印刷
定　　　价	188.00 元

未经许可，不得以任何方式复制或抄袭本书之部分或全部内容。
版权所有，侵权必究
举报电话：010-62752024　电子信箱：fd@pup.pku.edu.cn
图书如有印装质量问题，请与出版部联系，电话：010-62756370

THE
CHINESE
GARDEN

HISTORY, ART
AND ARCHITECTURE

Maggie Keswick

献给
约翰和克莱尔·凯瑟克

看到玛吉的著作大都配上彩色图版，并加了夏丽森撰写的新导言，这是令人何其高兴的事儿。当我们的朋友约翰·尼科尔来找我，提出这些出版建议时，我没有丝毫犹豫，而且，我确信，玛吉也会深怀感激的。虽然她在 1995 年就已去世，但是，随着阐释的变化以及新材料的涌现，对此书予以修订，从一开始就一直是她的愿望。这种无时不在的变化观念是她在 1970 年代中期研究中国园林时我们共同获得的教益：道，即抓住自然中生生不息的精神的方式——好几位中国学者都强调过——对于园林而言，远比其特定的母题或主题显得更为重要。这本献给她父母的书，如今也以一种不同的形式继续活在我们的孩子约翰和莉莉心中，他们对中国园林这种非同寻常的艺术与生活形式也都有着一种特殊的爱。

查尔斯·詹克斯
2002 年

目录

1	导言	夏丽森
14	第一版序言	

19	西方的回应
51	园林起源
77	皇家园林
115	文人园林
143	画家之眼
179	园林建筑
229	石头与水
259	花草树木
289	中国园林的意义　查尔斯·詹克斯
305	中国园林游一览表

322	参考书目
325	索引
330	致谢
332	译者后记

北京颐和园万寿山上被称为"转轮藏"的建筑群。

导言

夏丽森

1978年，玛吉·凯瑟克（1941—1995）首次出版《中国园林：历史、艺术和建筑》（第二版，1986年）时，英语世界的普通读者可以读到的有关中国园林史的介绍尚寥寥无几。最为权威的是瑞典艺术史家喜龙仁的《中国园林》（1949年）及其姐妹篇《中国和18世纪欧洲园林》（1950年）。[1] 玛吉·凯瑟克在其前言里，对喜龙仁的《中国园林》这一现代出版的第一本英文版研究中国园林的权威著作表达了敬意；尽管喜龙仁的《中国园林》已不再易得，但是，依然是有价值的，尤其是喜龙仁在1920年代和1930年代拍摄的许多精彩的照片。20世纪上半叶，其他各种各样论述中国园林的英文著作和文章得以问世；尽管有些确有价值，但是，常常是刊登在学术期刊上，西方的普通读者还是不易读到。[2]

20世纪上半叶，特别是在中国营造学社的主持下，中国学者对中国园林所做的研究与记录中不乏开创性的成果。[3] 营造学社负责推广关于中国园林的一种最为举足轻重的理论文本——计成（生于1582年）的《园冶》。此书原初刊于约1635年，营造学社在1933年予以再版。[4] 对这本书，喜龙仁的著作通过并不完整也不可靠的译文，似乎是为我所用地做了大量引用；而玛吉·凯瑟克引用很多的正是喜龙仁的译文。与此同时，童寯正在收集将用在其重要的《江南园林志》中的材料，[5] 此书是玛吉·凯瑟克的参考书。不过，由于当时中国的贫穷和动荡，出版物相对较少，而且，少量问世的几本，普通读者，即便假定是懂中文的，也不易读到。直到在1949年共产党取胜之后相对和平的条件下，学术工作才在拥有相对可观的出版物的条件下展开。例如，正是在这时，陈植等人开始致力于《园冶》的注释版。[6] 然而，始于1966年的"文革"又意味着，许多出版物得等到1976年之后的改革年代才得以出版，而到了那个时候，许多学者早已过世了。

---

1 喜龙仁：《中国园林》，纽约：罗纳德出版公司，1949年；《中国和18世纪欧洲园林》，纽约：罗纳德出版公司，1950年。

2 譬如，弗洛伦斯·艾斯库：《中国的园林观念》，《中国科学与艺术学刊》，第1卷，第1—4期，1923年1—7月号；童寯：《中国园林：尤其是在江苏和浙江》，《天下月刊》，第3卷，第3期，1936年10月，第220—244页，玛吉·凯瑟克参考了这两篇文章。

3 有关中国营造学社的缘起，参见费慰梅：《梁思成和林徽因：探索中国建筑史的伴侣》，费城：宾州大学出版社，1994年。

4 计成：《园冶》，北京，1933年。

5 童寯：《江南园林志》，北京：中国工业出版社，1963年；第2版，北京：中国建筑工业出版社，1984年。

6 计成：《园冶注释》，陈植编，北京：中国建筑工业出版社，1981年。

到了 1970 年代后期，中国再度向外国游客开放，"文革"之前出版的很多关于中国园林的英文著述显得过时了。因而，玛吉·凯瑟克将中国园林介绍给西方爱好园林的更为广泛的受众，有点前驱者的意味。她的背景令其尤其适合这一任务。她是约翰·凯瑟克爵士夫妇的独生女儿；约翰爵士曾是香港庞大的怡和有限公司的大班（主席），尽管该公司是以 19 世纪臭名昭著的鸦片贸易起家的，但在东亚发展了广泛而又多样的业务。[7] 约翰爵士一生很多时间是生活在上海，而后在香港，会讲一口虽然时而有错却流利的中文（上海话多于普通话），而且，他对中国的生活与思想方式也有一种名副其实的感同身受。虽然玛吉继承了那样的感同身受，不过，她的艺术天分并未使她关注中国的商业文化，而是转向了中国的视觉艺术。

在人们的一般印象中，1949 年之前居住在中国的英国人都是与其周围的社会相隔绝的，但是，凯瑟克一家却结交了不少中国朋友，其中许多人在 1949 年之后仍然留在中国；因为其资本家的背景，他们在"文革"中吃了苦头，此后，他们又重新成为中国改革开放时期有影响的人物。因而，1970 年代，当怡和公司和约翰·凯瑟克爵士本人与中国重新交往时，就有一个现成的社交圈子，可以促成包括考察苏州园林在内的各种各样的活动。这些园林只是在"文革"之后才开始得到修复。

玛吉本人在牛津大学读完英语专业后，曾经是一名服装设计师；在研究建筑之前，她在动荡的 1960 年代，有好几年是在成功地打理位于伦敦的一家礼品店。在此期间，她遇见了有影响的建筑批评家查尔斯·詹克斯，并与之结为连理。作为一位技巧娴熟的水彩画家和绘图师，她对当代景观和建筑设计的潮流也有关注。无疑，正是自身的热情与魅力，加上父母的人脉，使她得以参观许多难得对公众开放的中

---

[7] 玛吉为该公司做了一本插图史。玛吉·凯瑟克编：《蓟与玉：怡和集团 150 周年庆》，Matheson & Co., Octopus 图书有限公司，伦敦，1982 年。

国园林。她对园林构思中的精妙心有所感，并且在写作中极为明显地流露出对赏心悦目的园林的陶醉。

虽然她一直对设计兴趣盎然，而且，自1970年代以来，常随父母访问中国从而迷上了中国园林，但是，直到人生的晚期，她才在家族居住地邓弗里斯郡的属地和美国，与建筑师弗兰克·盖里一起，积极地投身于园林设计。她对园林环境的心理和情感方面的意识来自她对中国传统的熟稔，而且，最终融入一直是其生命一部分的慈善工作，部分原因是其母亲和她本人的天主教信仰。1980年代早期，她和父亲在香港创立了凯瑟克基金会，率先在精神病领域里进行多项当时在香港社会仍然颇受争议的试验计划。基金会随后帮助建立香港第一个绝症患者安养所。1988年，玛吉第一次癌症发病之后，她充分意识到了让癌症患者及其家人拥有一种可以从愉悦而又有援助性的环境中汲取力量的地方的重要性。这促成了在她接受治疗的爱丁堡西区总医院第一个"玛吉中心"的建立，其设计融合了关于创造积极治疗的环境的观念，部分地与中国园林传统相关联。

《中国园林》出版之后，玛吉·凯瑟克继续就此课题写作和讲学。她为建筑杂志撰写有关中国园林的文章，[8] 而《中国园林导论》则发表于1990年在莱顿举行的园林史研讨会的论文集《真正的园林》（1991年）。[9] 她也为1990年出版的一本纪念温哥华中山公园古典园的开园仪式的书撰写了稿件。[10] 虽然她自身有点不愿埋头著述，但是，即使是在她已经被致命的癌症折磨的时候，她也是一位活泼的演讲者，努力将自己在中国园林上倾注的热情，传达给欧洲和北美的听众。

她本人及其《中国园林》一书，近年来令人瞩目地激起了西方人对中国园林史越来越浓厚的兴趣，应该予以多多肯定。自从她的著作发表以来，有关的课题必然有所推进。不过，鉴于其他比较晚近的研

---

8 玛吉·凯瑟克：《中国园林》，《设计书评》，1985年，第7期，第38—40页；《中国园林指南》，《建筑设计》，56，9（1986），第41—47页。

9 L. Tjon Sie Fat 和 E. de Jong 编：《真正的园林：一次园林研讨会》，克卢修斯基金会，莱顿，1991年。

10 玛吉·凯瑟克、朱迪·奥伯朗特等：《在一座中国园林里：孙逸仙博士的古典中国园林中的艺术与建筑》，温哥华孙逸仙博士园林协会，1990年。

究大多比较专业，对背景知识很少或完全没有背景知识的读者来说用处并不大，因而，《中国园林》依然是一种非常有帮助的概论。鉴于无以阅读中文的研究者可资利用的材料在玛吉·凯瑟克写作的时候还极为有限，她的判断显得如此中肯和有根有据，这也是令人惊讶的。在某种程度上说，她的著作似乎将"中国园林"概括为一种经年累月都不变的实体；通常，这些都是过去讨论中国园林时形成的观念。不过，她清醒地意识到了中国园林不断经历的毁而重建的过程，从而没有陷入那种认为"今天存留的园林确实就是从遥远的过去一直存留不变"的观念的陷阱。事实上，如今在中国可以看到的大部分"经典"园林都是19世纪晚期甚或20世纪早期的创造，而且，它们在1970年代后期以来，都经历了大规模的修复（或重建）。

在某些西方作者中有一种倾向，就是不加批判地接受一些中国作者简单化的园林史叙述，尤其是由于大部分论述中国园林的西方作者（包括玛吉·凯瑟克本人）不能阅读中文，他们就没有能力寻求重要的资源，而且有些还接受了中国的园林史作者经常表述的观念，即现存于历史场所中的中国园林与其在唐、宋或明代时的原样相比基本上没有变化。这导致中国和西方的作者推测，中国园林的视觉外观在漫长岁月中基本上还是原样旧貌，而不像我们所知的在风格上有过剧变的欧洲园林。玛吉本人并未非常清晰地区分她所讨论的园林的现状与历史面貌之间的差别，尽管她的确认识到了，有些园林已经历过戏剧性的变化。

也有一种把苏州园林置于所有其他的中国园林之上的倾向。无可否认，这是一种可以追溯到好几百年以前的倾向，可是，它如今尤其显得突出了。流行的观点很少认识到一个事实：有许多园林曾经存在而且依然存在于苏州以外的地区，而苏州或江南风格的私家园林只是若干种地域风格中的一种。除了谈及北京的皇家园林,《中国园林》大体上聚焦在苏州园林以及其他江南地区的园林,因为,这些是玛吉当时在写作时最易于接近的园林,不过,她肯定是意识到了地域性的差异,而且,在其后来有关中国园林的谈话中对承德(热河)大型的皇家园林也给予了特别的关注。[11]

一种司空见惯的误解——对此玛吉本人并不认同——认为,中国园林总是在城市里,而且,通常附属于主人的住宅。[12] 事实上,有许多证据表明,尤其从16世纪、17世纪开始,私家园林通常坐落在都市中心城墙外的那种既用来居住也进行耕作的区域里,而有时则坐落在相当偏远的乡野。园林总是包含建筑物,使其主人与家眷或友人能过夜或逗留更长的时间,尽管如此,它们却绝非总是直接地与家居联系在一起。"私家园林"一词,正如玛吉所指出的那样,在任何情况下都像是叫错了名的东西,因为,据我们所知,从宋代以来,即使是私家所属的园林也至少会在一年中的某个时候向来访者开放。传统的有关文人隐士在其优雅的隐居处独自多愁善感地欣赏四季的微妙变化的印象,就如她认识到的那样,应该更为实际地替换成吵吵嚷嚷的酒会、取悦高官而举行的豪奢宴席,以及观赏艳俗灯会的喧哗人流等的情景。

通常,在皇家园林、寺庙园林和私家园林之间所做的区分,正如本书中所做的那样,多少是人为的,因为这些类别之间是有流动的:同一场所可能在私属和寺庙资产之间变动,私人有时也会在寺庙附近修建园林;私家园林可能会归皇家所有,而至少从18世纪起,如果不是更早的话,皇家园林或许部分地模仿了私家园林的风格;在帝王时代,私家园林也可能规模巨大,特别在乡村地区,在某种程度上想必已经可与皇家园林的辉煌相媲美了。

在西方的论述中极为强调而玛吉也确实着重强调的一个方面就

---

11 例如,1992年1月在加州大学洛杉矶分校所做的讲演。

12 例如,白馥兰在《技术与性别:晚期帝制中国的权力经纬》(伯克利加州大学出版社,1997年)一书中,将中国园林描述为"不是建于屋外,而是修于墙内"(第84页)。

是，中国园林的精神维度。园林被阐释为自然世界的缩影、仙人三岛[13]的再现，以及对风水原则的具现，等等。[14]虽然这无疑是真实的，但是，却不是在中文资料中予以充分强调的方面（部分原因是这被视为理所当然的）。就如我在下文中所讨论的那样，西方最近的学术研究已经有意聚焦于中国园林更为现实的方面，诸如其社会与经济的意义。这也许部分地是因为对神秘东方的态度变得越来越现实的一种结果，也与西方艺术史研究焦点发生变化有关。

作为一种学术课题的园林史，是中国从西方引入的概念，可能既有通过日本介绍进来的，也有随着1919年的"五四运动"的兴起，在中国知识分子重新评价自身的文化时直接引进的。[15]在中国，园林被概括为建筑的一种形式（部分地由于中国园林不像欧洲园林通常的样子，是将许多建筑结构整合了），正是这些建筑史学者引导了中国园林及其历史的现代研究。1949年以后，与中国营造学社相关联的中国学者所完成的开创性工作得到极大的补充，特别自从"文革"结束以来，更是通过极为多样的出版物而变得大为丰富。

起初，学者们倾向于研究具有历史意义的私家园林，通过刊发在1957年权威考古学刊《文物》上的一组文章就可看出这一点，[16]不过，后来也尝试以更为宽广的视野考察整个中国园林的发展史，[17]分析中国园林的审美观，[18]以及将中国园林的特征与作为整体的中国文化联系起来；后一方面的突出例子就是王毅对园林与中国思想的发展之间的内在关联的大量研究。[19]许多有用的参考著作也得以出版，诸如张家骥的《中国园林艺术大辞典》，[20]以及有关几乎所有已知的历史悠久的园林，[21]特别是苏州园林的资料汇编。[22]对中国园林研究者不可或缺的是著名学者陈植和陈从周的论文集，其中不少文章在出版前早已完成。[23]

13　当指先秦传说中的蓬莱、方丈、瀛洲。——译者注。

14　园林方面最著名的研究是石泰安的《远东小型园林》，《法兰西远东学院通报》，1943年，第1—104页，此文后来成书为《小世界：远东宗教思想中的小型园林与住所》，巴黎，1987年。英译为《微观世界：远东宗教思想中的园林和住所》，菲利斯·布鲁克斯译，斯坦福：斯坦福大学出版社，1990年。

15　参见冯仕达在《〈园冶〉借景篇》中的评议，《园林史与景观设计研究》，第19卷，1999年，第38页，以及《中国明代散文中的语词与园林：方法论摘记》，《界面》，1997年第11期，第79页。

16　陈从周：《上海的豫园与内园》，《文物参考资料》，1957年6期，第34—35页；傅熹年：《记北京的一个花园》，第13—19页；杨宗荣：《拙政园沿革与〈拙政园图册〉》，第56页；周维权：《略谈避暑山庄和圆明园的建筑艺术》，第8—12页；朱偰：《记苏州惠荫花园——一个以水假山著名的花园》，第32—33页。

17　也许最为权威的是，安怀起：《中国园林艺术》，上海：同济大学出版社，1991年；张家骥：《中国造园史》，哈尔滨：黑龙江人民出版社，1986年；台北：明文书局重印，1990年；周维权：《中国古典园林史》，北京：清华大学出版社，1990年。

18　安怀起：《中国园林艺术》，上海：上海科学技术出版社，1986年；金学智：《中国园林美学》，南京：江苏文艺出版社，1990年；杨鸿勋：《江南古典园林艺术概论》，《建筑历史与理论》，1981年第2期，第141—161页和第4页；《中国古典园林艺术结构原理》，《文物》，1982年第11期，第49—56页；《中国古典园林：历史与设计技巧》，王慧敏英译，纽约：凡·诺斯特兰德·莱因霍尔德有限公司，1982年；《江南园林论》，上海：上海人民出版社，1994年。

19　王毅：《园林与中国文化》，上海：上海人民出版社，1990年。

20　张家骥：《中国园林艺术大辞典》，太原：山西教育出版社，1997年。

中国学者的一个研究领域就是通过研究园林的早期设计者，从而极大地阐明中国园林的社会意义。虽然历史名园常常被描述成出自主人或其他著名文人、艺术家之手，但是，实际的栽培、建房以及假山的布置等工作，则必须是由手艺高超的工匠来计划和完成。1930年代，计成《园冶》的再版似乎第一次激起人们对这些匠人生平的兴趣；这样的一种兴趣与1919年"五四运动"后对中国通俗文化的探索相吻合，也因为1949年中华人民共和国的建立而获得了更大的推动力。在谢国桢撰写的三种有关晚明造园叠山匠师张涟（字南垣，生于1587年）的早期传记再版之后，[24] 紧接着出现了曹汛等人对张涟、计成以及18世纪的大师戈裕良的生平与作品的详尽研究。[25]

中国大陆和台湾地区也有许多出版物，基本上都是画册，旨在针对游客市场和那些希望重新发现他们的文化之"根"的大陆与海外的华人。确实，在当今中国，"中国园林"已经成为传统中国文化精华的某种象征。中国园林为何是中国人自己认定的祖国的一个强有力的象征，其中一个理由一定是这一事实，即它是在几个世纪以来西方人普遍赞赏、实际上又对西方文化有重要影响的中国文化的一个方面。[26] 这使得有些中国人很难平心静气地来思考中国园林，而正是这种情绪化的内容解释了为什么中国园林有时被局外人看作非理性的事物。譬如，就如我在前面提到的那样，有一种将园林本质化的倾向，同时，认定园林在中国文化中是一成不变的，尽管这很容易证明，但是，事实上，在中国文化的进程中，"园林"在不同地点、时间或环境中都有着不同的意义，而且，中国园林的风格也有过颇具戏剧性的变化。

自从"文革"结束以来，中国与西方之间日益递增的文化与学术交流促进了全世界对中国园林的研究。在西方，中国园林的研究，虽

21 任常泰、孟亚男：《中国园林史》，北京：燕山出版社，1993年；台北：文津出版社重印，1993年。

22 魏嘉瓒：《苏州历代园林录》，北京：燕山出版社，1992年；台北：文史哲出版社重印，1994年。

23 陈植：《陈植造园文集》，北京：中国建筑工业出版社，1988年。陈从周：《园林谈丛》，上海：上海文化出版社，1980年；《春苔集》，广州：花城出版社，1985年；《帘青集》，上海：同济大学出版社，1987年。

24 谢国桢：《叠石名家张南垣父子事辑》，《国立北平图书馆馆刊》，第5卷，第6期，第12—23页。

25 曹汛：《清代造园叠山艺术家张然和北京的"山子张"》，《建筑历史与理论》，1981年第2期，第116—125页；《计成研究》，《建筑师》13（1982）第1—16页；《张南垣父子事辨误》，《中华文史论丛》，1985年第1期，第271—276页；《叠石名家戈裕良》，《中国园林》，1986年第2期，第53—54页；《造园大师张南垣——纪念张南垣诞生四百周年》（1），《中国园林》，1988年第1期，第21—26页；《造园大师张南垣——纪念张南垣诞生四百周年》（2），1988年第3期，第2—9页；也参见吴肇钊：《计成与影园兴造》，《建筑》，第23期（1985年），第167—177页。

26 参见例如埃莉诺·冯·厄达伯格：《欧洲园林结构中的中国影响》，布雷默·怀登·庞德编，麻省，剑桥：哈佛大学出版社，1936年；喜龙仁：《中国与18世纪欧洲园林》，纽约：罗纳德出版公司，1950年；窦武：《中国造园艺术在欧洲的影响》，《建筑史论文集》，第3辑，清华大学建筑工程系，1979年，第104—166页。

然一直与艺术史保持着一种紧密的联系（将网师园的殿春簃庭院——一座复制的苏州园林的庭院——整合到纽约大都会艺术博物馆中，就表明了这种联系），但是，总体而言，较诸两次大战之间的时期，它就显得更加多样化了。[27] 为在美国举办的展览而出版的若干本图录都收集了有关中国园林及其分析的实用材料，它们的分析角度有时是美学，有时则是植物学。[28]

总体而言，自从玛吉·凯瑟克撰写《中国园林》以后，对中国园林史的不同方面又有了大量的新研究。中国园林的研究，正如西方所理解的那样，由于《园林史研究和景观设计》（曾名《园林史学刊》）两期特刊的出版而更多地进入到了园林史的领域；特刊的编辑是约翰·狄克逊·亨特，客座编辑是冯仕达。[29] 尤其是冯仕达，作为一位既在西方接受过教育又师从于同济大学陈从周教授的建筑师学者，为填补汉学家和园林史学者之间的鸿沟做了大量的工作。

对清代皇家园林也已有了深入的研究。圆明园的研究是由毕梅雪领导的一批学者进行的，[30] 而雷吉娜·蒂里耶则对19世纪在中国工作的西方摄影师拍摄的园林废墟的研究做了补充，[31] 菲利普·弗雷研究了清代皇帝的承德避暑山庄在满族帝国规划中发挥的作用。[32]

自从1980年代以来，由于时代精神的某种奇妙作用，有几个人天各一方地开始研究《园冶》：澳大利亚的冯仕达、巴黎的邱治平和当时住在伦敦的我。[33]《园冶》的若干种新版本——各有千秋——也在近年以来问世于中国。[34] 其结果是，在玛吉·凯瑟克的著作出版时，当时的英语读者只能通过喜龙仁《中国园林》里的部分翻译来了解《园冶》，如今它却是最为著名、研究最深入的论述园林的中文文本之一了。

现代之前以及现代早期中国人对园林的论述也许并未得到西方人

---

27 参见姜斐德和方闻：《中国园林庭院：大都会艺术博物馆阿斯特庭院》，纽约大都会艺术博物馆，1980年。

28 最为著名的是翁万戈编：《中国艺术中的园林》，中国之家画廊，纽约，1968年；班宗华：《桃花源——中国绘画中的园林与花卉》，纽约大都会艺术博物馆，1983年；韩庄：《能之核，地之骨：中国艺术中的石头》，中国之家画廊，纽约，1985年；李琼恩、高居翰：《张宏〈止园图〉：重访一座17世纪的中国园林》，洛杉矶艺术博物馆，1996年。

29《问题》，第18卷，第3期，1998年秋，以及第19卷，第3—4期，1999年7月—12月。

30 毕梅雪、安娜·莎耶等：《圆明园：18世纪中国宫廷中的水戏和欧洲宫殿》，巴黎：文明研究出版社，1987年。

31 雷吉娜·蒂里耶：《蛮夷的镜头：西方人拍摄的乾隆皇帝的西洋宫殿》，阿姆斯特丹：戈登与布里奇出版社，1998年。

32 菲利普·弗雷：《1780年承德皇家园林的愿景》，《园林史与景观设计研究》，第19卷，第3—4期，1999年秋、冬号，第343—363页；《绘制承德：清代的山水规划》，檀香山：夏威夷大学出版社，2000年。

33 冯仕达：《〈园冶〉借景篇》，《园林史与景观设计研究》，第19卷，第1期，1999年春季，第36—45页；《读解〈园冶〉的多学科视野》，《园林史与景观设计研究》，第18卷，第3期，1998年秋季，第211—231页；计成：《园冶》，夏丽森英译，纽黑文和伦敦：耶鲁大学出版社，1988年；同上，《〈园冶〉：中国园论》，邱治平法译并注释，贝桑松：印刷出版社，1997年。

34 计成：《园冶诠释》，张家骥编，太原：山西人民出版社，1993年；同上，《园冶说译注》（原名《园冶》），刘乾先注译，长春：吉林文史出版社，1998年；计成：《园冶》，陈植编，台北：明文书局，1983年重印。

的赏识，尽管这一点因为柯律格在《长物》中有关晚明鉴赏文献的研究，[35] 以及刊载在《园林史和造景的研究》中的论文而有所弥补。譬如，胡广俊对米万钟勺园的论述[36] 和邓肯·坎贝尔关于祁彪佳寓山园的阐述。[37] 在同一期刊上，韩文彬在《司马光的独乐园》一文中讨论的园林命名，对于英语读者而言，也有助于说明古典中国园林术语的微妙性质。[38] 后来，约翰·梅卡姆论述的园林中的儒家术语的文章也是如此。[39]

通过巴黎的梅泰理的历史、人种、植物学方面的著作，[40] 以及澳大利亚植物学家彼得·沃尔德有关中国园林（及其他）花卉的著作，我们对中国园林里的植物知识大有拓展。[41]

玛吉对"园林之城"苏州的偏爱，显而易见地表现在《中国园林》一书之中。在许亦农论述苏州城市形态发展的著作中，对该城市（包括其众多园林）的历史发展也做了详尽的研究。[42]

柯律格令人信服地指出，至少在苏州地区，园林的观念在明代经历了一种从制作到审美的变化，如今已经使得学者们不可能再把"中国园林"看作具有一成不变的本质，或不加思索地同意，至少在明代——一个在生活和文化的其他方面产生戏剧性变化的时代——中国园林的样态是没有变化的。[43] 相较于对特定园林的格局或其他方面的研究，还没有一个西方的作者仔细考察过任何一个特定时代的中国园林风格或样态的真凭实据，也没有中国学者就此做过详尽的研究。[44] 因而，依然有一种倾向认为，中国园林总是像现在看到的样子。

此外，尽管论述园林的作家们都承认，现代的园林风格存在着颇为鲜明的地域差异，但是，通常这被归因于这样的事实：北京现存的园林要么几乎都是皇家园林（如颐和园）或紫禁城里的御花园，要么

---

35 柯律格：《长物：早期现代中国的物质文化与社会状况》，乌尔班纳和芝加哥：伊利诺伊大学出版社，1991年。

36 胡广俊：《米万钟（1570—1628）的勺园：透过视觉和文学资源重访晚明山水》，《园林史与景观设计研究》，第19卷，第3—4期，1999年7—12月，第314—342页。

37 邓肯·坎贝尔：《祁彪佳的〈寓山志〉：介绍和翻译》，《园林史与景观设计研究》，第19卷，第3—4期，1999年7—12月，第243—275页。

38 韩文彬：《独乐园中的场所的命名及其含义》，《园林史杂志》，第13期，1993年，第199—213页。

39 约翰·麦克汉姆：《儒家在命名传统中国园林中的作用》，《园林史与景观设计研究》，第18卷，第3期，1998年秋季，第187—210页。

40 梅泰理：《中国古代园林学者》，《传统农业和应用植物学杂志》，1995年，第37卷，第1期，第31—44页；《关于"文人园林"与传统中国植物的若干提示》，《园林史研究和景观设计》，第18卷，第3期，1998年秋季，第248—256页；梅泰理、尼科尔·斯托波尔·泰西尔：《中国菜园》，韦威：食品博物馆，1997年。

41 彼得·沃尔德：《中国园林植物》，伦敦：韦德菲尔德和尼科尔森出版公司，1999年；《中国园林》，俄勒冈州波特兰：蒂姆博出版社，2002年。

42 许亦农：《时空中的中国城市：苏州都市形态的发展》，火奴鲁鲁夏威夷大学出版社，2000年。

43 柯律格：《蕴秀之域：中国明代园林文化》，伦敦：瑞克逊图书公司，1996年。

44 例外的诸如，刘托：《宋代园林的艺术风格》，《美术史论》，1986年第4期，第39—49页；以及汪菊渊：《苏州明清宅院风格的分析》，《园艺学报》，第11卷，第2期，1963年5月，第177—194页。不过，甚至这样的研究也倾向于对时代风格进行一种笼统的描述，而未引证或讨论非常特定的证据。

是隶属于皇亲国戚的园林（如恭王府花园），而广东现存的私家园林则被认为是非常晚期的（一般是19世纪末），明显受到了欧洲建筑的影响。[45] 因而，对地区风格的差异并不在更为久远的历史中去寻找；并且，有一种没有说出来的假设似乎就是，现存江南园林（大多数原本为私家园林）的风格是过去所有私家园林的风格。

然而，鉴于其他艺术形式随着时间而发生的深刻变化，认为中国园林的风格事实上不论何时何地（特别是在见证了迅捷的社会、经济和文化变迁的时代里）都保持不变，则似乎是说不通的。大约在1610—1620年期间，中国园林设计的重要的方向性变化就发生在江南的文化中心区域（苏州和松江地区），而稍后发生在其他地方。这可与著名的造园艺术家张涟及其同时代的计成联系在一起，它派生于由极具影响的艺术批评家董其昌（1555—1636）所倡导的评判山水画的新取向。其结果则是趣味的转变，从偏向大型、张扬的和相对轴向的园林风格，转向比较朴素而又天然的风格。

西方的园林史如今已是一个完备的学术研究领域，不过，只是在过去的二三十年间，园林才成为艺术史学者以及社会史学者所接受的适当的研究对象。自从1970年代后期以来，由英国文学、地理学和艺术史领域里的学者，诸如詹姆斯·透纳、约翰·巴雷尔和丹尼斯·科斯格罗夫等人所做的跨学科研究，改变了我们对园林的功能、景观设计以及表征的理解与态度。[46] 这些学者的真知灼见，将园林风格、对园林文化的态度等的变化与社会的总体发展联系起来，让我们重新而又更为深刻地理解欧洲语境下的景观设计和园林的许多社会与审美的意义，同时，也开始在非欧洲园林研究方面推动了相似的想法。我们现在不太可能像玛吉·凯瑟克那样，基本上是从审美的方面来看中国园林。不过，中国园林的研究，无论是中文还是欧洲语言的文本，依

---

45 安托万·古尔耐：《番禺余荫山房：一个个案的研究》，未刊论文，宣读于新英格兰亚洲研究协会学术会议上，1999年10月9日，其中讨论了这座"广东四大名园"之一的园林中的欧洲影响。

46 詹姆斯·透纳：《风景的政治性：1630—1660年英国诗歌中的乡村景色与社会》，牛津大学出版社，1979年；约翰·巴雷尔：《风景的黑暗面：1730—1840年英国绘画中的乡下穷人》，剑桥大学出版社，1980年；丹尼斯·E. 科斯格罗夫：《社会形态与象征性风景》，伦敦和悉尼：克鲁姆·黑尔姆有限公司，1984年；也参见安·伯明翰：《风景与意识形态：1740—1860年的英国乡村传统》，伦敦：泰晤士和赫德逊出版公司，1986年，以及汤姆·威廉姆森：《彬彬有礼的风景：18世纪英国的园林与社会》，斯特劳德：萨顿出版有限公司，1995年。

然较为严格地限定在艺术史和建筑史的领域里。在《中国园林》一书中，玛吉也的确提及了园林作为地位标志的功能，但是，却并未做出深刻的分析。

近年来，一些西方学者开始将那种从社会科学角度出发而进行的欧洲园林史研究的深刻见解，应用在中国园林史的研究上。1992年，韩德琳论述《祁彪佳社交世界中的园林》的重要文章发表在《亚洲研究学刊》上，园林的社交作用引起了汉学家们的注意。[47] 韩德琳深刻地分析了晚明江南园林的双重功用，既表现业主个性，又使其在社交网中获得定位。

历史学者约翰·达德思先是通过一篇论文，接着又以专著形式，论述了明代江西的一个县，成为又一位将园林文化研究与中国社会历史结合起来的先驱学者。[48] 1996年，柯律格的《蕴秀之域：明代中国园林文化》一书的出版是一项里程碑式的成果，[49] 它已经成为理解中国园林的经济地位以及在社交语境下如何使用的重要文本，同时也决定性地将西方的中国园林学术研究从美学领域转向社会与经济的研究。中国艺术史学者近期的研究阐明了财产所有权与中国绘画中山水再现的关联，而这种研究路线显示了中国园林研究方面卓有成效的迹象。[50]

在这一新版的《中国园林》里，除了对一些事实错误做了小的修正之外，文本部分依然是玛吉·凯瑟克所撰写的样子。玛吉并非学院派汉学家，而且，她对中文名字的罗马拼音化的了解也有误差，所有名字（除了那些在英文中约定俗成的以外）均转化为目前最为广泛使用的汉语拼音系统。有些插图已经用更好或更新的摄影图片所替代。附录中对外开放的"中国园林游一览表"，做了完全的修订和更新。同时，也添加了译成英文并有拼音和简体汉字的园林名录，因而，

47 韩德琳：《祁彪佳社交世界中的园林：晚明江南的财富与价值观》，《亚洲研究学刊》，第51页，第1期，1992年2月，第58—81页。

48 约翰·达德思：《明代的风景：江西泰和县的定居、土地使用、劳动力以及审美倾向》，《哈佛亚洲研究杂志》，第49卷，第2期，1989年12月，第295—364页；同上，《明代社会：14—17世纪的江西泰和县》，伯克利、洛杉矶和伦敦：加州大学出版社，1996年。

49 参见注释43。

50 文以诚：《家庭财富：王蒙1366年〈青卞隐居图〉中的个人家境与文化类型》，《东方艺术》，第13卷，1982年，第1—29页；韩文彬：《北宋的艺术和认同：来自园林的证据》，载何慕文和朱迪思·G. 史密斯编，《宋元艺术》，纽约：大都会艺术博物馆，1996年，第147—164页；同上，《11世纪中国绘画与私人生活：李公麟的〈山庄图〉》，普林斯顿大学出版社，1998年。

到中国访问而不会讲中文的访问者就可以比较容易地寻觅到一座座的园林，同时，也感受到那种让玛吉·凯瑟克如此入迷并且在《中国园林》中淋漓尽致表达的快乐。

2002年夏秋于泰恩河畔纽卡斯尔

苏州耦园里的一朵玫瑰在一透窗前绽放艳彩，而其花影则在墙上摇曳。

序言 第一版

当有人知道我正在做什么时，他们的反应几乎都是一模一样的：一本论述中国园林的著作——谁听说过中国园林的特别之处啊？即便在东方，中国园林也是某种消亡了的艺术；而在西方，"中国园林"这几个字则鲜能唤起任何的印象。如果说它们可以唤起人们的印象的话，也可能是一种日本的园林——精心缀以一排排的石头与青苔，以及修剪齐整的松树与枯流，而且，重要的是，日本的园林让人觉得如此完美无缺，因而（就如三岛由纪夫曾经论述过的那样），甚至于游客介入自身的感受都仿佛是造次似的。

中国园林却并非如此。典型的中国园林，令人迷惑而又密集，夺人眼球的是，大假山和许多建筑物都挤入了不计其数而常常又是非常小的空间里，在许多外国人看来，它是如此迥异于任何别的事物，以至于无法理解，甚至有些部分是古里古怪的。也许，有关它们带给人的体会，最切近的类比，有点像是漫步在夏特尔大教堂。在这两个地方，最初的感性影响导向更为智性的快乐，而对于那些希望找到那种快乐的人来说，隐藏在各种各样形式背后的，是显然无穷无尽的意义层次，这种意义在探究过程中变得越来越深邃和神秘。

如同哥特式大教堂的平面图一样，中国园林也是宇宙图样，反映了一种深刻而又古老的世界观，以及人在其中的位置。不过，在其漫长的历史中，中国园林也以颇为真实的方式成为一种文明的背景。中国的伟大诗人与画家在园林中相遇和合作，园林中充满了欢声笑语、打情骂俏的聚会、多情的约会，以及无数努力寻找名分的新贵。除了作为安静沉思的地方，园林还见证了家庭的欢庆与精彩的戏文、政治的阴谋以及家长里短的拌嘴等，事实上，就是形形色色的悲剧、快乐与闹剧等。对于一位裹了小脚的女性而言，她的私家园林可能就代表了她的整个世界——就像诸如《红楼梦》或巴金的《家》这样的小

影子在中国园林里有举足轻重的作用。摄于苏州网师园。

说中的某些女仆一样——逃遁不能忍受的现世的唯一途径，就是趁着夜色滑入池塘光亮水面下的忘川。

因此，一本论述中国园林的著作就显得非同小可了，特别是在喜龙仁经典的《中国园林》一书出版后的30多年时间里，有关的论述是如此之少。也许，鉴于中国不断发生的重大变化，中国园林好像也是一种奇怪的主题。不过，一些极为古老而又优美的园林，困难重重地在一次次的战争与革命中得以幸存，而且如今还对外开放。尽管与造园相联系的生活方式已不可挽回地消失了，但是，园林还是极受欢迎的，几乎总是人满为患，而且，随着旅游热的高涨，它们再度向西方人开放。

本书是我在家父担任中英贸易委员会主席时屡屡访问这些园林的过程中写成的。1961年的北京，外国人还依然相当少见，我和母亲在颐和园度过了很多的时光；而且，有时就在北海公园吃午餐，因为当时它依然向公众开放。不过，直到我们去苏州旅游，中国园林才开始展示其非同寻常的魅力，因为，在那儿，它们显得美丽无比而又与众不同，同时，也是最为清晰地再现了西方人觉得陌生的观念。从此以后，我尽可能花时间待在中国园林里，而在家时也开始在伦敦大学亚非学院图书馆和大英博物馆里寻求对其历史与意义的理解。本书是这些寻求的结晶。关于中国园林的许多方面，本书难免有遗漏。除了历史名园，将本书主题的巨大范围限制在我对所看过的那些园林的描述，看起来是明智的，而我也尚未去过任何寺院园林或童寯写于1930年代的书中提及的许许多多的其他园林。正是这样，我深深地受惠于童寯的书和喜龙仁写于1949年的《中国园林》（包括我始终引用的、他所译的《园冶》的文字）。弥足珍贵的还有发表在学术期刊上的一些论文，以及在许多汉学家和美术史学者的著作中碰巧看到的文献和深刻见解。虽然参考过的主要著作已列入"参考书目",但是,我觉得要特别感谢薛爱华的那些著作,他论述唐代的精彩文字总是给我以灵感;同时也要特别感谢浦安迪,他对《红楼梦》中国文人园林的分析阐明证实了许多观念。

如果没有那些有关中国人的生活、哲学和艺术诸多方面的英文著述,本书也是不可能写成的,但是,除此之外,我特别感激一些作为译者与我一起工作的朋友,尤其是P. D. 鲁、莉莲·秦、米莉·容、肯尼斯·马、肯·岛村和保罗·克利福德。保罗·克利福德还为我阅读书稿,并且规范了经修订的、用于汉字拼音的威氏注音系统(除了按照被认可的邮政规范写的地名)。

大卫·培尼在我摄影的基础上画出线描图,而平面图则由约翰和艾琳·科里根绘制。他们为第250页和第303页所制作的插图,是根据我在现场借助童寯著作中一张有点过时的平面图而作的草图的基础上画就的。他们根据弗朗西斯·伍德在北京画的速写,画了第108页和第110页的图。同时,我也要感谢阿格尼丝与H. W. 唐提供各种各样的中文著作供我参考。

除了这一切,如果没有我父母和许多朋友,特别是翁万戈的帮助与鼓励,我是无法写成此书的,而且,我把翁万戈收藏的美妙的仇英卷轴画用作插图了,我常常仰仗他的学识与厚爱。我同样要感激罗森、韦陀和Y. C. 黄的帮助和关注;感谢方闻为第156—157页提供的图片;感谢吴讷孙在圣路易斯为我匀出一个下午;感谢史克门在密苏里堪萨斯城的纳尔逊-艾特金斯美术馆和我一起看卷轴画,我们度过了一个非常愉快的下午;以及感谢许多来自中国国际贸易促进委员会和中国旅行社为我担任导游的先生与女士。

我也永远感激已故的洛兰·库克,不仅因为她论述日本园林的著作是所有园林史学者的一个榜样，而且也极为慷慨地将葛瑞丝·万的译文连同许多她自己为了撰写一本这方面的著作而做的笔记，都送给了我。此书一俟完稿（持续了太久），鲍勃·萨克斯顿就花费了许多小时，负责增删和编辑本书，使其得以成型，而我们也一起工作了好几天以选定插图；对于他和我在学院出版社的责任编辑弗兰克·拉塞尔，我也深表谢忱。但是，即使有以上这些帮助，如果没有查尔斯·詹克斯和我一起合作有关绘画、建筑和山水的章节，以及由他主要负责最后一章，本书是无法完成的。没有他的帮助、热情和执着——事实上，没有他时常不断的引导和坚持——我会依然停留在第一章。

1977 年 8 月记于伦敦

西方的回应

18世纪,当最早的有关中国园林的描述传到欧洲时,就引起了一场趣味的革命。在此之前,自从埃及人最先在尼罗河两岸设计休闲园林以来,西方的园林就一直是建立在直线和长方形的基础上的。从西班牙到莫卧儿王朝的印度,富有而又有教养的人就在规整的格局中种植用以装饰的树木和花卉,为自然添加秩序与对称性,而来自整个欧洲沙龙的各方诸侯也都对那种反映出人的有序化心理的精细布局孜孜以求。当然。凡尔赛宫是这一方法中最为极端的例子:在地面上看,花坛连着花坛,可能显得有点令人眼花缭乱,不过,从其高处的窗户看,一切均显得一目了然了,左右的布局是完全均衡的。在自然中是沁渗着的和蜿蜒流淌的水,在园林中却处处受到限制,或是看上去静止不动,就像是在风景上放置了巨大的长方形镜子,或是从美人鱼和海豚的嘴中喷射出来。凡尔赛的远景无限地拓展,仿佛会环绕寰宇,而花园两旁修剪齐整的林荫道则阻断了生长和变化,因此,太阳王或可生活在一种绝对而又永恒性的统治的错觉之中。

然后,对来自遥远得无法想象的中国皇帝宫殿中的一种截然不同的造园方法的暗示开始逐渐地渗入欧洲的宫廷。

关于中国园林最早的完整描述见于一封王致诚神父的信,该信于1749年在巴黎发表;王致诚神父是乾隆皇帝在北京宫廷钦定为御用画家的几位耶稣会信徒之一。每年有几个月,在满族统治者消夏的皇家避暑胜地的高墙内,这些耶稣会信徒被分到一个小画室。这是乾隆皇帝最爱的宫殿,在此他可以摆脱宫廷的繁文缛节并沉浸在造园这一最大的乐事之中。

对这位皇帝来说,造景是一种欲罢不能的爱好。一座园林的设计还没结束,他就设计另一座了,渐渐地除了荒地与耕地外,好几座古老的皇家园林也都被吸收进他的地盘,最终形成了一个巨大的、有湖

右 凡尔赛宫,勒·诺特尔将自然布置成完美的几何秩序。

左 屋檐局部,北京紫禁城。

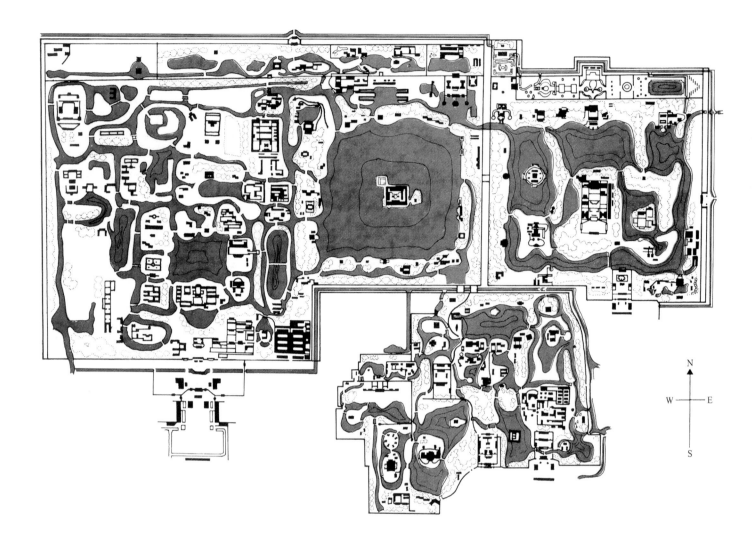

— 楼阁长廊
— 水域
— 护城河

圆明园平面图显现出，这是一个由湖泊、蜿蜒的溪流、起伏的小岛以及伸入水中的半岛等组成的曲径通幽的水迷宫。整个园子缀满了建筑作品，有些形成规整的庭院，有些则独自点缀于水边或坐落在树丛中。墙体将园子分成三个主要部分，水面将其连成一体，而围墙则把整个园林与外面精耕细作的规整农田区分开来。

和宫殿的建筑群，统称为圆明园。这是世界上最神奇的游乐园之一。

圆明园四周是巨大的围墙。外面绵延着四处尘土的北京平原，一代代的农民将这块平原细心切分和组织。园中虽然先是用于社交的庭院和聚会的大厅，但是，逐渐地就通往了一种显然是随意布置的山、树木和水面，而人工所为在这里看上去不是对景观强加任何的规则，而似乎是特意与自然形态和轮廓相吻合。

对于今天的我们而言，那种不把园林规划得四平八稳的观念已耳熟能详。对王致诚神父而言，却是一种启悟了。他的信描述了清澈的溪流如何蜿蜒地——仿佛随心所欲地——流经迷人峰峦相互遮掩的和缓山谷。"山坡上，李树和柳树似乎碰巧茂盛地生长在一起，而在树丛中，小径蜿蜒在点缀着小亭和山洞的地貌上。流水本身流经之处都在两边加了不同的石头，或扩或缩，而它们'布置'得如此艺术，以至于人们会将其看作造化之作。"[1] 那些如此迷人的地方就在于整个优雅的园林处处人工，却酷似自然之境：就是在这里，全部艺术化的努力消除了任何人为的迹象。因而，王致诚神父继续写道：

> 水面时宽时窄；一会儿蜿蜒曲折，一会儿舒展开去，仿佛它真的是从山岩上冲下来的。岸边点缀着盛开的鲜花；它们甚至长在假山的凹陷处，宛若天成。[2]

每一片水域都有专用的休闲建筑——每座皆不相同，里面均为收集的古董、书籍和艺术品。将水面上的亭子连成一片的是九曲桥，如果拉直的话，长度超过60米。在这些桥上"景致极为迷人"，而那些小露台还可供人休息，桥下是各路水流，它们继而汇合成宽阔的湖面和水面。其中的一个周长近乎8000米之长，圆明园平面图显现出，

---

[1] 引自《王致诚神父致……其巴黎友人信中对中国皇帝在北京附近的园林的一段特别描述》，由哈利·博蒙特爵士从法文译为英文（1749年）。

[2] 同上，第9—10页。

圆明园一部分，唐岱和沈源作，1744年。这是为乾隆皇帝所画的、著名的《圆明园四十景图咏》[3]之一：山丘围绕不规则的山谷，而蜿蜒的流水装点连绵的建筑——它们各不相同，或高大规整，或奇巧精致。

这是一个由湖泊、蜿蜒的溪流、起伏的小岛以及伸入水中的半岛等组成的曲径通幽的水迷宫。整个园子缀满了建筑作品，有些形成规整的庭院，有些则独自点缀于水边或坐落在树丛中。墙体将园子分成三个主要部分，水面将其连成一体，而围墙则把整个园林与外面精耕细作的规整农田区分开来。

不过，其中最迷人的还是此海中的洲或石山；它在水面上浮出近2米，自然天成状。但是，在石山上有一小宫殿，隔有百间，四个朝向，美而雅致，难以言叙；其景可谓人见人爱。由此，可观赏此海周围散落有致的所有宫殿；所有周边的丘陵；所有相连的小溪，无论是流入海中，还是从海中流出；所有的桥，不管是在小溪口，还是在小溪尽头；所有的亭子和装饰这些桥的牌楼；以及所有用以区隔和掩蔽不同地方的树林。[4]

对称与错落

尽管他迷恋这些景致，但是，王致诚神父似乎预感到了他在故乡巴黎的友人们会有某种带有疑惑的反应。毕竟，他写道："任何刚刚看过法国或意大利建筑的人，可能对世界其他地方遇见的任何事物都不太能欣赏或予以注意。"他本人直到抵达北京，才察觉到这一点。不过，在这里，尽管他接受过欧洲艺术的秩序与比例的完整训练，但他还是觉得，皇帝的宫殿和游乐场所，"确实伟大和美观"，都给了他以颇为深刻的印象，"因为，我在以前去过的世界上的任何地方，都从未看过相类似的东西"。[5] 确实，他不得不承认，他的"耳目"也"变得有点中国化了"，因为，如今，在以前或许觉得滑稽的作品中他看到了值得赞赏的东西。

3 此系列画作现藏巴黎国家图书馆，本图题为《别有洞天》。——译者注

4 引自《王致诚神父致……其巴黎友人信中对中国皇帝在北京附近的园林的一段特别描述》，由哈利·博蒙特爵士从法文译为英文（1749年），第16—17页。

5 同上，第5页。

右　北京城平面图。在高大的城墙内，南北和东西方向的主干道将老北京城划分为由一层楼的四合院组成的街区。中央再用朱红的城墙围绕紫禁城中巨大的庭院、外朝与内廷——一切都分布得井然有序。不过，对角流经紫禁城内一系列不规则的湖和园林的金水河，却在西侧打破了严谨的南北轴线。尽管这些伟大的园林由此看上去像是遵循自然蜿蜒的水流，但是，事实上整体都是人工的结果。

皇帝园林的不规则性并非由于缺乏形成直线和正确角度等艺术技巧。在北京，王致诚神父注意到，城市本身的街道布局、宏大的宫殿、刑部以及"高尚人"的住宅等，都极为严谨地按照几何秩序进行安排。

在许多评论家眼里，在中国家居建筑中井然有序地连接在一起的居室和庭院，常常被看作中国人对和谐社会关系的理想表现：讲究礼仪，高雅得体，整齐规整和界限分明。有异于多层的欧洲建筑，中国北方的房屋只有地面一层的布置，四四方方，并不讲究华丽的门面，而是灰墙面街。在每一庭院里，主屋通常朝南，而厢房则两边对称排列着。在过去，随着家庭财力的增长，四合院建得越来越多，不过，其布局并没改变。在深宅大院里，就如在小户宅院一样，庭院与房间的传统布局有助于规约和明确居住其中的人们的生活。

因而，建造房屋的诸种惯例使得建造者少有个人表现的空间，而巨大的官方建筑也同样如此。北京紫禁城——附带一提，世界上最大的宫殿——在平面图上是普通中国民居的一个极度放大而又依然可辨认出来的版本。与那种一眼望去就留下印象的欧洲大型建筑不同，这座宫殿具有一种蓄积的效应。进入第一进庭院，需要穿过高大外墙中的拱形通道。由此，游人就在一连串的庭院中前进，这些庭院如此巨大，以至于每座居中靠后的厅堂相较于整个庭院横向的大跨度而言，似乎显得有点小了。事实上，所有的建筑都建在庭院所围的高石台上，因而高出地面。宽阔的斜坡向上通往重要的厅堂。石台上的墙与柱子皆粉刷为红色，而再往上，如同悬崖切面上的水平岩层一样，处在阴影中的屋檐则漆成了亮丽的绿色、蓝色和金色。对称性是无处不在的。每一座主要建筑的中央斜坡道均在两侧再配较小的斜坡道以获得平衡。角楼之间严格对应。东门对应西门。有两套金水缸是配对的，而棱角分明的大屋顶，这一在整个建筑群中最有气势的特征，则像隐约

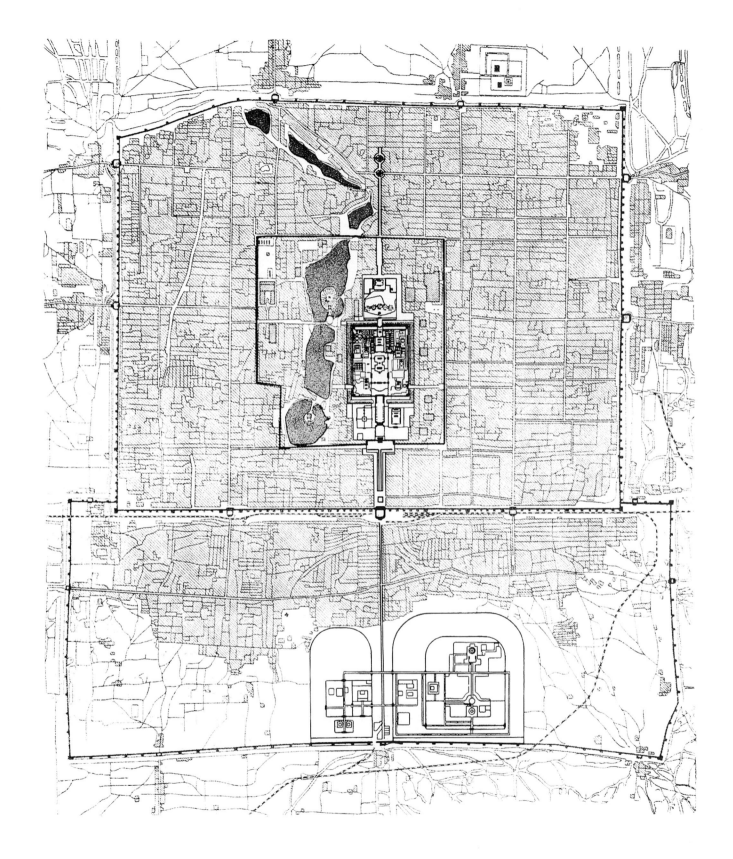

右上　北京的四合院：中国北方传统住宅俯视图。房屋的长方形布局围成私属的庭院，而空白的墙壁则朝向隔开住宅的胡同。

右下　对称与规整：北京紫禁城，从景山向南看北门（神武门）方向。殿堂和庭院的布局基本上与私人住宅无异，不过，规模宏大。双层的屋顶由黄色的琉璃瓦铺成，而高墙则涂成朱红。现有皇城的大部分虽然建于清代，但是，建筑物的布局和渊源却来自明代。

可见的黄帐篷高高地映衬在天空中，它们也对等地安置在两边。

紫禁城的作用属于一种天衣无缝地营造起来的完美秩序，其效果颇为吻合修建紫禁城的明代皇帝的专制地位。站在每一个庭院的中央环观四周，仿佛世界任何地方的一切都无不和谐或规整，因为在这些巨大空间的围墙之上，唯有天空可见。整个的布局具有一种非凡的心理气势，甚至连凡尔赛宫也没有将对称的规划用到如此体现整体力量的地步。

因而，王致诚神父一定明了，中国人可以在任何适合的时候运用"秩序与性情"的法则。同样显而易见的是，在他们的园林里，这种一目了然的秩序不复存在是有意为之的。他坚信不疑地写道，他们的原则就是要再现"乡村的一种天然而又有野趣的景色、田园式的隐居处，而非依照艺术的法则而形成的宫殿"。[6] 尤为显然的是，中国园林的不规则性绝非无序或混乱的表现。如论效果，则其和谐甚于凡尔赛宫，也不显得那么冷冰冰的。凡尔赛宫整个风景中遍布的形式格局体现了人的至上性，而在圆明园里，人与自然仿佛是平等的伙伴。在中国，直线与矩形是用在有关人际关系的物品上的。当涉及人与自然的关系时，甚至皇帝本人——其疆域远远超过了太阳王路易的范围——也不觉得可以宣称至高无上的地位。

这种对山水的特别尊重是有哲学基础的。在中国，还发展了一种完全不同的世界观和人生观，它们与强调社会中的人的儒家学说并行不悖。阐述这些学说的人被称为道家。而且，他们不是把人看作万物的尺度，而是居于宇宙的不可分割的一部分。他们试图发现宇宙运行过程，并让自己从世俗的意识中摆脱出来。在摒弃儒家所做的细微区分的同时，他们相信万物的根本统一。在他们眼里，书本学习和理性思考尚不如善纳和直觉知识。同时，他们认定，与其主动地改变世界，

[6] 同上，第38页。译者在这里为其最近看过的一些有关皇帝园林的版画加了一个脚注。他指出，尽管地面、水与植被等的处理"确实相当规则"，但是，建筑也还完全属于常规一类。因而，这些图片与其预想的是那么相异，以至于他断定王致诚神父一定是在描述另一不同的园林。但他错了。版画出自《圆明园四十景图咏》，是乾隆皇帝于1744年委托制作的，后被送往巴黎，现存巴黎国家图书馆。王致诚所描述的正是其中的景观，而这只能表明语词的描述会何其误导于人。

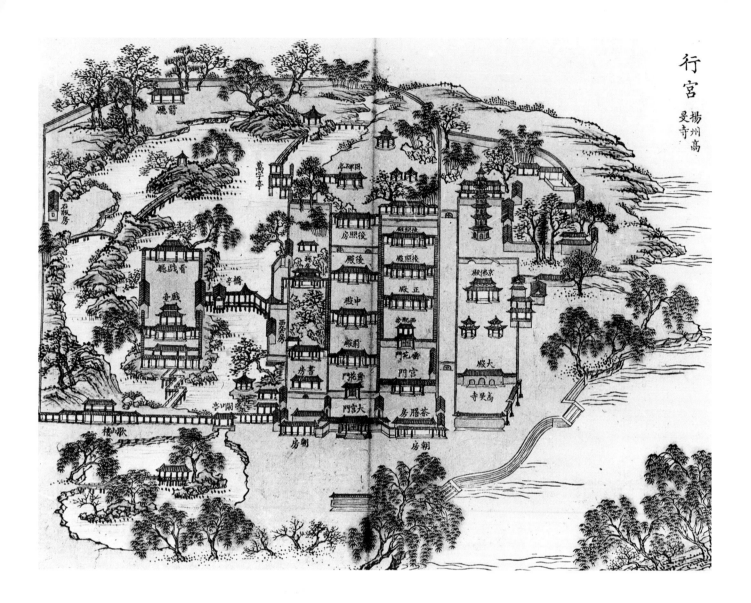

扬州佛寺鸟瞰图。皇帝南巡时，此寺做临时宫殿用。中央殿堂围成的长方形庭院与左边自然风格的园林形成了鲜明的对比。

还不如让事物顺其自然，一切均会顺遂。

几个世纪以来，与儒家观点如此截然不同的道教却证明是必要的补充，因为道教提供了一种远离秩序社会的礼仪和责任的解脱。中国人（看重实用功利的民族）觉得这两种哲学都有价值并可同时应用之。因而，如果说中国的房屋反映了儒家规范人类社会的愿望的话，那么，中国园林则遵循了道家有关与自然保持和谐的原则。而且，正如道家提供的是一种可以接受的远离儒家控制的逃遁，园林的设计就释放了一种在建房过程中很难舒展的创造性想象力。

可是，当王致诚神父觉得有必要解释他对中国园林的挚爱时，他只落实在审美的层面上，称"一切吻合良好的趣味"。[7]

园林理当通过各种感觉而非理智向他表达内在的讯息。虽然他可能不理解园林的哲学背景，但是，他的描述依然试图揭示中国园林内在的丰富意义以及某种特别的神秘感——这种感觉不会在进一步的了解之中烟消云散，而是与世上其他任何事物不同，将人送入美丽的山水间。正如我们将在下一章会看到的那样，这并非异想天开的想法。

英国人和中国园林

王致诚的信在整个欧洲受到欢迎，到了18世纪后半叶，不仅被转译，还在所有时髦的沙龙里得以阅读。然而，在所有那些喜欢这种叙述的人中，正是英国人最感同身受，因为他们早已开始循着那种与中国方法相类似的路子思考了。在王致诚神父那里，他们发现了自己的造园天性是可以在一个令人愉快而又出人意表的地方找到依据的。

早在1692年，威廉·坦普尔爵士在一篇题为《论伊壁鸠鲁的花园》的文章里，已经把他的读者的注意力引向了中国，[8]其中，他将

[7] 事实上，王致诚神父设法获得的任何有关园林的连贯画面都十分难得。耶稣会士们只是在非得去画那些太大而无法带入画室的东西时才被允准外出。他们处在一群太监的看守下，而且得"速去而无喧哗，抱团而又寂静，仿佛……是在做什么害人的事"。即使如此，比起皇帝的大多数臣民，他们依然看到了很多的园林。

[8] 亨特和威利斯编，《造景的天才》，第99页。也参见第142页上"观者"的第414条注释（1712年6月25日），其中，约瑟夫·爱迪生也接受了这一观念。

对称的欧洲园林布局与中国园林的天然不规则性做了比较。他将这种天然性叫作"sharawadgi"（不规则性），[9]由于此词与中文的词语不能完全对应，因此学者们一直为之忙碌。坦普尔从什么地方找到这一词语的呢？是他杜撰的？同时，他是如何了解东方的景观设计方法的？

大约五十年之后，当英国人读到关于中国皇帝的避暑胜地的文本时，他们自身也已经在朝着新的造园风格发展。虽然实践略微落后于理论，但是，1715年，斯蒂芬·斯威策成为第一位为实现新的风格而提出实际建议的专业园林师。不久，亚历山大·蒲柏[10]就迁入了他在特威克南的别墅并开始新建一座园林，在那里"天然之美无处不在"，[11]而且，所有土地上任何部分的改造无不首先征询（用他的名言来说）"当地的高人"。

自此以来，关于中国造园方式的零星资讯在英国激起了极其浓郁的兴致，但是，中国17世纪伟大的造园手册《园冶》在西方却还无人知晓。1772年，当威廉·钱伯斯爵士在撰写《论东方园林》时，他的叙述仰仗的是其个人在中国广东的短暂游历以及道听途说，而不是研读相关的任何中国的著作。事实上，没有一个英国的造园者怀着相似的兴致与中国的同行做过任何直接的交流，这是令人遗憾的，而他们在论述景观设计时，又常常有惊人的相似之处。

中国园林不仅仅只是皇帝的产物。早在汉代，就如我们所看到的那样，富人们也喜欢通过在其庄园里造景，显示拥有的财富，而到了后来，诗人、画家、文人与鉴赏家们则为园林设计的理论和实践添加了许多东西。至少乍看之下，这些人在世界观方面与那些在18世纪的英国开创园林新风格的人们十分相似。与英国人一样，他们也都受过良好的教育，而且，总体而言，均为文学精英的一分子。其中有些人是富有的，既有时间，也有财力，把自己的庄园改造为

---

[9] 有关此词的翻译，参见赵辰：《"Sharawadgi"——中西方造园景观学说之间的迷雾》，《建筑史论文集（第13辑）》，北京：清华大学出版社，2000年。——译者注

[10] 亚历山大·蒲柏（Alexander Pope，1688—1744），英国18世纪著名诗人。——译者注

[11] 见《伯灵顿勋爵的信》（1731年），亨特和威利斯编，同前，第212页。

一种理想自然的模仿。另一些人则在身为文人、画家和诗人的同时，还作为专业的山水画家为富有的赞助人效力。他们都会认可蒲柏所认定的"一切风景造园皆风景画"。双方都强调设计的多样性。例如，斯蒂芬·斯威策写道，一个造园者应当"竭力眼观八方，总是力图追求将不同的视角融合起来，而非一览无余"，[12] 而构成一座典型中国园林的，据说"或多或少都是相互隔离的部分，尽管它们作为整体格局的一部分——相连，然而，却又必须是逐一发现的，并且让观者在信步其间时获得乐趣"。[13]

当威廉·申斯通在 1764 年论述园林设计时，令他愉悦的主要是对想象的调动——这是某种内在于中国造园手册《园冶》谈论的所有态度中的东西。其中有整整一章论述园林"相地"六种，[14] 诗意地描述了其可能得以提升的途径，而在《造园断想》中，同样，申斯通对如何提升和凸显自然效果也是兴致盎然。他做了六种区分，将自然风景中不同的品质予以分类。

虽然各自的传统迥异，但是，中国和英国的造园者都注重从一种经典的历史中汲取灵感。中国人喜欢在为亭子起的名字和在园林门道两旁所挂的对联中用上文学的典故，譬如，提及"桃花源"，就意味着与一种历史上的仙境相关联的丰富意义。在 18 世纪的英国，这样的典故更可能是与建筑联系在一起：刻意选址在斯托海德湖上的古典风格的花神殿，在有教养的访客眼中，意味着在本国已失落的充满田园牧歌般和谐气息的世界。

然而，诸如此类的平行论述隐藏了本质的差异。因为，尽管在两种语言里选取作品，组成符合中国和英国园林的一系列法则并非难事，但是，实际上，18 世纪的英国绅士会在中国文人的园林里完全茫然若失。当然，他会惊异于紧凑的空间、庭院里众多的建筑，以及连

上　弗朗西斯·尼克尔森，《万神殿和哥特式看守屋》（水彩，1813 年），英国斯托海德。中国的文人会觉得英国自然风景园林中的草地空间有点空洞和乏味。

下　小运河，苏州。此城公元前 500 年由阖闾创建，是他降服了当时这一野蛮的地区。从古至今，苏州一直以别墅和园林而闻名遐迩。苏州还是退隐政客的选择，也以拥有许多学者和艺术家而闻名，明代造园手册《园冶》的作者计成，就是其中的一位。

12　斯蒂芬·斯威策：《田园图像志》（1718 年和 1742 年），亨特和威利斯编，同前，第 152 页。
13　喜龙仁：《中国园林》，第 4 页。
14　即"山林地""城市地""村庄地""郊野地""傍宅地"和"江湖地"。——译者注

绵起伏、绿草萋萋的远景的缺失。而且，他无疑会感慨于重重叠叠的假山和无时无刻不在地吸引其注意力的奇异竖石。

网师园

或许，感知这种差异的最简便方式，就是在中国至今犹存的某一座最可爱的园林里走一走。与许多其他的园林一样，网师园也坐落在苏州这样一座地方性的大城市里——一个白墙房屋与运河网络联系在一起的城市，从中世纪以来，它就一直以其精致的园林而获美誉。在过去，其他城市——宋代的洛阳，晚清的扬州、无锡、南京、杭州、成都和北京等——也因为园林而倍受赞赏，不过，大多数的园林都早已消失了。但是，在苏州大约有二十座古老的私家园林仍然得到保护，其中六座修缮后现向公众开放，门票低廉。早春季节或许是品味其特殊魅力的最佳时间。

网师园是苏州园林中最小的园林之一。与周长约 10 公里的圆明园不同，网师园占地不过 10 亩而已。它坐落在城南，自 1140 年以来此处就一直是园林，四周是高高的围墙。与大多数如今依然得以保存的园林不同，它是依附于一所现今空置而向游客开放的大房子，此建筑有两层楼的房间，周围则是三个庭院。

房子（平面图上的 A）主入口设计成典型的朝南，但是，在院子的东北角还有一个门，可以更方便地进入园林（B）。它挨近宽阔的主街，两边是典型的苏州样式的白色房屋和老梧桐树。清晨，街上就挂出了色彩鲜艳的被子。通往庭院的大门全部打开，可以看到每个台阶上的胖婴儿、漱口的老人，以及其他家庭中的忙碌情景，而周围的一切则是寒暄和自行车铃汇成的声音。庭院房屋的外边蜿蜒着小巷，通

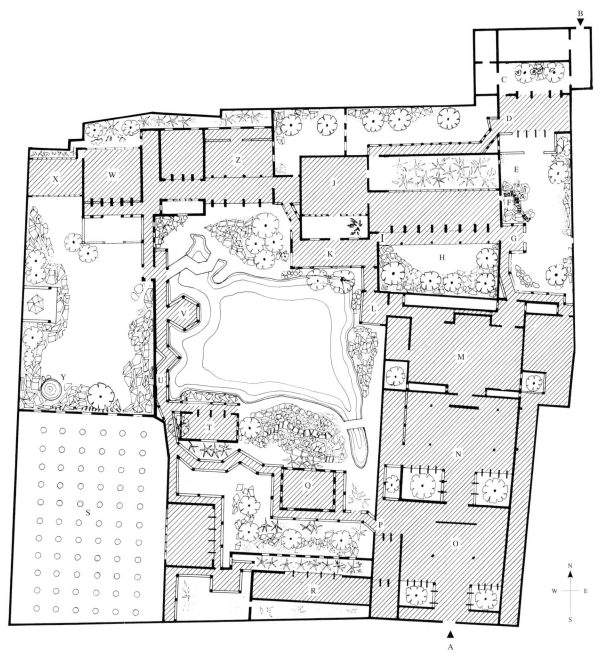

━━ 墙	A 南门	I 通往湖上长廊的门	P 从屋内走到园林的入口	W 殿春簃
▬▬ 有窗的墙	B 北门	J 集虚斋	Q 小山丛桂轩	X 书房
═══ 不及膝盖高度的矮墙	C 庭院	K 竹外一枝轩	R 带独立庭院的厅堂	Y 井
⁞⁞⁞ 用柱子支撑屋顶的矮墙	D 梯云室（今商店）	L 射鸭廊	S 如今的盆景区	Z 看松读画轩
▨▨ 有屋顶的区域	E 庭院	M 撷秀楼（两层）	T 濯缨水阁	
❀ 树和灌木	F 云窟	N 万秀堂（两层）	U 有屋顶的长廊与嵌入墙中的书法石碑	
盆栽鲜花和灌木	G 通往书房庭院入口上的榭	O 轿厅，上匾"清能早达"（两层）	V 月到风来亭	
石堆和小丘	H 五峰书屋庭院			
✽ 竹子				

苏州网师园平面图

网师园入口。这一小巷处在繁忙的大街附近;通往园林的入口是前面一个不太起眼的门,而第一个庭院就在其右角。因而,从外边是看不到里边的一切。恶魔(或邪气)也无从进入,因为它们是不能急转弯的。

右上　网师园庭院入口。围绕门道的、没有特点的灰白墙外开阔空间和色彩组成的景观,吸引着游客步入其中。地面的花纹是由浅红色与灰色的卵石组成的。

右下　通往网师园殿春簃(W)后方的庭院。在这张照片里,前面的照片里出现的园林入口位于右侧。岩石和树木都被框在以纯白色的墙为背景的精美雕刻中。

往网师园的大门就位于这些小巷中的某一条。

入口是平常不过的。游客一旦进入,就会发现处身在简单的白墙走廊里,这是露天的、长约 6 米的过道,尽头则是一道没有门窗的墙。它就像是户外的小巷,只是刷成了白色,而且比例上更为讲究。作为某种缓冲之地,这一通道将外面喧嚣的市井声与现在游客前往的自成一统的园林区隔开来了。

在走廊尽头无门窗的墙的右边,透过高大的门框,是一个小巧的庭院(C)。在这里,一堵高大的灰瓦白墙给那些怪石提供了一种背景,获得了一种优雅的平衡,而玫瑰和高大的木兰树则更添妩媚的意味。在左边面对怪石堆的第四堵院墙,完全是由活动的落地门窗构成,雕工精细,并漆成了暗红色。它们通往一个偏暗的走廊(D)。经过之后,对面墙上同样的门窗通往邻近的庭院(E)。在这里,种了灌木、竹子和一些小树,仿佛设计者希望为园林逐渐引入一种发展的因素,而不是过于匆忙地在草木上进行铺张。就像第一个庭院那样,地面也铺了鹅卵石,不过,这里的铺设更为精致,是一种像地毯似的花卉图案。

地面的处理有时会让西方游客困惑。在英国,人们对草坪有一种坚定不移的热情。修剪得平平整整的草坪是英国郊区小别墅花园的特点,人们用一道矮墙将草坪本身与远处的园林联系在一起,这样,在长长的绿草皮上就没有明显的断裂了,正如过去的大房子周围,有可能的话,一定是有草坪的。今天,我们很难在构思园林时不用到草地。不过,中国园林就如我们今天所见的那样,是没有草坪的。其地面要么是铺设的,常常有精致的设计,要么就是在更为开阔或不平整的地方任其高低不一。

尽管我们可能没有意识到,但是,草坪在西方是有深刻的联想意

15 童寯:《天下周刊》,第 III 卷,第 3 期(1936 年 10 月),第 222 页。

义的。它们是对芳草萋萋的形式化再现,令人想起自然的甜蜜和光明,而在草坪的背后是整个田园牧歌传统的价值。传统的中国观念则再彻底不过了。在中国人的眼里,微风中摇摆的嫩草可能意味着北方草原的牧场,因而,通过联想,也令人想到彪悍的游牧部落对文明边疆的屡屡劫掠;主宰这些游牧部落生活的,就是其放牛的需求。一位有见地的中国批评家曾在 1920 年代访问了英国,令其惊讶的是,文明人竟然都会要一种"修割过并围起来的草坪",这种草坪,他写道,"虽然无疑会讨奶牛的喜欢,可是,很难对人的智慧有吸引力"。[15]

当然,草在我们前面看到的庭院里也可能会是灾难性的。卵石图案铺成了柔和的灰色调和暗红色,因而,不着痕迹地与围墙不规则底部的灰石融为一体。一片绿意茵茵的草坪会过于显眼,让空间显得太精确,同时让庭院显得更小。确实,设计者做了一些微妙的改动,从而强化了空间错觉;例如,长长的东墙被树木半遮半隐,在这里不是涂成白色,而是灰色,一种柔和、暗色、朦胧的灰色,在曙光初照的

网师园书房庭院,这一观赏性园林(有装饰的石头和树木)的高墙被格子窗打破,由此可以瞥见远处其他的庭院。墙头上露出来的圆形屋顶属于湖上的小亭(V)。

时候，会像雾影一般隐而不显。这儿似乎完全看不见墙，只有一片云雾；这一区域也是含混的，因为墙上有一圆形的门道，表明其外还有更多的院落。

在某种意义上说，整个园林是庭院与庭院的组合。有些是圈建在我们看不见的角落里的，另一些则为半开放式的；有些像死胡同那样被阻隔，或像拼图玩具中的小片那样相互对接。其总体效果像是迷宫一般，空间与空间相互叠合，譬如，还是与法国园林不一样，后者的空间，就如法国的逻辑那样，一清二楚。部分原因在于第一印象极度简洁，十分重要。弄堂进口的平淡无奇强化了游客对自己将在随后的庭院里会遇见的各种各样效果的期待反应。虽然石头和木兰本身都不简单，但是，却直截了当地放在白色的背景中。站在铺了卵石的前院，访客就开始会注意布置上的细节及其平列，以及光影在上面的不断变化。清晨7点时，虽然庭院的下方（C）还是一片黑暗，但是，高处的阳光斜照在墙上，而屋顶投下的影子最终在白墙上变成了起伏有序的波浪。在稍高一点的地方，木兰在阳光下盛开；硕大乳白的花杯在灰色的屋顶瓦片上显出轮廓。它们纤薄的花瓣在连接花茎的地方变成了粉红色，就如鲜血流过敏感性皮肤时所呈现的那样。

由于诸如此类的效果是如此简单，同时又是吸引力十足，游人就开始细辨，放慢了脚步。这是必要的步骤。当他越来越深入到园林中时，效果就会更为多样。越来越多的石头、墙壁、阴影、树木、建筑、屋顶、柱子和图案等将纷至沓来，引人注目。一组组几乎无穷尽的对立特性会争奇斗艳。因而，两堵高墙之间窄小而又幽暗的通道会引向一种充满阳光和花草的宽阔空间或平地，而高墙之后又是连绵的屋檐形成的一重重的景致。其他的对比则不那么明显，正如网师园的第二进庭院中的空间处理那样。在这里，一大堆灰色的异形石头就像是某

雕工精细的格子窗,网师园的看松读画轩(Z)。此窗户朝北,通往一个小院。此轩南面的湖景被石头和松树部分地挡住了。

种固化了的云阵（F）涌向院内。聚合在一起的石堆让单个石块间奇形怪状的洞穴形成一种复杂的虚实对比的图案——有眼光的观者会对此效果予以激赏（可是，在没有这方面修养的西方人眼里却是相当陌生的）。

然而，堆石的目的也并非专为审美，它们提供了一种虽然不完全是一目了然，但是必需的功能。在堆石中曲折而行的是一系列窄窄的台阶，向上通向西墙高处的一个小门。此门从东墙通往一个朝着两个庭院的大书房的第二层。此书房内没有楼梯，因此，堆石中的台阶是唯一通往第二层的途径。这是一种奇怪的处理，因为从这个庭院根本无法进入其第一层，而上面一层也只有这条路可走。事实上，中国人不喜欢看到楼梯，而且，就如我们会看到的那样，常常是用这样的堆石来遮掩楼梯的。

藏书楼与书房在几乎所有中国园林中都是一个重要部分。其主人的时间常常用来赋诗练字，时常也有友人的陪伴，而且，没有一座宜人的书房亭的话，任何园林种植的树就没有价值了。这样的书房通常四周有专门的庭院以便让读书人静处，并能让他望出去时有一种怡人的景致。在网师园，书房的地面是被抬高建在一石头平台上，可以看到灌木以及从棕色大柱子后延伸出来的石头。外层的门是可以推开的，这样，整个内部就可以敞开，显得又大又气派。旁边的庭院（H）非常清净，四周是高墙，而其中灌木和石头的布置显得宁静、娱人，以及不那么戏剧化。为了防止有令人压抑的幽闭感，在最远处角落上种了一棵高大的槐米树，其叶子高高地越过围墙——仿佛树是特意种在那儿，以在这个方向上吸引游人的注意力——可以看到尖顶亭的最高处（V）。

诸如此类的惊鸿一瞥，使得我们在中国园林里不断地行走。仿佛

下　网师园建筑中的内部庭院。三个一层的厅堂（M，N和O），采光都只有透过这些叫作"天井"（因为它们也承接从屋顶流下的雨水）的内部小庭院。雕花优雅的门道是通往屋子的主入口。精致的、纸糊的窗户是向上打开的。园林就隐藏在右边的白墙后。

右上　网师园西北角庭院（W）。从园中最隐蔽的房间向南所看的景观。盆景园就坐落在远处的墙外，左边的石头遮住了一个像是从石头中涌出的泉水所形成的深池。

右下　网师园西墙。这一依墙而建的亭子里有一块采自苏州附近太湖的精美竖石。亭子两侧柱子之间安置了坐的地方，以便让游客能玩味里面的那块石头。在最左侧，石阶向下引向一个石岸的池子，这样的布置使得池水好像是从下面某种巨穴深处涌入其中的。

设计者总是一方面要让人驻足停留，将每一景观收入眼底，另一方面又总是暗示在远处墙后还有新的乐趣。确实，一系列不同的庭院已经形成了一种越来越强烈的预期感，让游人开始感受到（不管多么无意识）设计的节奏感。在某种程度上，连续的对比是快速地发生作用的：狭窄的门道通往一个庭院，昏暗的厅堂通往阳光下的灰瓦白墙。然而，迅捷的对比也引发了一种久长的期待感，即这些小型的并置迟早将拓展为某种颇为不同的、更为综合的事物的感觉。

因此，当游人在书房的尽头穿过一个小门，开始看到一种以前所未有的方式投射在远处墙上的光，一种移动着的、斑驳的光时，那是令人兴奋的，但也不完全在意料之外。当然，这是来自湖面（在石阵、墙间和卵石路流连的游人不知不觉中会予以期待的宁静而又广阔的水域）的一种投影。

正是园林的这一部分，才是其真正的核心。相当小的池塘随意地用石头做岸，似乎就变大了，因为其不规则的形态是不能同时全部呈现在人的视野中的。池塘四周是成组的厅堂与消夏的房间，有些是退后在假山或平台后修建的，有些则依水而建。经过连接前一座庭院的

狭窄通道（I），游人可以进入宽敞、带屋顶的游廊（K），游廊对面竖立着一座屋顶高出庭院围墙的小亭（V）。亭子作为整个小湖的聚焦点，明显地向外浮在湖面上，其桩子在假山后半隐半现。游人从南侧开始绕着水面向亭子走去，然而，他会因为其他许多迷人的栖息处、出人意表的竹林以及小型建筑等而迷失方向。譬如，这儿有一座优雅的丛桂轩（Q），由于一座大的假山而与湖面完全隔开了。轩内幽暗，而通过其精致的镂空窗子可看到阳光照在假山上的景致。走过这个地方再朝南，就是一片幽静的竹林，而周围的墙上则是花格窗子。透过这些窗子，乃是更多的半隐半现的树木以及另一灰瓦屋顶（R）。

最后，当游人到达水上的亭子时，他已经从不同的角度看过它了，而通常它是完全隐而不显的。一路走来，游人经过了不少于五座其他的建筑，每一座建筑都有自身特定的气氛，如果你习惯于西方园林更为缓慢的节奏，那么，这种浓缩的体验就相当有冲击力。游人或许还会进入边上的私人寓所，在这里，他就会穿过房子大而昏暗的厅堂（M，N，O），最后，从一全新的地方（P）又重入园林，由此，蜿蜒的走廊透过一片竹林向前延伸。在朝向西南的一堵墙后，则是园林中与园艺（S）相分离的一个区域，后者是一排排盆栽的各种各样盆景树与草本植物。

一旦到了亭子里，那是惬意的憩息处。就如在所有这类亭子里那样，在支柱之间修了低矮的座椅，而且，还在栏杆上装了靠背，其曲线伸向水面以感受来自湖里的凉爽空气，同时抬头可观赏屋檐里湖面反光的变化。往下看，是平静而又舒展的水面，白晃晃地倒映着石头、悬垂的树木以及别的亭子等；幽深的水中金鱼鳞光闪烁，意味着阳光下的另一维度。对岸是来时的入口（游人正是在那里第一次看到湖水）、游廊，以及通往私宅的门廊等（L）。沿着亭子后有屋顶的长廊

右　网师园。往东顺着看松读画轩前的桥向屋子入口处的亭子（L）望去的景观。

乾隆皇帝 18 世纪的伟大园林——圆明园的一部分，唐岱和沈源画于 1744 年。注意湖中的矩形游廊建在了高出地面的基础上，许多亭子点缀在岸边，而在流向右面的溪流口处则放置了一块块的竖石。[16]

16　此处有误。由于原书中的插图（题为《濂溪乐处》）左右是印反了的，故正确的方向应为左。——译者注

（U），许多灰石板嵌入墙中，镌刻了以往曾坐在此处的人写下的诗篇和回忆。对西方人而言，这又是意料之外的惯例，而在中国人的眼里，一座没有书法的古老园林，某种程度上，就是没有完工的园林，书法的呈现为古树和石头增添了意味和魅力。

尽管网师园不大，但是，至此，游人却可能惊讶地发觉，他眼下仅仅逛了其中的一半而已。在北边还集中了相互叠合的建筑物、石头、墙面以及既相互分割又相互联系的庭院等。有些是私密的，有些则是颇为敞开，无所遮拦。一座曲折的石桥蜿蜒通过一条狭窄的通道，与一座栽种了高大松树的小山连在一起。山后是一个讲究的客厅（J）[17]。在西北角，游人最终将会遇上或许在整个园林建筑中最为隐蔽的地方——一间小屋（W）[18]，它稍稍靠后，建在一个较大厅堂（Z）[19]的边上。在这里，他会觉得最终已走到最远的地方了。

17 此指集虚斋。——译者注
18 此即殿春簃。——译者注
19 此指看松读画轩。——译者注

前面没有什么路了，只能往回走——穿过主堂，沿着游廊走进左侧的集虚斋，再出来就到了书房北面的庭院，最后则回到入口处——一条通往外部世界的狭窄的白色通道。

最后，游人不像开始时那样，还会对园林的布局心中有数。他会觉得有数不清的地方，却永远没有时间去一一探访了。当然，他会觉得此园林难以置信，而房屋则完全被纳入10亩的土地内。假如他习惯了"英华园庭"（法国人喜欢这样称呼这一英式发明）中起伏的草坪与乡村式的空间的话，那么，他会对所有人都将这些与中国联系在一起的做法感到惊讶。

等到王致诚神父的书简所引起的兴奋逐渐消退时，显然，包括英国在内的欧洲已经绕开了中国园林的现实，而完全是借助他们自身体验到的意象进行阐释。虽然西方沿用了诸种关于遮蔽与惊喜的原则、

无锡寄畅园（左），建于16世纪，尽管这些亭子都是很晚近时重修的，但是，其布局一如其旧。18世纪，乾隆皇帝在一次南巡期间看过此园而受启发，下圣旨在北京附近的颐和园里修了谐趣园（右）。平面图（参见第110—111页）令人依稀想起这两个园林，但是，南方园林的柔美与华丽已经让位给了北方园林更为规整的优雅。

蜿蜒的水道和小径，以及某些美化过的中国亭等，但是，中国园林设计的所有力度和精妙之处在引入欧洲的过程中却渐渐枯竭了。

1772年，奥立佛·高德史密斯写了一篇文章，嘲讽当时的中国风时尚。[20] 其中，一个来访的满清官员惊讶地发现，中国风的凉亭竟被描述为一座"中国的"建筑。一百年后，此官员或许也同样难以相信，英国园林里生长的许多植物都源自中国，而这些植物远比凉亭更具本真的特点。

在19世纪，西方的造园兴趣已经越来越多地转向对稀缺和异域植物的展示。在中国，西方的植物收藏家们发现了花卉的天堂。但是，从中国的苗圃供应的新品种很快便耗尽了，而英美边远地区和森林中却渐渐开始盛开那种在荒凉的喜马拉雅山脚下发现的各种杜鹃花，其中有许多是从未在中国园林里栽培过的。确实，到了最后，云南、四川幽僻的山川和山谷，较诸中国所有伟大的游乐园（及其基本哲理）加在一起的设计，反而更多地改造了西方的园艺传统。

---

[20] 奥立佛·高德史密斯：《世界公民》（《一个居住在伦敦的中国哲学家写给故土友人的信札》）第1卷，第14封信，克鲁克斯（编），1799年，第46页。

园林起源

中华文明是在与美国田纳西州和地中海的克里特岛相仿海拔的大平原上形成的。西面的黄河发源于喜马拉雅山麓，滔滔不绝地向东流往与太平洋相接的大海。这一平原冬季时寒冷且满是尘土，夏季的雨水则反复无常，充满了不确定性。它从来算不上是一片乐土。另一方面，它也绝不是沙漠。正是在这里，大约公元前1300年，数个部族开始出现，并循着常见的演进轨迹最终发展为中华文明。

到了中国历史上第一个朝代（商代，公元前1600—前1046），这些部族已安顿下来务农了。任他们支配的就是这片大平原，其上覆盖着由黄土和冲积物构成的厚实土壤。在西部伸展着辽阔的黄土地带，由于侵蚀变成阶地，而山上则密集地覆盖着无比丰富多样的原始森林。这里也有许多原生的植物，如桃、梨、李子、柿子和杏等水果，以及像小黄菊那样的药草，在作为装饰性植物之前，就因其药用价值而被长期种植。

由于依赖农业，早期的中国人通过"对土地肥力的信奉"来表示对土地的敬畏。在某些地区，给予生命的雨水被认为是天帝（后来称为上帝）之种，此天神不仅创造了人，而且也造就了一切居于大地母神躯体之上的生物。人并不被认为是本质上有别于一切其他造物的高贵存在，而且，人的繁荣与幸福也被认为如同所有的生命形式一样，有赖于其对自然力量的成功适应。对许多农耕民族来说，这类看法均属常识，但是，在中国，它发展为关于和谐合作的理想，成为两千多年来哲学的核心。

另一个稍晚的创世神话饶有意味地描述了中国人是何其谦恭地认识自身在自然中的位置。依照这一神话，世界源自一枚鸡子，从中孵出了一位活到一万八千岁的神[1]。然后，他死了。他的头部裂开，变成了太阳和月亮，鲜血成为河流与海洋，头发变为植物，四肢成为山

右　广西桂林阳朔附近的稻田。

左　桂林芦笛岩。桂林许多兀立的山峰中都有自然形成的巨大石灰岩溶洞。有一个溶洞缀有一组管风琴似的钟乳石，洞深超过1600多米。有些溶洞是晚近的发现，有些则早在唐代就已驰名遐迩。广为流传的故事将这种地下的世界与仙人居住的地方联系在一起。许多假山中有挖空的房间或"石屋"，除去其神奇的联想性意味，是躲避令人难忍的酷暑的好地方。

1　此指盘古。——译者注

2　有关上帝和宇宙蛋的讨论，参见艾伯华：《中国历史》（伦敦，1960 年），第 23 页。苏利文也在《中国美术简史》（伦敦，1967 年）中提到了这个观念。

峦，声音变成雷声，汗水变为雨水，呼吸成为风，而身上的跳蚤则成了人的先祖。[2] 不过，事实上，这一观念同时指向了两个方向，因为，尽管人在大地的山水间看起来不过是跳蚤大小而已，但自然本身也被认为是据人的形象而塑造。

中国人毫不犹豫地予以改造的正是这种形象。他们欲与自然界和谐对应的目标并不让他们被动地听天由命。事实上，他们觉得，人是让自然的丰富潜力得以实现的动因。因而，他们最重要的神话就将最早的五帝予以理想化，依照其中的叙述，中国人从五帝那儿学到了使用火、畜牧、农耕、灌溉和治理洪水的奥秘。在拥有了这些知识并且得到神旨的肯定后，他们四散至各处，开凿、造田、挖掘、种植及灌溉，直到最后，中国北部的地貌乃至气候变化变得连他们的祖先也辨识不出了。历史学家普遍认同，中国人在现代之前，对环境施加的影

倚栏。清代长篇小说《红楼梦》（《石头记》）中的插图。在所有传统的中国园林里，像这样的深红栏杆亦用作靠背。当园林为私人拥有时，户外的亭子就常常配上这样的帘子，供夏季遮阴和独处。

响超过了地球上任何其他民族（甚至包括古埃及人），而对他们的勤勉和忠诚，自然则回报以世界上最多产的农业地区（至少在18世纪中叶前都是如此）。

由于在农业上如此成功，中国人得以愉快地将其环境的变更看作对自然的修饰而非对自然的征服。确实，无数的游人将中国耕地错综复杂的格局看作中国人与土地和谐结合的恰切象征。许多人说，耕地使整个地貌看起来就像是一座园林，但即便如此，那也是西方园林，而非中国园林。因为与埃及人不同，中国人不管自己的堤坝和富饶的田地所组成的色带有多美，也不会选取这些东西并在自己游乐的园林中予以再现的。

埃及人的居住地很荒凉，当他们要修造园林时，却没有那种生长繁茂的样本可循，唯有他们自己已在沙漠上创建的东西，因而，他们

池畔栏杆，苏州网师园。栏杆的简约图案与屋檐下颇为精致的雕刻构成互补，而屋檐与立柱也构成不同景观的框架。

就像种植庄稼那样，井然有序地种植鲜花。埃及园林的围墙是用来隔开原始状态的自然，因而园林内可以通过人的新栽培而变得美丽。

与之不同，在中国人的农田和矩形的房屋四周，是无与伦比的秀丽、壮美的山水，后者并非他们劳作的结果。这不仅令他们敬畏，而且也在提醒他们，人处身于伟大而又客观的宇宙秩序中，无论多么成功和幸运，都依然要适应之。他们的游乐园林旨在重现的就是这样的形象。因而，中国园林的围墙是用来隔绝周边各类人为活动的，从而使墙内的一切得以重返自然。

但是，这样的效果在农业达到高度发展的阶段之前是几乎难以展开的。因而，在中文文献中第一次提及的"园林"，似乎完全是由宅地围墙内种栽的实用树林构成的。这座拥有柳树、阔叶树和桑树的园林，见于中国文学最早的作品《诗经》（公元前11世纪至公元前6世纪集成，尽管个别诗篇可能在年代上更为久远）。这一园林也意味着可能是为伟大的周文王这样的早期英雄而修建的用于典仪的高台，这可能就是宏大的造景工程的开端。为修建这些古代高台而掘土形成的大坑，或许就成了一系列皇家人工湖的嚆矢，而这种人工湖，甚至在今天北京被称为"海"的皇家园林中依然可见。

最早的游乐园

古书《易经》论及在"山林"中寻找乐趣时，就已经把园林和荒野非耕种过的自然联系在一起了。然而，关于真正游乐园林的最早描述则出现在一首也许是公元前4世纪的诗篇里，该诗写于南方的楚国并收入了《楚辞》。它与萨满教有特殊的关系，这种宗教在楚国朝廷以及其他早期王国的朝廷中占有强有力的地位。尽管诗中描述的是一座想象中的园林，但诗的意象却揭示了该园林背后高度发达的园林设计传统。

结合上下文的意义，这首早期的诗篇隐约地将园林与古代的祭仪联系在一起。男女巫师在古代中国人的生活中扮演了重要的角色。借助迷幻的技巧，他们能够超离实际的肉体而实现与超自然存在的媾合。他们常常与某一特定的神祇建立特殊的联系，后者可以经他们的劝说而关照人的要求。由于这种关联，萨满教巫师本身常常是半神化的，正是在他们激昂且具魔性的咏唱中，独具特色的中国园林首度亮相。

巫阳正设法治愈奄奄一息的国王，劝说其魂灵回归躯体。为此，他们描绘了正在等候他的九侯淑女，"翡帷翠帐，饰高堂些"。[3] 在诗里，国王的宫殿由遮阴的内庭以及起于多层平台上的高墙构成；宫殿装有朱红格栅的大门和绘有龙蛇的橼子。冬季时，室内是温暖的，而在夏季则都敞开，与花园相通，后者的细节被描述得如此简洁、传统却又生动，以至于这一梦境开始蒙上了理想化的现实感。在园林里，按照巫师们的吟诵，国王将沿着那些可以感受微风中兰花芳香的长廊走去。而流水在孔雀与庭堂旁的芙蓉花篱边蜿蜒淌过。那儿有用"以驯养走兽"的凉庭和长廊，宫殿的屋顶上还有亭阁，而坐在厅堂里可倚栏俯视曲折有致的池塘，池中的荷花刚刚绽放；荷花丛中种了菱角，紫茎的水锦葵装点着碧波荡漾的水面。[4] 在最高处是带有台阶的高台，国王可以从那儿俯视整个园林以及远方的山丘。

这一可爱的地方或许就如宫女的绝佳仪容，也是想象的产物，但令人觉得奇怪的是，这种描绘如对未来的预告一样穿越了时光。在巫师施展巫术的咏唱中，已经有了蜿蜒的流水、莲花池、伸向水面并有露台的亭子、朱红格栅的窗户、平台，以及中国园林典型的檐廊。唯独没有山。因为，尽管国王可以登上高台并从那儿眺望，然而，远山

3　霍克斯译，《楚辞》，见白芝编，《中国文学选集》（纽约，1965 年），第 75 页。

4　同上书，第 76 页。

依然严格地外在于园林的围墙之外；而将会成为中国园林中最迷人的因素的堆石、假山坡以及风蚀水咬的石头等，此时也还未现踪迹。

皇家猎苑

到了周代（公元前1046—前256）末期，楚国亡，优雅而精致的南方文化渐渐式微。这种文化孕育过《楚辞》，或许还有最早的中国园林，就如我们在巫师的吟诵中所联想到的那样。楚国亡后，园林的发展就移到了北方的权力中心，那里生活艰苦，也不那么奢华了。我们在那里没有看到国王专属的游乐园，却找到了有关巨大猎苑的描述，其中，狩猎本身变成了帝王力量的象征。

中国古代甲骨文曾提及位于如今山东的猎场，那是为周代的王子们区隔出来的。《诗经》中也有诗篇描述了会猎，这是一项贵族专属的消遣，和在许多其他社会中的情形一样，这不属于普通人的生活范围。打仗和狩猎紧密相连，后者常常是作为军事训练而组织的，会部署数百名鼓手、步兵、弓箭手和骑兵。在汉代，诗人用精彩的笔法描写了皇家的这种狩猎，包括如何用大战时用到的所有手段来包围、驱

狩猎场景（局部），选自陕西乾县唐代章怀太子李贤墓壁画。此墓发掘于1971—1972年。自古代以来，大片土地被圈为皇家猎苑。这些猎苑逐渐遍布鸟兽，种上从帝国各地进贡来的稀有外来植物。

赶、逼迫和杀戮野兽的过程。鸟兽因震耳欲聋的喊叫声与刀光剑影而恐惧万分，它们疯狂地逃避战车的追赶："六师发逐，百兽骇殚。震震爚爚，雷奔电激。草木涂地，山渊反覆。蹂躏其十二三，乃拗怒而少息。尔乃期门佽飞，列刃钻鍭，要跌追踪。鸟惊触丝，兽骇值锋。机不虚掎，弦不再控。矢不单杀，中必叠双。飑飑纷纷，矰缴相缠。风毛雨血，洒野蔽天。"接着，诗人写道："僵禽毙兽，烂若碛砾。"[5] 处在这一切中心的，正是"乘镂象，六玉虬"[6]的天子本人。他视察军队的本领、箭术的准确度、将官的用兵之术；等到这些都告结束时，他就巡查成堆的猎物，犒赏那些出类拔萃的人。

如此展示武力，使诸侯国变得安分守己了。不过，汉代的猎苑也举办巫术仪式，让超自然的力量同样变得臣服。按照张衡（78–139）的记述，岁末时，皇帝会召集朝廷上下，和大群着黑衣、红头巾的童男童女一起，参与驱除瘟疫的仪式。他们用桃木制成的弓漫无目标地向天射箭，状如星雨，而当箭头落下，他们就切断鬼怪的落地之桥，斩杀头大如轮的恶鬼，枭首山精鬼怪。待一切结束，将官就围绕都城搜寻任何存留的鬼怪，直到每一座房子悉得净化，再无任何有悖于正统的东西。[7]

作为帝国的园林

猎苑由此变为人与宇宙仪式化相遇的一种舞台，并获得了更多精神性的、神秘的联想，而中国园林也总是会保留这类精微的意义。然而，园林并不仅仅是重要仪式的背景，其自身也开始具备了某种象征的作用。这成为园林的一个重要特征，延续到了当代，因为，中国的皇帝们颇有意识地利用其园林的规模和华美，来体现王朝的显赫，而

[5] 修中诚译，《两位中国诗人，汉代生活与思想的侧影》（普林斯顿，1960年）；班固：《西都赋》，第33页；张衡：《西京赋》，第42页。

[6] 引自司马相如：《上林赋》，伯顿·沃森英译，见白芝编《中国文学选集》，第148页。

[7] 修中诚译，《两位中国诗人，汉代生活与思想的侧影》，第7页。

《仙山楼阁图》，缂丝。⁸ 道家著作《列子》描述了到处都是金塔玉台、缀满珍珠和石榴石的树林环绕的东海仙山。请注意云上飞翔的仙鹤以及前景中的奇石和巨石。

富人们亦效仿皇室的做派，建造奢华的园林，为其财富赋予了形态和典雅的意味。[9]

秦始皇是如此使用猎苑的早期帝王之一，他在公元前221年，征服了最后一个古代王国并第一次将它们联合为一个以他为首的、统一的中华帝国。作为残忍的征服者，他把被征服的统治者及其眷属送到自己的都城，毁掉了他们留下的宫殿。然后，他在自己的宫殿周围予以重建，宛若其战利品。他在城外也圈出一处巨大的狩猎场，名为上林苑，其中蓄养着诸侯国贡献的稀有鸟兽和树木。这样，除了原先作为狩猎区的功能，园林又被赋予了作为帝国缩影的意义。事实上，当秦始皇的王朝在公元前207年灭亡时，帝国在战争与暴动中四分五裂，而上林苑则未被毁掉。新的朝代接收了这一早已公认的帝国力量的象征，并在汉代文学的伟大诗赋中加以描绘。

为了颂扬皇帝，这些作品的作者就把来自已知世界四面八方的真实与幻想的生灵聚集在皇帝的版图里：

九真之麟，大宛之马，黄支之犀，条支之鸟。[10]

上林苑似乎越来越变成了一种神奇的图式、帝国的微观象征——尽管以我们的标准看，一点都不小。诗人们说，它占据千里山林（1华里约等于1/3英里）。其中，八条河流象征性地从大地的四角汇集于此。它们源自东南西北，蜿蜒流经桂香树林，穿越广阔平原，并且湍急盘旋着流过狭窄的峡谷口。河流喧腾，鱼龟浮现；珍珠和准宝石在水波中闪耀；大群的鸟儿在水雾中盘旋滑翔。

通过一系列精彩的对比，汉武帝的宫廷诗人司马相如（公元前179—前118），先带我们到了花团锦簇的河岸，然后，再退后向我们展

8 《仙山楼阁图》，宋缂丝，绢本设色，25.5厘米×40.8厘米，现藏台北"故宫博物院"。——译者注
9 引自司马相如：《上林赋》，伯顿·沃森英译，见白芝编《中国文学选集》，第29页。
10 出自汉班固《西都赋》。——译者注

示远处高耸的峰峦叠嶂。现在，我们既看到了这片朦胧而又神奇的大地上各条河流蜿蜒流过的壮阔全景，也看到了在深水中静止不动的鱼的细小鳞片。在这种描述里，神话和事实混合在一起，暗示着宇宙的丰富充盈，我们看到了中国园林最初的兴盛，现世的快乐都汇集其中：

> 日出东沼，入乎西陂。其南则隆冬生长，踊水跃波；其兽则㺎旄獏犛，沈牛麈麋，赤首圜题，穷奇象犀。其北则盛夏含冻裂地，涉冰揭河；其兽则麒麟角端，騊駼橐驼，蛩蛩驒騱，駃騠驴骡……[11]

尽管在现实中，皇家园林并非汉赋描述的那么包罗万象，但它们确实容纳了极为广阔的土地和多种多样的景致。从汉代开始，它们也包含了为朝廷供应食物的大面积的果园、农场与湖泊。为形成完整的图景，诗人们还纳入了对山的描绘，它们遥远而又令人敬畏，山坡上有洞穴，而峰巅裹在云雾里，可让站在高出树木和小丘的石台上的皇帝与百官看见。如果园林要成为帝国真正的表征，那么这些山就是不可或缺的，因为，在中国，大山不仅仅体量撼人，并且还被视为"地之骨"。甚至更撼人的是，当峭壁间雷声轰鸣时，它们就是宇宙能量的中心、山峰周围闪现魔电的导体。从极古老的年代起，这样的山就被敬重甚至畏惧了，而到了唐代（618—907），就如我们将要看到的那样，对于作为山的象征的石头的欣赏，会达到一种几乎痴迷的强烈程度。最后，对山的微型再现，也会在每个文人的案头以及所有游乐园里找到重要的位置。确实，中国人对石头的运用令人惊奇，如果讨论其园林却又不首先看一看那些多少世纪以来赋予大山以特殊魅力的神话与希冀，那就是愚蠢的了。

群山与长生不老的传说

写下许多《楚辞》作品的作者曾描绘他进入西方迷人的昆仑山的神奇旅程。他的奇异而又充满激情的诗篇，将群山呈现为强有力的形态。当瞥见峡谷中桂树屈曲盘旋的枝条时，他惊呆了："何山石之崭岩兮，灵魂屈而偃蹇。"[12] 不过，虽然他蜷伏在洞穴里，被吓得懵了，但是，山峰也以这种令人颤抖的魅力令其倾倒。他仿佛飞上云际，因恐惧与喜悦而泰半陷入狂迷，仿佛被性的激情攫住似的：[13]

> 上高岩之峭岸兮，处雌霓之标颠。
> 据青冥而摅虹兮，遂倏忽而扪天。
> 吸湛露之浮源兮，漱凝霜之雰雰。
> 依风穴以自息兮，忽倾寤以蝉媛。[14]

如果中国群山的雄奇山形令亲眼所见的人心中充满了这种敬畏，那是不足为奇的。平地兀立的悬崖，半隐半现地漂浮于无际湖面的山峰，中国画家在呈现这些景物时并未做什么夸张。甚至今天，我们在中国旅行时也常有这种看到艺术被现实确证的醉人体验。譬如，从洛阳到郑州的列车快速行驶在巍峨、神圣的华山脚下。左侧是一望无际的平原，而右侧则是陡峭的坡地。高远处——太高而让人一开始觉得看不到——参差不齐的紫色峰巅背衬天空，薄削如冰山，而它们的轮廓线就像高飞或跳跃的云雀留下的飞行轨迹。数以百万的朝圣者一定攀爬过陡峭的高峰，而云雾就在他们脚边无声漂移。像这样的大山——位于中国人观念中世界的四角和中央的五岳之一——受到历代

11 司马相如：《上林赋》，见白芝编，《中国文学选集》，第 145 页。
12 此句出自《楚辞·七谏》中的"哀命"。——译者注
13 出自《楚辞·九章》中的"悲回风"。——译者注
14 霍克斯译，《楚辞：南方之歌》（牛津，1959 年），第 182 页。

帝王的尊崇，而每代帝王都要通过在任时朝觐伟大的泰山以确认其"天命"。并且，中国传说中的著名仙人可能就居住在群山中，因此在那些追求长生不老的人的梦想里，山也有重要意义。

仙人，作为精灵附身的人（尚未成为神），可以乘鹳而飞，消失在空中。他们的宫殿坐落在遥远西方神秘的昆仑山（喜马拉雅山）之巅，以及同样有名的东海群岛（它们常常会在凡人接近时融入雾中）。最后，中国园林的堆山和矗立的奇石正源于这些关于神奇居所的观念。

园林里的洞穴在炎热的夏天非常有用，它们也与长生不老的观念联系在一起。仙人也居住在另一神奇的世界，自有其天，就在地下的

《梦仙草堂图》[15]，传唐寅作，16世纪早期。一位高士在山中草堂里微笑，正梦见自己成仙后御风而行。

巨大洞穴里，这些洞穴甚或在地下与古代五大名山相互连通。少数际遇特殊的凡人曾经下到这一幽冥世界的宫殿：

> 入口是如此之窄，只有独木舟才能通过。它渐渐变宽……带着燃烧的火炬，人下到流水处，听到风吹万笛的轰鸣……百里之后，见一鱼洞。然后，是一个日月同辉的宇宙。静静的草地、祥和的云彩。鸟儿回应人的呼唤，鲜花聆听游人。它是一个完全别样的世界。[16]

这些神奇的居处是道士们（或更准确地说，是那些约在公元 1 世

15　此画现藏美国华盛顿特区弗利尔美术馆，手卷，纸上彩墨，29.6 厘米 ×682.1 厘米，画中题款为："闲来隐几书眠，梦入壶中别有天。仿佛希夷亲面目，大还真诀得亲传。"——译者注

16　石泰安：《远东小型园林》，《法兰西远东学院公报》（1943 年），第 42 页。

左　广东火车站展示的盆景。欣赏者想象自己变小并在其中自由自在地漫游，免去了真正登山时的诸多不便。完美主义者不喜欢这些"园林"里的盆景池塘或人物，因为过于一板一眼，也限制了想象。

右　上海苗圃中的一棵树。树干被盘曲起来并绑上了铁丝，直到长成这一表示"寿"字的树结为止。

纪就用道士之名追求长生不老的人）特别关注的对象。对长生不老的渴望在中国有着古老的渊源，这一乐观的人生观与基督教或佛教认为现世苦海无边的观念完全不同。对于追求长生不老的中国人而言，他们希望获得的是身体的不死，认为，紧紧抓住身体，相较于信任并非触手可及的灵魂的未来，无疑更为保险。不过他们的目标并非绝对的永生，而是比较适度的生命延伸——约活到200岁至500岁。

为达到这一目标，这些道士投入了旨在完善身体的忙碌活动——这些活动令后来的一些哲学史学者尴尬不已，他们发现修炼法术有些难度。这些活动不仅包括辟谷、调息，还有涉及很多性伴侣（最好是处女）的高度复杂的性技巧，以及收集、准备和摄取各种药草。水银也是一种重要的配料，因而，长生不老药时常也被证明是致命的，至少汉代有两位皇帝死于长生不老液的过量饮用。然而，多少世纪以来，在遍寻世上的植物与矿物以配制仙药的过程中，道士们汇集了范围惊人的经验主义的科学知识。而且，这些探索也使他们能在群山中独自漫游，采集药草和延年益寿的灵芝。

在中国艺术中，修为深的道长通常可以通过身边画的神草灵芝而被辨认出来。他时常携带的另外两种象征物也可以表明他的身份。其

左上　杭州苗圃里的花盆架。桌椅也是用这些扭来扭去的树根做成的，常常放在园林的亭阁里，提示这就是中国仙人的乐园。

右上　苏州留园庭院中展示的一棵盆景树。

左下　北京御花园（紫禁城后花园）内的树干。盘转扭曲，意味着树龄老，也即不朽。

右下　上海龙华植物园中的盆景树。

中一个是嘴窄体宽的葫芦,象征仙人所居的另一世界,而它常常被应用到园林里的卵石小径和门的设计中。另一象征物就是挂在仙杖上的圣山。在道士追求长生的过程中,这样的微缩物扮演了重要的角色。通过再造缩小了的山,他就可以参悟其神奇的特性,并且获得灵力。微缩复制品越是小,它具有的神奇力量似乎就越强——一种并不有别于厨师将汤煮稠以凝聚汤汁精华的过程。因而,对力量神奇的场所的微型再现,并非源于审美,而是施法的用具。

当今,日本,以及中国香港的鉴赏家们依然青睐那些在浅浅的陶瓷盆中创造出来的盆景。在中国内地,还有人从事古老的盆景术。虽然此术所包含的神奇的道家意义被数个世纪以来的娴熟实践和艺术批评所掩盖,但还是会让人不禁觉得,不管在中国人的潜意识里沉淀得有多深,它跟道家仙术的渊源仍然隔代传承着。

制作盆景树的方法就是使树液流动变慢,就如道家的气功练习舒缓了人体周围气的运动。两者的技巧都是弯曲和舒展肢体(枝条)。小树长成奇怪缠绕的样子,弯曲得像是那些希望进入洞穴中的"另一世界",而且模样苍老,如同仙人一样。在大的园林里,有些区域会专用于栽种这类盆景树,而苏州这样著名的园林艺术中心,其独特的盆景制作风格会在工匠大师的家庭里继续发展。

群山入园林

正是为了再现仙人之居,群山就最先成为用在秦汉两朝香炉上的一个艺术主题。它们或是陶器,或是青铜嵌金,层层叠叠的峰峦遮住了小气孔。香在焚烧时,就如同香雾一般,从微缩的峭壁中沁出。借心灵之眼缩小后,人就可以想象自己置身于那些渔夫常常看到却从无

中国人似乎保留了一种对怪诞的喜爱,而欧洲人在中世纪之后就不是如此了。上海动物园和北京中山公园依然在养这样稀奇的金鱼,且具有极大的吸引力。它们的眼睛浮在鼓胀的薄膜上,游动时会轻柔地晃动,这被认为是美的,而非对自然的歪曲。

凡人造访的东海仙岛上。

公元前3世纪，中国的"伟大统一者"秦始皇就已派过少男少女去远航，以寻找这类仙岛并带回永生的秘密。尽管有（或许正是缘于）现世的惊人成功，但他并不欣然接受死亡的前景。在他的宫廷里萨满巫术兴盛，而对长生不老的狂热也首次成为一种清晰的历史现象。

事实上，这位伟大的征服者是自然死亡，而反讽的是，当时他正赶往东部搜求长生不老的仙丹，但这徒劳的搜求并未阻止他的继承者们追逐同样的梦想。后来的一位特别热衷于这一主题的皇帝就是汉武帝（公元前156—前87），而且，正是在他的支持下，皇家园林里第一次出现了对仙山的再现。汉武帝确信，仙人之岛并非神话。如果说秦始皇的长途跋涉未达目的，那一定是因为仙人并不喜欢有凡人踏上其移动的天堂。因之，汉武帝决定不去求仙，而要吸引仙人到他身边。在宫殿附近的地面上，他要建仙人居所的翻版，在其中将蓬莱、瀛洲和方丈三座仙山再现得美轮美奂，以至于仙人会误认为真是他们的家园。一旦到了那儿，他们在宫殿的园林里或可被劝服，说出长寿的秘密。

因而，汉武帝在建章宫里建了两个有洲的大湖。在其中模拟仙山，排成"方阵"。再向远处眺望，可见猎苑的景致。洲上种了甚至冬季也会开花的美妙花卉、成片的"神树"，还有状如峭壁的嶙峋奇石。"浸石菌于重涯，濯灵芝以朱柯。海若游于玄渚，鲸宜失流而蹉跎。"[17]

一位蛮夷法师建议新建相匹配的有灵力的建筑，采用了一些必要的技巧。他推荐的设施包括风向轮、迷宫般的走廊，以及"张千门而立万户"的亭阁。仙人雕像"抗仙掌以承露，擢双立之金茎。轶埃堨之混浊，鲜颢气之清英。"[18]事实上，就如史学家兼诗人班固（32—

17　修中诚译，《两位中国诗人，汉代生活与思想的侧影》，张衡：《西京赋》，第39页。
18　修中诚译，同上书，班固：《西都赋》，第33页。

汉代博山炉。在古代中国，本地的山被认为是强大的超自然力量的聚集地，而五座神圣的守护神山耸立在已知世界的四角和中央。最后，这些地方就到处都是官府和私人的专属领地，以及道观和佛寺。这些博山炉当然也模拟神奇的仙人之居。

92）有些不以为然地评述过的那样，皇帝听从了法师的"丕诞"，创建了"列仙之攸馆，非吾人之所宁"。[19] 然而，多少世纪以来，汉武帝的仙岛衍化成整个东方园林中所堆放的无以计数的假山。在日本，仙岛最终变成了园林湖泊中象征性的岩石小岛，而我们也会发现，自此以后的所有中国园林都呼应着古代皇帝雄心勃勃的梦想。

最早的私属乐园

当中国的统治者们努力吸引仙人时，他们的许多较为成功的臣民也开始为自己建造游乐园了。从一开始，这些园林就体现了两种截然不同的倾向：一种趋向于简朴的"文人隐居处"，另一种则走向更为铺张和精致的财富炫耀。总体而言，简朴的园林风格似乎更直接地从我们已经看到的《诗经》中种植实用果树和硬木的房屋发展而来。另一方面，精致的私家园林则是借鉴了皇家园林的风格。总体而言——虽然这在某种程度上是对史料的自由阐释——王公贵族偏爱的是精致的风格，汉代致富的商贾新贵也是如此；而在汉初发展起来的新晋官吏阶层眼里，更具魅力的则是简朴的园林。最后，正是这些官吏的后代发展了中国意味深远的私家园林，因而，也许值得稍微宕开一笔，看看作为一个阶层，最初他们是如何形成的。

汉王朝的缔造者汉高祖（公元前256—前195）出身贫寒。当他掌握权力时，他想要的官员应既能辖制下属将官，又与任何前朝的统治集团没有干系。他在非贵族出身的地主家庭中找到了理想人选，这个群体当时正纷纷涌入都城，以谋取官职。远在乡村，他们留下了部分家庭成员管理祖传田产，这样就在城市与农村之间建立了一种动态的联系，无论是在中国还是在英国，这都被认为对精英保有道德力量至

19　修中诚译，同上书，班固：《西都赋》，第33页。

关重要。到城里之后,这些新的掌权者开始探寻政管的哲学,他们摒弃了前朝的严苛律法政策,转向儒家。在汉代,这发展为一种帝国政权强有力的工具,并成为此后两千多年国家及其管理者执政的正统。

我们从有关汉代大学者董仲舒(公元前179—前104)的逸闻中知道,这些人是有园林的。据传,董仲舒苦读儒家经典《春秋》,以至于有三年未去自己的园林。他拥有一座园林,根本就无人评论,人们只是谈到他为实现目标全力以赴而不去自己的园林休息。人们可以推断,儒家文人拥有园林是较常见的,他们也常常有时间享用园林。同时,这似乎表明文人的园林距离其居住或工作的地方有些距离,或许

6世纪墓葬石椁的侧面,刻有大树和亭阁。在前景里,鹅卵石路面让位给了讲究的石头路面,上面摆放了盆栽植物。

上 《西园雅集图》，传为马远（活跃于约 1190—1225）作[21]。虽然山水看似"自然"，但树下的桌子和右边隐现的雅致亭子，却表明此次雅集的地点像是某位参与者的园林，而非偏远的山中。

下 乐农轩，一座建在北京颐和园万寿山东坡上树林里的简朴农舍。

是在城外，但可惜的是，有关这些园林的细节并无记录存世。不过，仍可以对一个优秀儒家文人所寻求的园林的特质做些猜测。

儒家的关联

在中国，道教通常被认为是与在自然中的人联系最为密切的哲学，但是，孔子也以自己的方式，将农人的简朴生活与恰当的日常举止关联在一起，由此影响了人们相关态度的形成，而这些态度在园林设计中发挥了部分作用。

孔子坚定地认为农业是国家的基础，并回顾了神话中农耕的君主皇帝的黄金时代，那时，雅致与简朴达到了完美的平衡。因此，儒家思想在提升礼制、学问和"至人"的同时，也赞颂"古朴"一词所表达的美德。[20] 皇帝每年完成的最重要的仪式就是犁耕垄沟，以象征他与土地的关联。国家的繁荣被认为有赖于个人的品性，而个人的品性则包括农夫的节俭以及文人的高雅。

与颇为神秘的长生不老观一样,这一儒家理想在园林中也有表现。在一座神奇的假山后面,往往会有一片杏林环绕的村舍。譬如,在北京颐和园的万寿山上就还有一排农舍。如今,建筑物显得有些破败,但在乾隆时期,它却是一个小农场。年迈的慈禧太后也曾颇有兴味地看女仆在她的农场里设法养鸡,而太后一年一度的重要纪念活动还包括采桑喂蚕的仪式。

在苏州的一些最精心修建的园林里,亭阁与露台的名字也有涉及儒家简朴思想的典故。拙政园湖中小岛上[22]有一个避暑亭叫作"劝耕亭",而后来的一位学者甚至颇为严肃地论证,建造园林可以让路过的农夫在看到枝条上绽放的春花时,想起该是开始播种的时候了。

新贵们的园林

如果汉代的儒家士绅可以接受相对简朴的园林,那么,讲究的园林就颇少见,以免引来非议。譬如,有一名叫袁广汉的商人完全是因

20　有关质朴理想的讨论,参见林语堂:《吾国与吾民》,第34—37页和第113—114页。

21　绢本设色,29.3厘米 × 302.3厘米,现藏美国纳尔逊-艾特金斯博物馆。——译者注

22　原文如此。——译者注

为在都城郊外修建了一座梦幻般的园林而获得了永世的名声。他得意地拥有800名奴隶和一片美丽的土地——位于一座出产优质石料的名山脚下。在这里，他让溪流曲折流经一座东西宽4里地、北南长5里的园林。园中有43个用露天游廊连接起来的厅堂和平台——即使是在如此宽绰的空间里也显得拥挤了。与皇家园林一样，袁广汉的园林里也有珍禽异兽和奇花异草，鹦鹉从头顶飞过，牛群四处漫游，西藏牦牛悠闲地踱步。不过，当时最有特点的是一座据说高达30米出头的假山，相当于今天的十层楼高。[23]

虽然袁广汉的园林闻名遐迩，给我们留下了有关假山的最早记录，但是，对其个人而言，却是一场灾难。或许其奢华无度形同犯上，颇似富凯[24]的沃勒维孔特城堡挑战了太阳王至高无上的权力；或者皇帝害怕仙人会下凡到错误的园林。不管怎样，袁广汉就像富凯一样，很快发现自己的生活受到调查，随后他的园林被征用，财产被充公，甚至最终遭到斩首。

不过，尽管有这样的前车之鉴，中国历史上还是不乏奢华的园林。无数人追随着袁广汉的脚步，修建炫富的园林——尽管并非所有人都以失去一切收场。在今天的无锡，有一座非常晚近的园林，始建于1920年代，就是这种传统的典型例子。此园现为公园，1950年代时，添加了几座优雅的亭子。但是，其最明显的特征是一条沿着湖畔蜿蜒而行的长廊，其尽头处是座小型水泥塔。长廊的另一端穿过一座假山，至少占地3亩，最高处约达6米。对我来说，这座假山具备矫揉造作的所有特征——被冲刷得奇形怪状的石头用混凝土粘在一起，毫无必要的巨大体量；酷似动物或变形的人物以致缺乏余味。这座园林更多地展示了造园者的财富，而非其感受性，而它与我们在第一章看到的网师园那样优雅又精致的园林尚有很大的差距。也许，差别仅

---

23 参见薛爱华：《杜绾的〈云林石谱〉》（伯克利，1961年），第5页，以及洛兰·库克：《日本园林世界》（纽约，1968年），第95页。

24 尼古拉·富凯（Nicolas Fouquet, 1615—1680），路易十四时期的法国财政大臣。——译者注

无锡蠡园的假山庭院。一座顶上建有水泥亭子的巨大假山迷宫。有好几条通道经由地下山洞、隧道和岩石的裂隙通往高处的亭子。沿着这些小径，特别奇异的石头相互堆连在一起，看上去像是一排排变了形的动物似的。整个效果是非常人为的，在西方人眼里也不具吸引力。不过，从"山"顶上看到的园林以及湖水向地平线舒展的景色是美丽的。

仅在于造园者的旨归：一个是炫耀财富，博取惊艳；另一个则要用可支配的资源表达自身的愉悦对可以获得的形式的享受，创造一个自己觉得美的地方。

对许多造园者而言，动机或许是两者兼有。创造最简朴园林的人也不可能反对来自他所欣赏的人的赞美，而且，就如我们会看到的那样，中国园林首先是社交和文人聚会的场所。因而，其大部分意义在于给许多人带来快乐。最大的皇家庄园和最小、最简朴的私人地块，都是如此。

中国园林接下来的发展深刻地影响了中国的所有艺术（尤其是诗与画）的发展。它与汉代旷日已久的崩溃以及相应的对儒家价值观信仰的丧失联系在一起。它首先影响私家园林，而到后来又通过它们才逐渐影响到了皇帝的园林。不过，既然我们还没有怎么涉及皇家园林，而且，也由于私家园林将朝着新的方向发展，我们最好分别用两个章节来讨论它们，以避免太多的混淆。因而，下一章会讲述从伟大的皇家园林直至今日的发展故事。随后的一章覆盖的时间跨度大致相同，将回溯到汉末并关注私家园林发展的另一传统，包括简朴与豪华两种风格。

皇家园林

1860年10月18日早上，一支英军分队走出北京的一道城门。他们沿着一百多年前为康熙皇帝铺设的道路向北前进，经过一段时间之后来到了两个扇状的湖旁（如此设计是为了酷暑时能有凉爽的微风吹向皇家园林圆明园的入口）。10天之前，这一分队作为英法联军大部队的一部分从同一园门离开。当时，他们运走了大量的战利品——均为皇家百年收藏中的便携品，身后留下洗劫一空的宫殿，那些被毁坏的珍宝散落在露天的庭院里。现在，他们无须动武就又重进入了园林，在军官们的命令下，于围墙内占地约2100亩的水园中四处散开。然后，他们放火烧了所有剩下的东西。经两天的火烧，他们几乎毁掉了三千座各种各样建筑中的三分之二，而那些建筑曾使这个地方成为欧洲的谈资以及满族王朝的荣耀之一。

　　在英国，现在可能唯有汉学家和美术史家才听说过圆明园。但在北京，它是依然被人记取的，因为，就在城北沿着窄小的自行车道走，在井然有序的蔬菜地和新栽的树林间，圆明园一小部分的遗迹依然可见。从曾是福海小洲的小山顶上俯瞰，当地农民栽种荷花的地块之下依稀可见流水和山谷的轮廓。

　　1860年遭焚毁的还有颐和园的前身——清漪园。重建后的颐和园——西方人叫作夏宫——就其规模而言，它占据了原园近四分之一的面积，但是，从其巨大人工湖边的庭院和平台望去，你依然能感受到这一古老园林曾有的部分气象。但是，即使在那儿，毁灭的痕迹依然存在。在万寿山的北坡，仍然有一些没有屋顶的庙宇和摇摇欲坠、满是尘土的红墙。导游或会告诉你，这些都是英国人扔下的残墙断壁。英国理应是一文明的国家，可就如一位中国作家曾经评价的那样，"打仗却似野蛮人"。[1]

《北京颐和园》（局部），一名欧洲游客绘制，此园前身清漪园部分建筑曾于1860年遭英军焚毁。此鸟瞰是向北俯视十七孔桥、昆明湖以及万寿山。其格局如今一仍其旧。

[1] 引自一本中国历史教材《普通新历史》，第57页，转引自麻伦的《北京颐和园的历史》（乌尔班纳，1934年），第192页。

从另一角度看的观点

然而，在英军司令埃尔金勋爵看来，洗劫圆明园是一种不可避免的灾祸。火烧园林，他觉得，可以直接打击为其军队的行径负最终责任的皇帝本人，而对无辜的臣民也不会造成不必要的痛苦。但是，埃尔金勋爵对中国所知寥寥。对北京的居民而言，一小股外国军队居然有权惩罚中国的皇帝，这是不可想象的事情，而且，他们对放火焚烧居然还有颇为理直气壮、一本正经的辩解。

中国历史充斥着园林的残骸。中国的民间故事很早就已将帝国奢侈的水涨船高和伟大王朝的必然衰败联系在一起，而且，这种奢侈的象征常常就是美女与皇家园林。这是历史确认的一种关联。王朝的终结几乎不可避免地伴随着女人的尖叫、假山倒塌的轰鸣声以及火烧亭阁的爆裂声。

在当时，一场伟大的农民起义刚刚席卷整个中国南方，而有关咸丰皇帝最近荒淫无度的种种故事也在市井流传。因而，在那个十月的早晨，当一股浓烟从圆明园的塔顶升起并开始缓慢地转向东面，并且在北京的四合院和胡同里落下木头燃烧的碎屑与滚烫的灰烬时，它在许多方面都是一种确证，即满洲王朝正在走向尽头。

古代的荒淫

这种将豪华园林与帝国解体联系起来的做法，或许可以追溯到中国最早的一个王朝夏的灭亡。夏代显得朦胧甚或神秘，是在公元前1600年左右寿终正寝的。后来，每当有良知的大臣发现其君王规划园林时，他们就会提醒君王，要想想桀王，据说后者嗜血成性的挥霍令其付出了王位的代价。有一个经典的故事描述了他用民脂民膏建造了数座巨大的米酒槽，而醉醺醺的弄臣弯腰饮酒时滚落其中。在有些故事里，这些酒槽则变成了一个完全人工的酒池，供桀王泛舟，由同样荒淫的宫女撑船。

继起的商代也陷于荒淫，并在约公元前1046年遭遇灭亡。这一次，园林毫无疑问牵涉其中。哲学家孟子在后世回顾这一事件时，将统治者的奢华园林与其道德沦丧直接联系在一起，而后来的帝王们或许也铭记在心了。"坏宫室以为污池，"孟子说，"民无所安息，弃田以为园囿，使民不得衣食"。[2] 农田的这种流失导致了伦理、社会以及大自然的相继崩溃。"园囿污池，沛泽多而禽兽至，及纣之身，天下又大乱。"这一暴君像是中国的尼禄，整日收集马、狗，以及稀有的

2　刘殿爵译，《孟子》（伦敦，1970年），第113页。

大理石露台，御花园，北京紫禁城。树丛中的这一大理石露台仍有古代君王高台的余韵。下面假山中隐藏着畜舍，其远侧有一小块户外跑动的地方，这样，游园者就能看到驯养的动物了。小型动物园在大型园林里是常见的，这再次令人想起这源自皇家猎苑。

物品，彻夜狂欢，拒绝进谏，而且，最意味深长的是，无限制地扩展其园林，又成为一种最终导致王朝崩溃的荒淫无度的象征。

有趣的是，孟子并不指责人造的山水。在更靠前的一段文字中，他把睿智而又伟大的周文王所建的大型园林与齐宣王的小型但更隔绝于社会的庭院作比较。虽然前者占地至少70里，还有人工建成的平台和湖，但似乎是向民众开放的，且利用得有声有色，就如后来的一位皇帝所说："文王以民力为台为沼。而民欢乐之，谓其台曰灵台，谓其沼曰灵沼，乐其有麋鹿鱼鳖。"³"灵"字的意思是"超自然"，同时指一种趋善之力，在中国，这种力量常常被认为凝聚在具有气势的石头以及其他自然的却非同寻常的现象中。在这里，"灵"意味着除了具有某种审美和经济价值外，池塘和平台都包含某些不可思议的特性。周文王的园林反映的是统治者将所拥有的东西（包括现世的和超自然的两方面）惠及臣民的意愿，因而，被孟子看作是对皇权的一种恰当表达。

然而，周文王的统治却是个例外。更为典型的是要晚得多的隋代的故事。在经历了许多年的混乱之后，581年，隋代重新统一中国。这一次，孟子对极度奢华的游乐场的所有忧虑都得到印证。隋代的缔造者坚忍不拔、精力充沛、极度节俭，他全力以赴使帝国重又统一起来，但他的继承者却变成荒淫的末代统治者的典型。这位继承者在历史上被称为隋炀帝，依仗帝国的强盛肆意妄为。他派遣三支大军远征高句丽，并下令修建连接南方稻米之乡与北方都城的大运河。他一登基就开始建设第二座东方都城洛阳，与其父王在长安的古老都城形成互补。在这里，为了彰显其居所的气势和辉煌，媲美并超越汉代的花园，他圈出一座周长200里的山水园林。

在这一园林里，他下令挖了一个9600多米长的湖。如镜的湖中有仿效汉武帝的三山——蓬莱、方丈和瀛洲，上皆台榭回廊，并有水渠连通象征五湖四海的其他池沼，共同构成一个有序的世界。蜿蜒湖畔的风景"皆穷极人间华丽"。[4] 为了填充这大片山丘和谷地，皇帝下诏征集天下所有奇花异草，包括用特制的马车运入园中的大树。几年之内，"后苑草木鸟兽繁息茂盛。桃蹊李径，翠荫交合，金猿青鹿，动辄成群……"

以上的叙述意味着某种对汉代辉煌的重现，欢庆帝国重新统一的荣耀。不过，这座园林很快就成为穷奢极欲的同义词。隋炀帝年轻时曾在中国南方做过行台尚书令，而就在那里，按照北方人的说法，他形成了一种对奢华精美的东西的爱好。在新修的游乐园里，他没有模仿古老的汉代风格的猎舍，而是建造了十六座水上宫殿，沿着湖畔及水道连成一片，如一串珍珠项链。每座宫殿都被围成单独的园中园，较围墙外的园区装饰得更为精美和有艺术感。为了让这些小型园林一年四季都美轮美奂，可谓煞费苦心：[5]"秋冬凋落，则剪彩为华叶，缀于枝条，色渝则易以新者，常如阳春；沼内亦剪彩为荷芰菱芡。"[6] 只有通过水路乘坐龙首御船，才能游幸那些宫殿。每一座宫殿里都有二十位选出来的妃子，能歌善舞，奏乐赋诗，而且无疑也擅长于官能娱乐。提供乐趣的还有一系列非同寻常的自动装置。宾客们坐在特别修建的水道旁时，载在船上的机械人像（高达半米多，衣饰华丽）就在他们眼前经过。有些自动机械人被设计成了歌妓，而其他人像则展演来自中国神话与历史的超过七十二种的场景。

据权威记载，有"一百万"人劳作才建成这一园林。有一位学者写道，在高强度的劳作中，每十人里就有五人丧命，而在大运河的建造与灾难性的高句丽远征中，也有同样比例的伤亡。[7] 616年，一场

3　宋徽宗皇帝在《艮岳记》（1122年）中为其园林中的建筑做辩解。在《朱雀》中，薛爱华把"灵"字解释为"从任何充满超自然力量的物品（甚或像石头那样迟钝的东西）中释放出来的一种精神的力量或能量"；他指出，它"大量地从皇陵、猛药、神兽与神异之树中涌现出来"。有关周文王的园林，参见阿瑟·伟雷译《诗经》（伦敦，1969年），第274首，第259页。

4　此段和下文中的引文均出自《隋炀帝海山记》，《唐宋传奇集》。重印于《中国营造学》中，第IV卷，1934年6月号。亚历山大·索伯的英译载自洛兰·库克：《日本园林世界》（纽约，1968年），第19页。

5　引文出自《资治通鉴·隋纪四》："五月，筑西苑，周二百里；其内为海，周十余里；为方丈、蓬莱、瀛洲诸山，高出水百余尺，台观殿阁，罗络山上，向背如神。北有龙鳞渠，萦纡注海内。缘渠作十六院，门皆临渠，每院以四品夫人主之，堂殿楼观，穷极华丽。宫树秋冬凋落，则剪彩为华叶，缀于枝条，色渝则易以新者，常如阳春。沼内亦剪彩为荷芰菱芡，乘舆游幸，则去冰而布之。"估计本书作者是从其他著作转引的，参见 René Grousset, *The rise and splendour of the Chinese Empire*, translated by Anthony Watson-Gandy and Terence Gordon, Berkeley, University of California Press, 1970. p. 119.——译者注

6　此段引文的出处记于洛杉矶和伦敦间往来的信件中，不幸遗失。

7　参见《隋书》。有关隋炀帝的讨论，参见芮沃寿：《隋炀帝：个性与陈规旧矩》，《儒家信念》（斯坦福，1960年）。

不可避免的叛乱在百姓中爆发。皇帝退至大运河与长江交汇处的城市（如今称为扬州），由其手下的将领为帝国而战。618年，他被自己的禁卫兵暗杀，在此之前，皇帝最宠的儿子已被刺死。

隋炀帝的故事由于具有原型性，读起来就像是一个道德故事。确实，隋代三十七年的统治在某种程度上概括了所有朝代的历史。无怪乎，新兴唐代的缔造者[8]也对造景采取了一种及时而又坚定的路线。他甚至带官员和眷属远足至前朝废宫，以示警诫："我今不使汝等穿池筑苑，造诸淫费。"[9]可是，他的话随风消散。很快，他本人就觉得理应建造一座与其帝国雄心相称的"大明宫"，周边还要有供皇家娱乐的大片土地。在几代之内，他的继承者与谋士们重又玩起了老把戏，即相互攀比园林的奢华。

更多奢华的方式

园林与王朝崩溃的道德故事在中国流传着，直到隋炀帝倒台一千二百多年之后圆明园被烧为止。尽管后世皇家游乐园的规模和辉煌程度有别，但它们都规模浩大，而且，直到最后也继续护养着象征帝国富庶的外来植物与动物。然而，几个世纪以来，其他的主题也影响其发展，而最为基本的莫过于"文人退隐"的理想。这一点，就如我们将在下一章看到的那样，在汉代崩溃之后得到了发展，且在许多方面构成了对奢华园林的反动。但是，到了后来，园林作为简朴而精致的乡野退隐之所的理想，甚至在最奢华的皇家公园里也有表现。

譬如，到了7世纪末，声名狼藉且特立独行的女皇武则天（偶然成为唯一完全拥有女皇头衔的女性）确定自己喜爱简朴的生活。她发兴在其都城北面190多里的陕西的山林里修建了一座宫殿，入夏后就搬去住，而朝廷百官则为难地尾随其后。此园占用了很多耕地。它不设篱笆，成为潜伏劫匪的地方，同时又难以接近。住宿的房屋远远不够，以至于一半的朝臣得睡在草堂。而在这里，朝廷事务被预期要与在都城一样料理得顺畅无阻。公元700年，大臣们抱怨，这样的情形难以为继。但是，女皇并没有放弃郊外宫殿的打算，而是将此视作花费巨资重建整个宫殿的绝好机会。大臣们无话可说，只能感激女皇对他们福泽的莫大关怀。

没有几个人有足够的勇气抗议帝王的挥霍无度。李约瑟曾记述747年谏官陈知节就唐明皇凉殿而上疏极谏的故事。大臣许久未见回复，心中愈加惶恐。接下来，在夏季最热的某个日子——在中国的中北部，那就意味着像在炉上炙烤——皇帝令陈知节正午召对，地点就在他予以批评的园林中的一座亭子里。故事绘声绘色地刻画了当时刻意安排的效果：

> 上在凉殿，座后水激扇车风猎衣襟。知节至，赐坐石榻，阴雷沈吟，仰不见日，四隅积水，成帘飞洒，座内含冻，复赐冰屑麻节饮，陈体生寒栗，腹中雷鸣。再三请起，方许。上犹拭汗不已，陈才及门，遗泄狼藉。[10]

典雅的园林、音乐和爱情

唐明皇28岁时登基，他有活力、智慧和决断，雄心勃勃地打算大展宏图并振兴帝国。而且，他心目中帝国的强盛，不仅意味着辽阔的疆域，还包括对艺术的赞助。皇帝本人在梨园指导宫廷乐师，

8 此指即位不久的唐太宗，而非唐高祖李渊。引文出自《旧唐书·太宗本纪（上）》。这里的叙述与原文略有差池。——译者注

9 村上嘉实：《唐都長安の王室庭園》，《関西学院史学》(1955年)第3期，第47—63页。惠子莱尔英译自日文。

10 李约瑟：《中国科学与文明》[英国剑桥，1954年（第65页），第4卷（1965）]，第2部分，第134页。这一章也讨论了其他的皇家水利工程以及隋炀帝的"水饰"，第160页。图版CLXVII呈现了韩国庆州一条人工水道，用以在雅集时漂浮酒觞。喜龙仁在其《中国园林》中有一张相似的曲水流觞的照片，图版22。

而他在位期间，诗歌也获得了中国历史上前所未有的繁荣。确实，在其治下的头十五年里，这位引人瞩目的皇帝在艺术赞助与个人奢华之间保持了一种平衡，从而使他的宫廷成为雅致和优美的典范。接着，就像讲故事的人喜欢说的那样，他堕入情网，爱上了美丽的杨贵妃（中国历史上的"四大美人"之一），为了她，唐明皇丢弃了他的帝国。

年岁见长的唐明皇变得越来越痴迷，为了与情人相伴而不理朝政，而且对她百依百顺。她的无数亲属很快就占据了所有的权力之位，而皇帝则整天为贵妃和其姐妹建造各种各样的宫殿。她们各自都有精致的园林，其风格与细部均异于城外更为天然的皇家园林。

这些园林中最出名的一座现在依然留存，尽管其中杨贵妃时代的遗迹已难觅踪影。它坐落在如今西安以东约30公里的地方，是古代

华清池，陕西西安附近（古代长安）。虽然建筑物是后来修建的，但是，与杨贵妃时代一样，人们还是来此沐浴。

华清温泉园林的所在地——唐明皇第一次临幸之前的一千年就已驰名遐迩。在这里，按照一位现代学者的说法，唐明皇"用天青石雕了一座微型的洲上之山，他的宫女环绕水洲摇着用檀香木漆器制成的小舟。这一丰富而又灿烂的造景之作代表了贵族园林风尚的巅峰"。[11] 据说，侍女们在这里让杨贵妃在大理石池中洗浴，而迷醉的君王则在暗处窥视。

尽管多年耽于情色，唐明皇还是一伟大的君王，而他的统治（712—756年在位）也被认为是中华文明的高峰之一。不过，学者们一致认为，中国皇帝中最有修养的应是下一个朝代的宋徽宗（1100—1126年在位）——一位修养极高、名副其实的画家和无与伦比的造园者。然而，帝国为其付出了昂贵的代价，就如唐代之于唐明皇一样。两位皇帝都遭退位，下场凄惨，自己身败名裂，而皇权则灰飞烟灭。

然而，唐代并未因为唐明皇统治造成的灾难而完全垮掉，经过短短八年的休整，它就恢复过来了，在唐明皇驾崩之后又延续了一百四十五年。但是，在徽宗的统治下，宋代却将整个中国的北方永远输给了半开化的蛮夷女真人。在某种程度上，这种失败前所未有，都归咎于皇家对造景作园的痴迷。事实上，它成为中国历史的一种反讽，这一位在帝王中修养最高者，可以说是为了园林而牺牲了文明。

徽宗与奇石热

无疑，绘画是徽宗的主要才华，其精美的着色花鸟写生跻身中国艺术中最迷人的作品行列，而其水墨画据说亦达到"神品"的等级。他最喜爱的题材就与园林有着特殊的关系，或者说，至少与在园林中所见自然的细节有关联——一只羽翼丰满的白鸽在梅花枝条上舒松

[11] 薛爱华：《撒马尔罕的金桃》（伯克利和洛杉矶，1967年），第233页。也参见第212和第179页关于唐明皇的大型药草苗圃的注释；第120页关于园林中围棋的叙述；以及第92页上关于唐明皇所派的宦官为长安的皇家园林下江南搜集鸭子而引来麻烦的一个注解。

《花鸟图卷》(局部),传宋徽宗作。[12] 栀子花和荔枝意味着芳香和口味,而声音则是优雅地栖息其间的小鸟发出的。

12 此图正式名称为《御笔写生翎毛图》,绢本设色,25.5厘米×281厘米,现藏伦敦大英博物馆。——译者注

羽毛,一只长尾小鹦鹉栖息在桃树枝条上。这些作品均精妙绝伦,因为徽宗是极端的完美主义者。他时常领着皇家画院成员,在宫殿园林里亲眼观察所画的对象,而且,他是位十分执着的写实派,据说曾经否定过一幅孔雀图,因为艺术家没有注意到此鸟在升墩时总是先举右足,而非左足。他在规划开封皇家园林的时候也同样执着。如果说绘画是其最大的才华,那么,造园则是其持久的激情所在。

《文会图》(局部),传宋徽宗作。表现在皇家园林里置桌开宴的聚会,其背景很像《八达游春图》(第156页)中的场景。

　　就像他之前的其他皇家景观设计师一样,徽宗拥有并支配全国的财富,而作为灵感之源的是整个皇家园林的传统,既有三山仙岛,又有来自整个帝国的各种奇珍异宝。此外,他有另外两种在当时高度发达的样式。一是属于高官和贵族的园林风格,讲究并极具装饰性,另一则是由诗人和哲学家所创造的简朴而又天然的风格,后者曾影响了武则天女皇的趣味。这些颇为不同的园林传统都曾在前朝唐代以及徽宗在位的早年兴盛过。所有这三种样式都在其新设计中有所反映。因而，就如在所有皇家园林里那样，园中有来自帝国天南海北的树木和动物，包括来自南方的荔枝和通常数量可观的红腹锦鸡和鹿。不过，园中也有不那么奢华的东西，一个实用的药草园以及种植豆子和谷物的农场。它们提醒那些光顾的人，农事可带来简单的快乐——当然，无涉任何艰难的体验。

以其他皇家园林的标准看，徽宗的园林并不太大。不过，它确实拥有一项不凡的特征，尽管自汉代以来的中国园林里，那已然是一种可以接受的因素，但前人的尝试从未达到这样大的规模，因此它被视为这一园林最辉煌的成就。徽宗最痴迷的是石头，而且是最高等级的石痴；他在都城东北部一片大平原上所建的，实际上是一座巨大的山景园林。这组周长超过十里的假山群，"千叠万复"，有起伏的山脊、悬崖、沟壑、绝壁和罅隙等。有些地方，山高近70米，俯视周围的乡间；另一些地方，则是疏浚的泥石堆成的小丘，并延伸到池塘、溪流，以及满是李树和杏树的果园。

有四篇同代人对这一惊人山景的记叙传世，其中之一是皇帝本人所撰。这些描述虽然并不总是相互吻合，却都很好读。向东，皇帝似

左　桂林自然天成的山，有粗糙的台阶半隐在苔藓和落叶间，显出人为加工的痕迹。徽宗皇帝有可能想让他的假山看上去有类似的味道。

右　象征长寿的鹿形树，杭州苗圃。徽宗的龙形树大概与此类似，尽管可能还会更曲折有致。

右页　从无锡蠡园远望太湖。最受称道的石头就出自此湖。它们成形于水的冲击，将又小又硬的卵石打造为大而且颇为松软的石头。在明代及其后，人们会将合适的石头丢进湖里，以便让后代来"收获"。

乎可以站在高高的山脊上，清楚地俯视下方的千株梅树，其芳香会随着春天温润的空气而上升。笼罩在这种馥郁中的是各式各样的建筑物，其中有"萼绿华堂"、书馆，以及圆形的八仙馆。高高的山坡上有一个平滑光亮的紫石岩[13]崖壁，可以顺蜿蜒而上的石阶通往悬崖上方。皇帝临幸时，驱水工登顶打开山中水闸，一道人工瀑布就瞬间在其身边的岩石上飞溅而下。春天时，由此眺望，远处的峰峦叠嶂看上去一定像是悬浮在果树百花上似的。它们的轮廓线层层叠叠，分呈为两组山峰，一组面东，一组朝西，合称为"万岁山"。

不过，比这些宏观效果更为神奇的是收集的奇岩怪石，在山坡各处盘曲而立。例如，沿着将万岁山与面南的叠石连在一起的脊线，摆放着貌似动物和怪头的巨砾，看上去仿佛是山泉所塑造的："石皆激怒抵触，若礧若齿，牙角口鼻，首尾爪距，千态万状，殚奇尽怪。辅以磻木瘿藤，杂以黄杨对青竹荫其上。"接下来，这种对奇异形态的迷恋也同样体现于松树的奇妙造型："枝干柔密，揉之不断，叶为幢盖、鸾鹤、蛟龙之状。"[14]

最好的石头都沿着西门通到园林的御道陈列。其中的一块，高约15米，立于路中，有一小石亭护卫于侧。"其余石，若群臣入侍帷幄，正容凛若不可犯，或战栗若敬天威，或奋然而趋，又若伛偻趋进，其怪状余态，娱人者多矣。"[15]徽宗是如此痴迷于这些非同寻常的拟人化的石头，以至于他为这些石头题名并镌刻其上。那些最好的，均将名字写成金字，同时在周围布置着像是众星拱月的朝臣似的小石头。

从整个园林的最高点，皇帝看到的仿佛是宇宙的一个缩影。他的目光扫过护城河、城外酒肆和竹林，它们在下方铺展开，"若在掌上"；环顾四周，则可见"岩峡洞穴，亭阁楼观，乔木茂草，或高或下，或远或近，一出一入，一荣一雕"。[16]

---

13 参见宋张淏《艮岳记》："又得紫石，滑净如削，面径数仞，因而为山，贴山卓立，山阴置木柜，绝顶开深池。车驾临幸，则驱水工登其顶，开闸注水，而为瀑布，曰紫石壁，又名瀑布屏。"收入《丛书集成初编本》，上海：商务印书馆，1936年。——译者注
14 两句引文均出自蜀僧祖秀的《华阳宫记事》。
15 同上。
16 两句引文均引自徽宗皇帝御制《艮岳记》。

美善相济

徽宗朝政之外最爱的消遣就是在此园中漫步。在这里，无须旅途劳顿，他就可以发现令其神清气爽的美丽事物，（他声称）足以去除记忆中的所有铅华。他常常有"若在重山大壑，幽谷深岩之底，而不知京邑空旷，坦荡而平夷"的感受，并享受走过仅架着粗陋独木桥的深壑时所感受到的令人战栗的恐怖。在他看来，他的人造山岳较诸中国其他任何真实的山麓，提供了更为广泛的体验范围。它与自然相融，"宛自天开"，最重要的是，它也是座天堂，如同仙人之境。有一天，象征长生不老的灵芝在一座山峰上长了出来，对徽宗而言，这是一个确凿无疑的吉兆，即上天也助力于他。仙人随时可能下凡到园中，由此得到确认的不只是皇帝之作的美，还有孕育这一作品的王朝的德治。徽宗心安理得地将其巨型假山命名为"艮岳"，即"无法撼动的山峰"。

风水的影响

事实上，艮岳的修建不仅仅是用以展示荣华（以及美德），而且也是获得这种荣华的实际手段。在中国，至少从唐代以来，人们普遍地相信，人的命运受到居住地的风水形态的密切影响。顺势的力量如水流或气流般经行在大地之上。处于能运用顺势力量的有利位置的那些人自然兴旺发达，而任凭邪恶的力量聚于周围的人则遭遇厄运。徽宗登上帝位时没有子嗣，尽管他只有 26 岁，这显然仍让他有些伤神。于是，他命风水师们细察都城的风水相位，他们判定，是过于平坦的缘故，认为皇帝不能有男性继承人就是由于其都城东北方向的土地缺乏高度。因而，建造艮岳之山就是一种手段，让顺势之力聚于景观之中，而排除

上　造假山，无锡，1975年。
下　独块巨石，无锡梅园。将这种巨石运到开封的皇家石苑的费用，加速了北宋王朝的终结。

那些阻挡孕育男婴的逆势之力。据说，这大为奏效。然而，尽管徽宗成功地得到了男性继承人，却在这一过程中失去了他的帝国——修建艮岳并收藏从帝国疆土的每个角落搜集来的稀世珍宝，使得王朝衰败。

臭名昭著的朱勔受命负责搜集植物和石头，他来自太湖附近的园林之城苏州，而最好的太湖石就是在那儿发现的。据说，当时帝国之内，没有任何别的东西会比这样一块石头更为昂贵和难以到手。朱勔尤其擅长寻找石头，有一些石头在臣民的园林里，而他就说服这些人将石头献给皇上。徽宗当然不是第一个在园林里这样搜集宝物的皇帝，但在这个过程中，大量的稀罕东西同样也流入了朱勔的私宅绿水园，其豪华堪比皇家园林，这就大大惹恼了那些进贡石头的人。

运送巨石的费用与购置的费用一样昂贵。蜀僧祖秀在记叙园林的文章中认为，运送巨石可谓"神运"，但事实上，运输石头的驳船曾连续几天阻塞国家的运河，扰乱了粮食与原材料的基本运输。徽宗本人也许既不知道其钦差大臣的贪婪腐败，也不了解修建其天堂的惊人成本以及引起的混乱。他实际上曾轻描淡写地说："畚插之役不劳，斧斤之声不鸣。"[17] 后来，按照宋代的官方记述，他确实越来越担忧惊人的支出了，但是，宫里痴迷于得到提升和钱财的太监们却要继续建下去。

蜀僧祖秀目睹了徽宗的疏忽和嗜好所带来的可怕后果：

> 靖康元年闰十一月，大梁陷，都人相与排墙，避房于寿山艮岳之巅。时大雪新霁，丘壑林塘，杰若画本，凡天下之美，古今之胜在焉。祖秀周览累日，咨嗟警愕，信天下之杰观，而天造有所未尽也。明年春，复游华阳宫，而民废之矣。元老大臣所为图书、诗、颂、名记，人厌之，悉斧其碑，委诸沟中。至于华木竹箭，宫室台榭，寻为民所薪，同宇宙而长存独寿山艮岳。[18]

"噫！"他最后写道："天下之士闻寿山艮岳旧矣，孰亲观其兴废，复使后世凭何图记以效之舆？"皇家园林被证明如同普通人的园林一样，仅仅是过眼烟云。徽宗那座拥有大山的园林如今也无迹可寻了，而徽宗本人则最终成了野蛮的女真人的囚徒，并死在东北森林中的帐篷里。

杭州：西湖畔的城市

当时，杭州成为灾难幸存者的都城，它是世所公认的最有魅力的地方之一。这座布满运河的城市，处在一条大江和人工湖之间，西面和南面环绕着树木繁茂的丘陵，其上坐落着中国著名的数座寺庙。西湖以其垂柳的堤坝、水洲与丘陵的轮廓，轻盈飘舞的迷雾和亭台在水中的倒影等组成的非同寻常的美，被证明对新皇帝的影响

17　此处文字未注出处，应出自徽宗皇帝御制《艮岳记》。——译者注
18　祖秀：《华阳宫记事》。

堤上凉亭，杭州西湖西南岸。

远比刚刚垮台的徽宗的教训要大得多。而且，当时组成宋代帝国的南方各地都异常繁荣，那里是生产稻米、盐、糖和丝绸的地方。商贾极富，而西湖畔和城市主干道的两旁都是成排的大宅、别墅和园林。如此炫富，当然是来自宫廷的推动。随着王朝的重建，许多前朝的大艺术家开始来到南方的都城，而且，在朝廷安顿下来后，皇帝就开始在全城和湖畔修建宫殿和亭阁。大约五十年之后，当该王朝土崩瓦解时，马可·波罗把这一"流亡君王的宫殿"描述为"世界上最美、最辉煌的宫殿"。[19] 不过，他当然对那些更早的已确立这一风格的皇家园林的景色一无所知。

马可·波罗的叙述听上去很耳熟，但是，杭州园林确以其超凡的优雅和精致工艺，以及无与伦比的环境而著称。一年一度的节庆时，整个园林都挂上丝旗，它们在微风中闪闪发光并倒映在湖水里。宋代的皇帝们对南方的大家族本就无力控制，在这些赏心悦目的环境里，便沉溺在寻欢作乐中了。他们频频放弃权力，由艺术家与诗人簇拥着，消磨时光于觥筹交错，泛舟湖上，及园林雅集。马可·波罗从最后一个统治者的故事里得出经典的道德训喻：因"其怯懦放纵"，丧"一国于无地自容"。

蛮族的辉煌

来自北方的蛮族再次接管。这一次是蒙古人，他们如今变成了第一支控制了整个国家南北的蛮族。不到一百年以前，他们还是亚洲最落后的民族，在蒙古大荒原的酷热和严寒下过着极不舒适的生活。他们是游牧民族，很少从事农耕，甚或不太在意人的生命。1215年，当成吉思汗第一次占领北京时，毁灭的狂欢持续了一个月。幸亏蒙古人用了七十五年去征服中国的其他地方,在此期间,他们逐渐变得文明起来。当成吉思汗的孙子忽必烈最终攻下杭州时,他并没有毁掉南宋的宫殿,而只是任其荒败为一片废墟。甚至更意味深长的是,他也开始有了建设的欲望。他把位于哈拉和林的首都迁到长城以内的北京,并开始在那儿建造一座巨大的新城,既有帝王的奢华,又带有某种野蛮的辉煌,这就与其他皇帝的规划区别开来。此外,他开始以一种真正的帝国风格修建园林,圈定大型的猎苑。北京以前的统治者(从宋代就占领了中国北方的女真鞑靼人)在城中留下了一个沼泽湖,西山的水流入其中。忽必烈将从这个湖挖出来的土加在湖中小洲上,最后其周长达1600多米,然后,他让人种植了常青树和稀有的树种。就像之前的徽宗那样,忽必烈的山也配置了各种各样的石头,但是,不是用属于比较晚近的、中国趣味的、由水冲击成的奇形石灰岩,他用的都是天青石,如同唐明皇为杨贵妃所建的假山岛一样。马可·波罗写道:"这是耀眼的绿色,因而,树林与石头都碧绿到了极点,别的颜色都看不到了。"[20] 在最高处,忽必烈下令修建了一座完全漆成并装饰成绿色的宫殿。后来,园中有了两座建在湖上、缀满水晶的圆形宫殿,因而,在访客们看来,它们像冰宫似的。新的城市有着里里外外的墙,墙里是绿草茵茵的大园林,这或许让蒙古人想起了故乡,园林里种的树都是大象驮来的。

忽必烈在城里过冬,但夏季时,他留在了北方上都(柯勒律治描绘过的世外桃源)蒙古人的幽静住处。与中原的都城类似,上都也有一座巨大的宫殿,外面是大理石,里面则镀金。在北边,被城墙所围的范围内,有一座巨大的猎苑,唯经宫殿方能进入。在其中茂密的树林里,会为忽必烈逗留期间的游乐搭建一座可移动的蒙古包,周边与顶均用劈开的竹筒钉在一起,再用两百根丝绸绳予以加固。蒙古统治

19 此段和下文中的引文均出自《马可·波罗游记》,罗纳德·莱瑟姆英译,新版(伦敦,1972年),第225页。

20 同上书,第127页。

者将猎豹拴在马尾下的皮带上,他在四处捕杀猎物,喂食其名贵笼子里豢养的一万只各种各样的猎鹰。

最后一座大型皇家园林

在北京,如今还有三个从忽必烈时代起挖掘的皇家大湖。它们位于湖畔宫殿的园林中,[21] 沿着都城中央的紫禁城西侧连成一串。虽然大可汗的青金石、绿亭,以及浴池和喷泉等都已不复存在,但是,如今北海公园的琼华岛正是忽必烈熟悉的那座用疏浚的泥土堆成的山,因为尽管明代的开国皇帝毁掉了忽必烈留下的一切,但是,当永乐皇帝后来决定将北京重建为自己的都城时,他不仅利用了忽必烈留下来的街道和宫殿基础,而且,也保留了其湖泊和水洲。

较诸那些明代前后的外族统治者,明代的皇帝们不太喜欢远足,而是更喜欢待在尽量靠近都城的静居处。因而,在忽必烈的湖畔建起了永乐皇帝及其继承者的消夏别业。湖泊本身也得到进一步的疏浚,形成如今所见的三个湖的样子,湖边栽种了繁茂的树木,还有用不规则的石头组成的水岸线。毕竟,在中国人关于事物的体系里,这些湖以及半隐在树丛中的亭阁,是一种"天然"之景,而且,即使事实上完全是人工的,却也与旁边长方形的宫殿形成了大体的平衡。

后来,清代杰出的造园者也修缮和扩建了这些园林,而从其冬天居住的地方也可以极为方便地进入园中。到了王朝末年(1911年),这些园林已是规模浩大的宫殿与亭台楼阁群,古树掩映,冠以形如手铃或胖肚瓶的大白塔(舍利塔)。

到了1930年代,两名特别欣赏中国园林的外国人光顾了湖畔宫殿园林,并进行了形象的描绘。乔治·盖茨(George Kates)和喜龙仁

[21] 即南海、北海和中海等园林。——译者注

(Osvald Siren)都在北京住了许多年头,也在这些园林里度过了许多时光,他们两人都认为,这些是中国所有传统游乐园中最可爱和受到最佳保护的地方。当时,尽管明代(1368—1644)以来的建筑已经荡然无存,但是,宁静的气氛是如此强烈,以至于比例失调的、20世纪的添加物也没有削弱整体的效果。这些园林是如此之大,建筑如此复杂和众多,植被如此丰富,以至于人们逛了几个月,还未熟悉其所有的特点。而且,尽管园林是向公众开放的(它们与北京的关系,就类似于海德公园、蛇形湖与伦敦的关系),但是,还是有一些整天无人光

在紫禁城的屋顶间正好可看到北海公园白塔山上的舍利塔。

右上　北京圆明园大水法，1786 年刻制。乾隆皇帝曾委托欧洲耶稣会神父蒋友仁在圆明园东北角修建一组昂贵而又荒诞的欧洲建筑，这些喷泉就是其中的一部分。

右下　大水法如今残存的南立面遗迹。

下页　新修缮的亭子上的鲜艳色彩，北京。在漫长的冬季里，这样的亭子就像花卉一样装点了都城的园林。在夏天，它们就在树丛中半隐半现。

顾的秘密角落。例如瀛台，一个周长约 410 米的海中仙岛，是在南海水中石洞上修建的。喜龙仁为瀛台拍摄的照片有着一种奇异的忧郁。1898 年，年迈的慈禧太后在这里囚禁了外甥——在位的光绪皇帝，后者鼓动反对太后统治的政变。他被囚禁在岛上两年，作为其牢房一部分的房间名称华丽，是对其无助状态的嘲弄。也许，他在一间间的厅堂周围和平台上踱步，再次谋划着将大权独揽的太后拉下马；或者，就如喜龙仁所指出的那样，他放弃了抗争，并渐渐消逝，"如同寂静湖面上的一道昏暗的光"。可以肯定的是，在他的牢房高墙之外，都城的生活并未因为他的命运而有丝毫的改变。他在巨大而又富饶的帝国的中央独自待着，只看到湖面、天空，以及日出日落，仿佛他及其一小部分随从，就是大地上仅有的人了。

"修身养性"的园林

这当然恰恰正是伟大的皇家园林建造者旨在创造的效果。园林的围墙就是用来隔开人满为患的世界，并让君王的思想转移到有别于政治的方面。当乾隆皇帝想要造园时，他声称静居处对于其修身养性必不可少：[22]

> 夫帝王临朝视政之暇，必有游观旷览之地，然得其宜，适以养性而陶情，失其宜，适以玩物而丧志。[23]

因而，就有了这样的悖论：对英明而又尽责的统治者而言，园林是精神复原的重要场所；可是，正如我们已经见过的那样，它也可能是感官奢靡的诱惑。对乾隆皇帝来说，这两方面兼而有之——不是因

22　此段文字出自乾隆《圆明园后记》。——译者注
23　麻伦：《北京颐和园的历史》（乌尔班纳，1934 年），第 64 页。译文引自《御制圆明园四十景诗》导言。

101

为他是一位羸弱的君主，或者不理朝政，而是因为他的内心激荡着对自然之美的激情和创造美的场所的愿望。同时，他又强烈地意识到其祖父——伟大的康熙皇帝给他树立的节俭榜样，孩提时代，他在可爱而又相当朴素的园林里生活过。

起初，乾隆皇帝登基时，就纠结于造园的渴望和极严肃的愿望（即不以任何形式的奢靡使自己与祖先蒙羞）之间。在为其父驾崩而守孝的三年期间，他显然以赫拉克勒斯般的意志力控制住自己，继续在其前辈住过的房间里过着朴素的生活；同时，有气魄地否决了宫中所有太监的建造提议。但所有这些记录却又都来自皇帝为其第一个建造规划而写下的书面辩解。即使是孟子，也会觉得难以长久地约束住乾隆皇帝。

最后，在其父亲的老园（畅春园）北边，人们可看到上千名工匠

从颐和园万寿山顶，向东南方向眺望北京城。远处坐落着开阔的昆明湖，边上是杨柳依依的步道。十七孔桥连着龙王岛。

在堆山造谷，挖湖开河，而所有皇家园林里的亭台楼阁、假山、叠石和飞虹等都安排得当，堪比史上最奢华的园林。尽管造景风格很难说十分有新意，不过，作为皇家园林传统最后的大繁荣，这座园林——圆明园对欧洲产生了巨大影响，也许是合情理的。

正是这座园林包括了我们所见过的所有主题："修饰过的自然的"山水、豪华的亭阁、供皇族游乐玩赏的大堂、僻静的小书房，等等。此外，皇帝在园中修建了一座大型藏书楼，存放一整套大清集成的经典著作。

其中也有寺庙、完整复制的江南城市的街道与农场、训练军队的操练场，以及如王致诚神父所注意到的"小小的追逐之园"——虽然用园林的平面图来判断，在那儿进行的狩猎一定是规模很小的。此园林也不可避免地搜集了数量惊人的不同植物，还有许多圈养了各种有

一块水冲击成的石头，像一尊雕塑一样竖放在大理石的台子上，标志着紫禁城御花园的入口。参见第192页这一奇特园林的平面图。

趣或珍稀动物的小型动物园。最不寻常（当然也是一种革新）的是一系列占据了园林东北部的石雕建筑物。在这里，乾隆皇帝委托耶稣会教士为其修建了一批园林厅堂，并且配置了模仿欧洲巴洛克艺术风格的喷泉和迷宫（某种逆向的中国风）。在圆明园的所有珍宝中，这些建筑物的废墟就是今天留下的一切了。

乾隆皇帝修建了所有这些东西，同时还要继续确认其节俭的原则。他提出的一个理由是，当他的子孙拥有了所有这些可爱的园林，就不必再花费任何的建设费用了。当他终于建成圆明园时，他题碑允诺，到此为止了，而且毫无疑问，他自己是真的如此确信的。但是，怎么可能呢？皇帝只要看到一座迷人的小丘或一片水面，就会产生一种改善的欲望。在长城外的热河，满族统治者还留有大型猎场，乾隆又添加了湖、庙等，建成另一座辉煌的园林，而在北京郊区西山脚下，他也为一系列更有野趣的园林配置了宝塔和亭子。

这里有一处地方，或许即便没有皇帝那样执念的人也会被它吸引。它是一座比较高大而又是天然形成的山，矗立于圆明园以西，其后的西山像是一道屏风，色彩斑斓多变。在这里，最终流入北京北海公园的玉泉河被堤坝拦起来，形成一个周长几乎达到 6500 米的湖。

起初，乾隆皇帝将湖用作海战演习场地，但是，他很快就意识到其作为园林的潜力："既具湖山之胜概。"[24] 他一如既往地加了一点强调的语气说："能无亭台之点缀？"[25] 1750 年给了他绝好的由头，为庆祝母后六十大寿，他要把此处改造成她特别喜欢的杭州城那样的园林，堤上有桥，两旁柳树依依。于是，在皇帝园林旁再添一座大园林就是"孝敬"而非"奢靡"。

过了一百多年，在 1860 年这座园林被毁之后，又以同样的借口修复该园。此次恰逢慈禧太后的六十大寿。虽然此时的帝国正摇摇欲坠,而国库也已比较空虚,但是,来自追名逐利的富商的献金大量涌入。此外,还筹借了一笔巨款(部分来自海外),以装备一支现代化的中国海军。为了占用这笔钱,年迈的皇太后宣布,她将在湖上建立一所海军学院,这样就恢复了乾隆皇帝先前修建该园的理由。但是,她实际上花钱建的,却是今天仍留存在园林中的庭院和厅堂。正如一个古老的笑话所说的那样,海军得到的唯一舰船就是太后的大理石清晏舫,貌似在密西西比河上的明轮船上方再加意大利式的凉廊,标志着园中湖边长廊的尽头。

如同乔治·凯兹所指出的那样,慈禧太后对这个地方的喜爱留下了"她那个时代的暧昧烙印"。[26] 总体而言,东岸的厅堂与庭院显得拥挤而又沉闷,砖石建筑往往缺灵气,而高高地建在阔大平台上的巨型八角形塔(或称佛香阁)主宰着整座山以及下方的湖泊与园林,在我眼里是一座有着奇怪压迫感而又笨重的建筑。

然而奇妙的是,颐和园依然是一个吸引人的去处,且充满惊喜。靠近正门的东北角,留存有一处有亭阁环绕的秘密池塘,由独立围墙圈出,叫作"谐趣园",这是乾隆皇帝仿照无锡的一座古老园林而修建的。这个园中园的四周是人工围成的低矮土墩,与外界隔绝开。

另一乐趣的来源则是对比的效果,而且这种对比既有宏观的也有微观的。譬如,宽阔的昆明湖在万寿山下向南舒展,使之平衡的是北边后湖陡峭的水岸线;后湖蜿蜒地流过架有石拱桥的深且幽暗的峡谷。东面迷宫似的庭院与乡间小径相平衡,它们曲折通向后方的山麓,穿过春天时香溢四处的丁香树丛。而与水本身平衡的则不仅仅有满是石头的龙王岛和万寿山,还有整片远处的西山。

正是这些,才真正造就了园林——就如中国人所说的那样,向园外的自然"借景"。白昼之中,园林反映的色彩从雾蒙蒙的灰调子变

24　此语出自《日下旧闻考》卷八十四,录入《四库全书》。——译者注

25　同上书,第113页。

26　乔治·凯兹:《丰腴年华》(麻省剑桥,1967年),第210页。

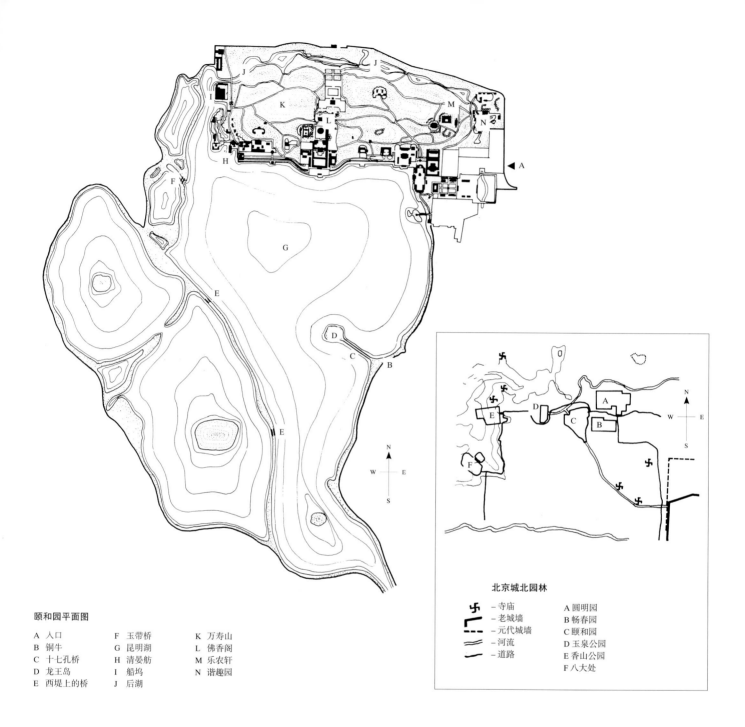

颐和园平面图

A 入口
B 铜牛
C 十七孔桥
D 龙王岛
E 西堤上的桥
F 玉带桥
G 昆明湖
H 清晏舫
I 船坞
J 后湖
K 万寿山
L 佛香阁
M 乐农轩
N 谐趣园

北京城北园林

卍 — 寺庙
— 老城墙
— 元代城墙
— 河流
— 道路

A 圆明园
B 畅春园
C 颐和园
D 玉泉公园
E 香山公园
F 八大处

为轮廓鲜明的紫蓝色。有时，它们似乎触手可及，有时则如面纱，虚无缥缈。如同中国园林的惯例，正是园中的光影效果和季节的变化，赋予园林优雅而又辉煌的美，甚至野蛮的外国人也时常觉得自己是置身于仙人之居中。

在火烧圆明园数年之后，一位中国派驻伦敦的使臣重新评价这一损失，在传统的伦理之外，他又加上了有关中国在世界上的地位的新意识。在他看来，焚烧标志着国家的觉醒：[27]

上　颐和园的石舫（清晏舫）。慈禧太后安置茶馆的码头原在18世纪时为乾隆皇帝而建，它位于昆明湖北岸长达728米的长廊尽头。

下　为了乘船游湖，慈禧太后也有一艘真正的蒸汽动力轮船。该船数年前从湖底捞上来，如今放在石舫后面陈列着。

[27] 此段文字出自曾国藩儿子曾纪泽的英文文章《中国先睡后醒论》，发表在《亚洲季刊评论》（The Asiatic Quarterly Review），第3卷，1887年，第2—10页。后由颜咏经口译，袁竹一笔录，录入《皇朝蓄艾文编》第一册，台北：台湾学生书局，1965年，第241—242页。原著中的注释似有误。——译者注

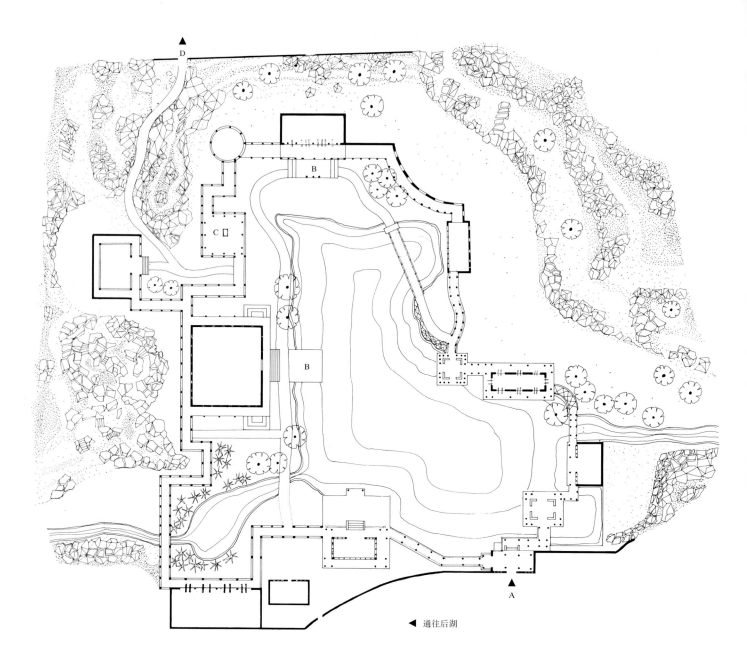

颐和园里的谐趣园平面图

- 墙
- 门
- 有窗的墙
- 不及膝盖高度的矮墙
- 用柱子支撑屋顶的矮墙
- 假山、堆石和小丘
- 树与灌木
- 竹子

A 经颐和园的入口
B 平台
C 乾隆皇帝御笔石碑
D 过隧道到园外马路的出口

◀ 通往后湖

谐趣园，颐和园中的"园中园"，在此与无锡寄畅园的平面图相比较。乾隆皇帝在南巡这一著名的古园后，下令修建谐趣园。它并非原原本本地仿造，而是抓住该园的精神。较诸别的园林，北方园林显得更拘谨和中规中矩，虽然其本身也不乏乐趣。

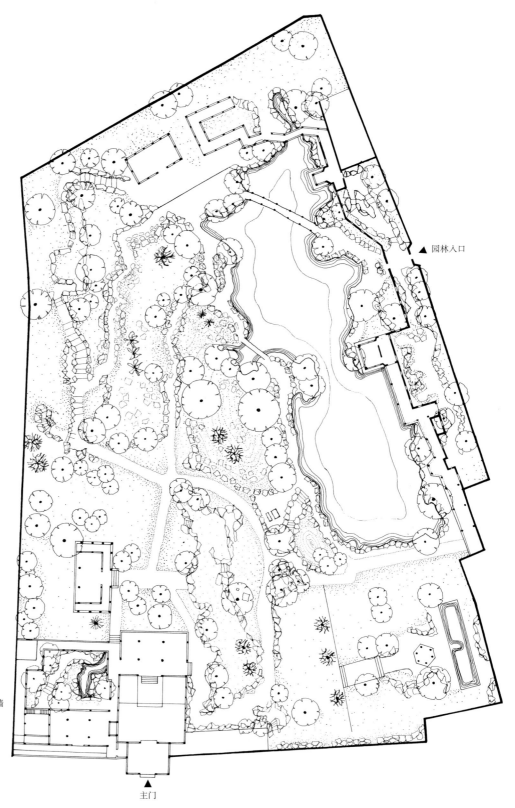

28 曾纪泽语,麻伦引自《亚洲月刊》,见《北京颐和园的历史》,同上,第 192 页。

29 凌叔华,引述其家中老园丁老周,见《古歌集》(伦敦,1969 年),第 12 章,第 169 页。

右　颐和园。从万寿山眺望玉泉塔以及远处的西山。

盖自庚申一炬,中国始知他国皆清醒而有所营为。己独沉迷酣睡……或以圆明园及所藏之古玩名画珍宝,价值甚巨。失此而长一见识,似乎费大而得小。不知彼苟能教我如何整饬军制,如何坚固炮台,如何精利器械,致胜于前三倍,则所失者,不得谓之太贵。今此役果有以教我。[28]

或许,长远地看,他是对的,但是,就如我们所看到的那样,慈禧太后的反应再典型不过了,她要用为其帝国海军筹措的经费来重修园林。当中国需要海军与日本抗衡时,她就无计可施了。正如孟子很早以前就点明的那样,统治者的无度挥霍极大地增加了民众的负担,不过,修建美丽的场所的强烈愿望倒不完全是自私的。尽管有历史上骄奢淫佚的例子,但中国人似乎总是用一种另类的价值观念来评判其皇帝的作品。当然,在这里,老园丁表达的是一种道家的另类观点,他望着在阳光下闪烁的颐和园的瓦屋顶,说道:

现今许多人指责太后用钱造花园,而不是买军舰和外国人打仗。不过,我倒是觉得她做了一件明智的事儿。打仗毕竟是野蛮的想法。瞧!……要是她不把钱花在这上头,谁能想到这么美的东西是可以凭人的手造出来的呢?[29]

上 后湖，颐和园。与南边的昆明湖的高度与宽阔相比，山的北坡陡峭地下伸到一条窄窄的运河，其两边砌着齐齐整整的石头。在这里，乾隆皇帝曾操练海军，同时建了与苏州街一样的街，这样，他的宫女们就可"像常人一般"享受购物的乐趣了。这些后湖最终曲折地流到了谐趣园。

下 谐趣园，颐和园。在这一"秘密的"园中园里，高墙后的各种亭子由湖边的开放式游廊连接起来。

文人园林

中国历代皇帝对造园艺术贡献了两大主题：对仙人神奇居所的想象，以及园林作为浓缩了世上一切精华的微观宇宙的观念。这两种观念也表现在汉代的私家园林里，譬如让袁广汉掉了脑袋的假山名园。然而，汉代末期，公元3世纪时，私家园林开始表现出变化中的价值观，并发展出两种颇为不同的主题（它们也成为中国园林的基本内容）：一是园林中道家自然哲学的表现；二是在造园、绘画、诗歌和书法艺术之间扩展出一种丰富、独特而又迷人的联系。

道家的影响

在汉代末年，道家并非一种新的哲学，其"伟大的经典"《道德经》和《庄子》都分别可追溯到公元前5世纪和公元前4世纪，而哲学家老子本人（《道德经》的作者）被看作与孔子同时代。而且，中国人形形色色的自然观——自然作为一片令人敬畏的荒野、一个神奇的处所，以及给养的提供者——长期以来都为人所接受，同时，就如我们所看到的那样，对长生不老药的探寻在当时宫廷里也有许多的追随者。然而，随着汉代的灭亡以及随之而来对旧秩序的信仰的消失，所有这些互不相干的因素又开始以一种新的方式联合。新兴的北方入侵者、政治乱局，以及宫廷的虚伪与脆弱所造成的恐惧，让贤士们对儒家的价值观失去了信心。他们不再会信仰一种曾将中国引向如此歧路的伦理体系，开始转向别的哲学思想。在精神上，他们为躲避乱世而遁入了对道家自然观的新兴趣，后来又迷上了佛教。在肉体上，他们中的许多人则向南方逃亡，那里是他们认为还不太开化的地方。

他们处身其间的山水，人口稀少，荒芜而又潮湿。那儿的山谷散

左 《止园图》册页（局部）[1]，张宏作于1627年。这一间精致而又宽敞的厅堂掩映在烂漫春花中，与一条室内长廊连通；厅堂建在临湖的大理石露台上，是主人与文友聚会和雅集的地方。此时他似乎正静静地品味风景，身旁只有两个仆童陪伴。《止园图》册页展示了一座将简约与宏伟令人赞叹地融于一体的园林。此系江南某处的园林，其确切位置不详。

[1] 此图为《止园图》册页第十四页"梨云楼"，现藏柏林东方艺术博物馆。——译者注

"玉玲珑",上海豫园。中国园林中存世的最美的太湖石之一,据说,这块完整的石头被 11 世纪宋徽宗皇帝宏大的假山园林所征用。但是,由于太难搬运,因而被搁置和遗忘了。

落在湖泊和沼泽交错的地带,较诸北方,显得更加清秀;而绵延起伏的山峦也更为柔和苍翠。3 世纪中叶,"竹林七贤"就在此坐而论道。当有谈论世俗利益的俗人接近时,他们就翻起白眼,直到俗人离开。其中一位贤者刘伶(约 221—约 300)曾因赤身裸体坐在房间里而使来访者不悦。他们一抱怨,刘伶就回应说:"我以天地为栋宇,屋室为裤衣。诸君何为入我裤中?"[2] 毫无疑问,尽管刘伶以有机会显示睿智为乐,却也表达了一种道家的基本观念。他与世间万物(无论大小)

合而为一；他的裤子、房屋和天地等都完全是可以相互置换的。

也许就是因为这种与自然合一的感受，中国人对荒野山水的欣赏，以及对其加以描绘或再造的动力，较诸西方早了大约8个世纪。道家哲学尤其强调感官世界、物质世界和精神世界的整一性与连续性，但是，中国的所有哲学流派也都认为，宇宙万物是由同样的基本材料所组成。他们称其为"气"或"以太"，此观念对中国人的人生观，尤其是山水画这样的艺术领域，不可或缺。

在中国人看来，"清气上升为天，浊气下降为地；天地之精合而生人"。[3] 因而，人站立在天与地之间，作为天地精华与存在的万物融为一体。在许多绘画中，显而易见的是，园林的价值之一是触发这种与宇宙合而为一的内在感觉。当一个人站在阳春白雪中，忘却了寒冷，凝视着无数盛开的梅花，他仿佛觉得内心也与树木一齐蓦然绽放——宛如花朵本身一样生气勃勃，无拘无束。如此，他就通过其园林感受到了道的神秘作用。

道家之道

在中国，所有哲学流派皆用"道"（字面意思就是"路"），借此指涉各派认为正确的让世界和谐运作的正当行为之方法。但是，对于道家的思想家而言，"道"逐渐转为象征"一切万物的总和"，[4] 它远非只是一种去追随（不管多么成功）的"道"，实际上还是整个的过程。道，处在永恒的变化中，乃万物，是过去、现在和未来的总和。如同一个伟大而又完整的创造之网一样，它或以云彩之形聚散迅捷，或像地球本身一样处在漫长的变化中。客观上看，道之变永不停息，可是，也从不重复自身。而且，在更高的层面上，它也是不变的，因

2　参见冯友兰：《中国哲学简史》，D. 布德英译（伦敦，1948年），第235页。

3　此段引文的确切出处在洛杉矶和伦敦的来往信件中，不幸遗失。不过，类似的观念可参见《庄子》，理雅格英译，《道家文本》（牛津，1891年），第2卷，第59页（这段引文应该出自《开天经》——译者注）。

4　赫利·G. 克里尔：《何为道家？》（芝加哥，1970年），第2页。

为其力的总量始终如一。

在园林中，道的观念——总是有意含混和界定不明的（因为任何界定都会强加某种限制）——是由巨大而又奇形怪状的立石来象征的，中国人放置石头的方式有点像我们布置雕塑（单独放一块，或有时放上一组）。石头或是从小小的底座上翻腾而出，或是因为长期风化而形成空洞，或是布满小洞并仿佛定格为永恒的动势，是特别有力度的形象。而且，它们不仅仅是道的象征，同时，实际上，又是所代表的道的一部分，因为，它们也是存在之网的一分子，受制于不可避免的时间和衰变的过程。

选自麟庆《鸿雪因缘图记》的木刻。麟庆总督坐在书房里，旁边是其庭院中放置的大型太湖石。

园林中的道家哲学

除了这样的特定形象之外,道家观念对中国园林而言也是极为重要的。显然,生死轮回、春去秋来等循环观念在任何园林中都是通过一年一度的花开花落暗示出来的,不过,在中国,道家还赋予其额外的力量与意味:

> 若死生为徒,吾又何患!故万物一也,是其所美者为神奇,其所恶者为臭腐;臭腐复化为神奇,神奇复化为臭腐。故曰:"通天下一气耳。"圣人故贵一。[5]

道家的旨归就在于与这些恒常变化的形态合而为一,由此克服恐惧以及所有的不确定性。有一个故事揭示了这一观念:孔子与弟子们一起在吕梁瀑布边上散步,在汹涌的激流中,即使是乌龟也无法存活,可是,他们看到一个男子的头在水浪中出没。弟子们冲上去救助,但是,此公却不为所动地爬上岸。孔子问道:"请问蹈水有道乎?""亡",此人答道(不过,他的长篇大论显示了其道家的身份):"吾始乎故,长乎性,成乎命,与齐俱入,与汨偕出。从水之道而不为私焉,此吾所以道之也。"[6]

园林设计者可能夸大了类似的直觉力量,即遵循自然固有之道,从而充分利用既有场所。尽管如此,造园艺术最恰如其分地体现了真正的"道"。道的含义是通过警句和矛盾(如得失、取舍、成败)来提示。而且,就如我们所看到的那样,中国园林的设计也借助于一系列相似的对比,传授造园的方法,同样也涉及联想与提示,而非精确的程式。

[5] 《庄子》,理雅格英译,《道家文本》(牛津,1891年),第22章,第2卷,第59页。

[6] 选自葛瑞汉英译《列子》(伦敦,1960年),第44页。也参见《庄子》中的另一故事,翟理思英译(伦敦,1964年),第19章,第184页。

道家贡献给园林艺术的又一重要观念也源自这种自觉的、矛盾的思路，即无为的观念——什么也不做，或者至少没有违背自然的行动。[7] 一座园林反映了无为的原则，因为其中所有的因素都旨在顺应自然中柔和的曲线；而且，也因为在营造园林时，人应该自由地表达自己无羁的想象。确实，园林是"内在力量的天堂"，[8] 人处身其中或可与必然的季节交替和谐相处，而物质世界的美使日常生活中的诸种纷争相形见绌。因而，无为，也是对归隐或远离社会进入消极状态的一种终极辩护——像觉悟了的哲人，如"璞"一样，"天真"、纯洁、空净。[9]

道家模式的奢侈

尽管道家坚持的是一种简朴的、与道整体融合的统一性，但是，对这些观念逐步而又普遍的接受并不一定阻碍精美园林的营造。虽然笃信道教的人无疑都在自然的环境中过着简朴的生活，就如刘伶和其他几位"竹林七贤"一样，但是，另一些声称观念上认同道家思想的人

《长林石几图》[10]（局部），孙克弘作，1572 年。该画表现了晚明文人理想的郊野休闲寓所。然而，当时城市富商的纷纷出资，也使得对精美的都市园林的需求水涨船高。有一位即兴而作的诗人写道："清风明月本无价，可惜只卖四万钱。"[11]

却依然设法以高昂的代价谋求极度的舒适。3世纪的刺史石崇就是这类人，他建了一座名为"金谷园"的园林，成为极尽奢侈的代名词。某次聚会，石崇把园林里的160里道路围成了锦绣长廊，而这仅仅是为了压倒对手铺设的仅有120多里长的类似帷幕。不过，另一次，他令其姬妾走在撒了芦荟粉（当时极为稀罕和昂贵）的小路上，就是为了博取一乐，让那些留下较深脚印的姬妾节制饮食，直到她们变得细骨轻躯为止。他听上去不像是一个认同道家观念的人，不过，依照其对庄园的描述，他仿佛是最简朴和最低调的人。"年五十，"他写道：

> 以事去官。晚节更乐放逸，笃好林薮，遂肥遁于河阳别业。其制宅也，却阻长堤，前临清渠，百木几于万株。流水周于舍下，有观阁池沼，多养鱼鸟。家素习技，颇有秦赵之声。出则以游目弋钓为事，入则有琴书之娱。[12]

换一句话说，此园作为中国历代著名的顶级奢侈的园林，对其主人而言，却是一座朴素的乡村别墅。也许它就是如此；或者，石崇可能是在谨慎行事，把自己的财富尽可能往小里说，以免他人嫉妒。或许，合理的解释是，他只是在表达一种越来越被认可的文人趣味的俗套而已。

山水作为一种精神力量

到了3世纪，一个人的性格或可依据其对荒野自然的品评加以判断。譬如，当时有一官员自以为比丞相高明，认为尽管"为官不如，而赏观山景则吾胜于他"。[13]他对皇帝说了这番话，而且除此便无须

---

7 这是李约瑟在《中国的科学与文明》（第2卷，第68页）中的解释。有关"无为"的起源和意义的长文，参见克里尔：《何为道家？》，同上。

8 克里尔：《何为道家？》，同上。

9 "璞"为《道德经》中最爱的意象；唐代以及后来王朝中的赏石家，或许也将自然形成的奇石看成了"璞"的象征。

10 此图纸本设色，31.2厘米×370.8厘米，现藏旧金山亚洲艺术博物馆。——译者注

11 此诗句出自欧阳修《沧浪亭》。——译者注

12 艾博华在《中国历史》（伦敦，1960年）第49页中的英译文。

13 参见傅德山：《潺潺的溪流》（吉隆坡，1967年），第1页。

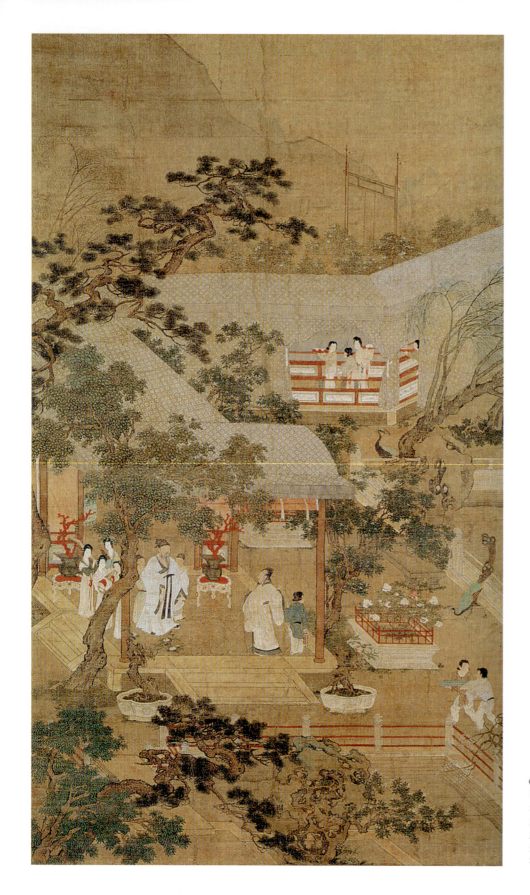

《金谷园图》，仇英作，16世纪[14]。尽管石崇声称要质朴，但是，其建于3世纪的园林却是有史以来最华贵的庄园之一。在这里，艺术家将此描绘为16世纪奢华园林的风格，其中大理石台座上的牡丹花坛与今天北京的皇家园林中依然可以看到的那些花坛极为相似。

多言，因为一个真正爱山的人在当时被认为是深具精神力量的。

谢鲲（281—324）就自视为这样的人，他属于一个在会稽（中国东南地区美丽无比的一个地方）有大庄园的家族。在这里，4世纪中叶，谢家人携友人漫游山野，并且"过着安逸的生活。他们外出到山水间垂钓、打猎，回家就朗诵诗文。他们没有世俗的想法"。[15] 但是，对长寿的追望是他们非世俗想法的一种，因此他们漫山遍野地寻找长生不老药。通过这些活动，他们开始把整个自然界看作一种艺术品，并建造小亭以便从亭中观景。由此，就诞生了通过选址、修建观赏小亭并将整个风景转化为"园林"的"借景"的观念。

这类亭子中第一个出名的是兰亭，最精美的书法卷轴作品之一于353年完成于此。在这一卷轴中，王羲之（321—379）记述了那年的春节，当时一批文人为了一场传统的赋诗比赛而聚集在兰亭，他们在树下应景作诗时，将酒杯放入旁边的溪流中，那些在酒杯漂过他们身旁时还未成诗的人得罚酒。这种户外的文学游戏变成了园林中人们最喜爱的活动，它甚至也被整合到了某些亭阁的设计之中，成为在地面特别布置的"曲水流觞"。

文学传统

到了5世纪，中国的两位大诗人谢灵运和陶潜（又名陶渊明）早已用意蕴深远的诗文表达了道教的自然情怀。

以后，他们的反应会成为上流社会的标准态度，同时在山水画和园林中获得表现。不过，同样重要的是，两人都建造了自己的园林，并在自己的作品里写到了它们，由此推动了一项持久的文学传统，这也是构成中国园林史的重要部分。谢灵运（385—433）一生都在设法

14 此图绢本设色，现藏日本京都知恩院。——译者注
15 《潺潺的溪流》，第2页。同时，参见其《中国山水诗的起源》，《大亚细亚》，第VIII卷，第1部分（1960年），第68—103页。

《兰亭修禊图卷》[16]（局部），钱穀作，1560 年。记录发生在 353 年的这一事件的著名书法作品描述道："是日也，天朗气清，惠风和畅，仰观宇宙之大，俯察品类之盛。"由亭子"借景"的自然山水成为一种"发现之园"，而后者又被人们看作宇宙的缩影（韦驼英译）。

16　此为手卷，纸本设色，24.1 厘米 435.6 厘米，现藏纽约大都会艺术博物馆。——译者注

把他所处乱世的许多矛盾之处都结合在一起。他既是康乐公，也是诗人；既是宫廷谋士，也是道家医师；既是大庄园的主人，也是信佛的居士，后来成为他那个时代最重要的佛教思想家之一。在朝堂上遭遇惨败后，他去往寺院，最初或许是为了保全性命，但他在佛典中找到了安慰和激励，此后崇奉终身。

园林中的佛理

早在公元前 1 世纪就开始渗入中国的佛教，并不要求人们必须放

弃以前的一切信念。事实上，它吸纳了许多道家的用语，包括"道"一词本身，这在一定程度上，是要让它在中国人的眼里显得更易于理解。在中国，它也接纳和顺应了道家的自然观，将云雾笼罩的宏大山水转化为一种虚空的象征。佛教以一座巨型中央峰（须弥山）为中心的宇宙观十分吻合既有的山之崇拜；而阿弥陀佛的极乐之园，强调的是汪洋阻隔的山地，与仙人所在的奇异居所相映衬。事实上，佛教图像对中国园林的影响更为深远，并在其业已吸收的观念与母题上增添新的意义。而在另一方面，佛教确实添加了一个重要的新主题：佛教徒不像道士那样善于在山中独自漫游，常常是聚集在一起享受孤独的成果。因而，在独居的隐士之外，又有了山中寺观的观念。

谢灵运最初退隐的正是这样的地方，由他的同时代人慧远和尚所创建的一座大寺庙位于神圣的庐山上。此处被选作精舍，一是因其自然之美，二是僧人们觉得其幽静的气氛有助于达到涅槃的境界。4 世纪晚期，许多居士与僧人聚集在这里，而在居留一段时间之后，他们回家时也带走了此处宏阔山水的记忆，并常想以"庐山之园"形式将之重现。

当谢灵运晚些时候不得不远离朝堂时，他就去了自己位于南方会稽的住所，依然竭力保持这种与自然、佛的联系。与此同时，他忙于许多宏大的修缮计划，造一条长达 320 多里并穿过森林的路，疏浚湖泊，植树造园。为了在庄园里走动，他设计了带钩的鞋，放在足尖部可以上山，放在后跟处则便于下山。他的诗文确立了许多主题——诸如衰老、不朽，以及独居山中的纯净——这影响了后来的园林设计者：

> 对百年之高木，
> 纳万代之芬芳。
> 抱终古之泉源，
> ……[17]
>
> 连岩觉路塞，
> 密竹使径迷。
> 来人忘新术，
> 去子惑故蹊。[18]

---

[17] 此段三行确实出自谢灵运《山居赋》，但是，随后的四行却是谢灵运《登石门最高顶》中的诗句。——译者注

[18] 选自谢灵运：《山居赋》，载傅德山《潺潺的溪流》，第 43 页。

然而，这种道家式的隐居并未使他心满意足。在道家隐逸于崇山峻岭间的想象之外，当时的佛教又添加了关于寺院生活的理想，在那里人们可以一起寻求精神的启迪。所以，在石门山上，谢灵运为自己和两个僧人建了一个隐居处。庭院边上，一道瀑布"飞溅窗外"，而往下则是云雾袅绕的山谷里生长的大片森林。

故渊

许多仕途中的人都在文字里表示渴望返回山林，但却又抓住官职不放，积攒银钱，以备退隐田园时可以派上用场。"山水"情怀是中国诗歌中的一个永恒的主题，并最终呈现出传统姿态的一切不合理性。然而，在中国伟大诗人的手中，它依然有着一种使得社会责任与自我修养之间的古老冲突变得真切感人的力量和清新感。

最先将这种情感表达出来并广为流传的一位诗人就是陶潜，他生活于约365—427年间。与同时代的谢灵运不同，他并非名门之后，且家境没落。他所拥有的只是名副其实的自由精神，而这给他带来许多的苦恼：

> 少无适俗韵，
> 性本爱丘山。
> 误落尘网中，
> 一去三十年。
> 羁鸟恋旧林，
> 池鱼思故渊。
> 开荒南野际，

守拙归园田。

……

久在樊笼里，
复得返自然。[19]

陶潜后来为他的问题辩解道，他家里都是孩子，米缸也空了，因而，"生生所资，未见其术"。朋友和家人都不断地劝说他去谋个差事，最后，他做了让步，在一小地方谋了一个小官职。不到一周，他就发现这是一种灾难性的错误：

既自以心为形役，奚惆怅而独悲？悟已往之不谏，知来者之可追。实迷途其未远，觉今是而昨非。[20]

最后，以其妹的去世作为由头，他打点行囊，回到了自己的家。他发现田地和园林都已杂草丛生，而三条小路也几乎被人忘却，在庭院里看着树林很难再有什么乐趣：

倚南窗以寄傲，
审容膝之易安。
园日涉以成趣，
门虽设而常关。
策扶老以流憩，

时矫首而遐观。
云无心以出岫，
鸟倦飞而知还。
景翳翳以将入，
抚孤松而盘桓。[21]

与拥有大庄园的谢灵运不同，陶潜不得不农耕谋生，生活维艰。他曾在一场火灾中失去了一切，而光景最好时也是粗茶淡饭，家徒四壁。他有时是在绝望中写作，不过，在心底里他总是觉得自己正在做的一切是应该做的。最终，他对人生虚度的恐惧被证明是没有必要的，因为，他的诗篇成为中国文学中知名度最高的部分之一，而其简朴的村舍之园也为未来的每一个隐士树立了典范。

陶潜的名字时常与菊花联系在一起，这源于其最受欢迎的某个诗篇中的意象。这件作品正表达了道家激赏的那种与自然合一的感受。

左 《草堂艺菊图》[22]（局部），清代画家高凤翰作，1727年。在其园林里快活劳作的文人令人直接想起诗人陶潜，尽管后者早在1300年以前就已故去。

右 诗人陶潜与菊花，《采菊》[23]（局部），17世纪的卷轴画，陈洪绶作。注意，台面平直的石头在园林里是作为坐席和桌子使用的。

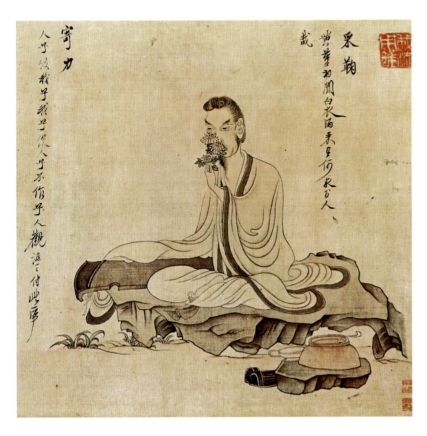

19 陶潜：《归田园居》，阿瑟·伟雷英译《中国诗词》（伦敦，1946年），第92页。

20 陶潜：《归去来兮辞·并序》（405年11月），海陶玮英译，《陶潜诗篇》（牛津，1970年），第62首，第268页。

21 同上书，第269页。

22 此图为立轴，纸本设色，122厘米×51厘米，现藏大阪市立美术馆。——译者注

23 此图现藏火奴鲁鲁艺术学院。——译者注

带着这种感受，诗人在日落前柔和而清澈的天光下，捕捉到了白日将尽前的悠长一刻，而傍晚已然不远了。他在园中的东篱下，采集菊花花瓣来炮制延年益寿的美酒。在别的地方，他也说过对这些饮品寄予厚望是何其愚蠢，而且，在其站起的一刻，他突然看到了远处南山上的光照——那里是他总有一天会安息的墓地。在黄昏的清新空气里，南山清晰可见，仿佛就在树篱的上方。成双的鸟儿从那里飞回栖息的地方，越过他的头顶。此时，陶潜就如远处的南山，仿佛化身于山水鸟群或其手持的菊花之中。他站在那里的形象凝固为一个永恒的瞬间，此时，人与自然显得和谐如一。他说："此中有真意，欲辩已忘言。"[24] 对这种无以表达的"道"的体验，正是中国园林创造者们在园林围墙之内竭力追求的。

唐代诗人：愈加深厚的传统

唐代（618—907）见证了大型乡村别墅以及不那么富有的文人的简朴别墅的发展。在距都城长安不远的辋川岸边的一座乡村别墅，达到了这个类型的峰巅。这一草堂属于王维（699—761），他不仅仅是文人、诗人和音乐家，而且，也是中国最具影响力的画家之一。事实上，后世还会把他当作两位山水画鼻祖中的一位，而后面我们将看到，他为自己的别墅所画的卷轴画如何影响了从古至今的画家与造园者的理想。

同时，政治永远是变幻莫测的，而被流放或暂时被贬的文人似乎常常将这种闲暇用于修建隐居别墅。阿瑟·伟雷（Arthur Waley）写到大诗人白居易（772—846）时，颇为感同身受，[25] 后者为817年建于庐山深处苍松和瀑布间的"草屋"留下了一份记录。它不过两扇门、四

24　阿瑟·伟雷英译《中国诗词》，第 91—92 页。
25　阿瑟·伟雷：《白居易的生平与时代》（伦敦，1949 年），也参见喜龙仁：《中国园林》，第 75 页。

《草堂十志图》[26]之一（局部），传卢鸿作，8世纪。诗人白居易的山居或许与之有点相似，这是流传下来的最早的草堂图之一。

扇窗，家具是四张简单的木床、两件上过漆的琵琶，以及两三卷儒家经典和佛教经文。屋前是约10平方米的空地，中间为平台，下面是方池，四周是山竹和野草。在池中，诗人种植了白莲，喂养食用的白鱼，同时顺着松树下繁茂的绿色攀缘植物，他用白石铺设了曲径。在迁入的头一天，他从早晨7点一直坐到下午5点，对该处的宁静和美欣喜不已。这是他待过的最令人放松的地方，他发誓要在官场生涯结束后回来住下（尽管后来他仅仅设法去看过一次而已，最后是住在一座颇为不同的园林里）。就如许多后辈的诗人一样，白居易是一位真

26　此画卷为宋李公麟摹本，现藏台北"故宫博物院"。——译者注

正的造园者，在每一处新居，他大都要种几株竹子或挖一个小池塘，不管生活环境是简朴抑或优雅。

约二百年后，另一位诗人和政治家苏东坡（1037—1101）继续实践着文人园林的传统。如以前的白居易那样，苏东坡也被任命为杭州和苏州的太守，而且，在政治上，他也时而得宠，时而失宠。他的官禄曾被完全停掉，像陶潜一样，他也靠自己在几亩荒地上种蔬菜和谷物为生。尽管时世艰辛，诗人却得以支撑下来，快乐地自称"东坡居士"。他甚至匀出时间在小屋的上方和下方各修建了一座亭子。所幸隔壁邻居有一竹园，诗人在夏季会在那儿躺下来，为破土而出的新绿或月光下露珠在稻叶上闪烁的样子而惊讶不已。苏东坡的某些诗篇在精神上非常接近陶潜，如这一首就完美地表达了理想中的隐士之亭：

纵横忧患满人间，
颇怪先生日日闲。
昨日清风眠北牖，
朝来爽气在西山。[28]

《独乐园》[27]（局部），仇英作，16 世纪。明代画家笔下宋代著名文人的园林，它展示了司马光在《独乐园记》中记载的园林的方方面面。画家旨在表达的不仅仅是此园的精致与简朴，而且，还有主人对诸如垂钓或竹林纳凉等普通乐趣的享受。

与苏轼同时代的另一位伟大的学者兼园林家是司马光（1019—1086），他是经历过好几次大起大落的政治保守派领袖。当这位一度贵为宰相的人，因循儒家的传统，意识到自己在官场上已难有作为时，就远离尘嚣而全力为后世撰写历史。确实，他成为中国最著名的史学家之一，且在这个过程中建造了最受喜爱的文人隐居处之一——独乐园，一个写作之余松弛身心的地方。司马光的园林尽管与其住宅有段距离，却不是位于高山上或城外的乡野，而就在洛阳城内。事实上，尽管它是都市里的园林，但主人却竭力在其中营造一种简朴乡居的感觉。虽然它不是供奢华享受的大型游乐园，但是，另一方面，它再现的不仅仅是儒家哲人的极度节俭，毕竟，他谦逊地说："圣贤之乐，非愚者所及也。"²⁹ 作为一位真正的学者，司马光的真正奢侈在于园中一处厅堂里藏有五千卷书。不过，他也在设计各种亭子和溪流的简朴效果时，度过了快乐的时光。他的鱼塘有五处水闸，形如虎爪。他在池中央的小岛上种了一圈"圆若玉玦"的竹子；然后，他将竹子上端捆在一起，称之为"渔人之庐"。司马光在园中筑台，于其上建小屋，可以越过园林的围墙，看到城市一角和远山。其余的，他就可以通过第三人称（他通常采用的叙述口气）来描述了：

27 此为手卷，绢本设色，28厘米×518.5厘米，现藏克利夫兰艺术博物馆。——译者注
28 《吏隐亭》，林语堂英译，《苏东坡传》（1948年），第154页。
29 此语出自司马光《独乐园记》。——译者注

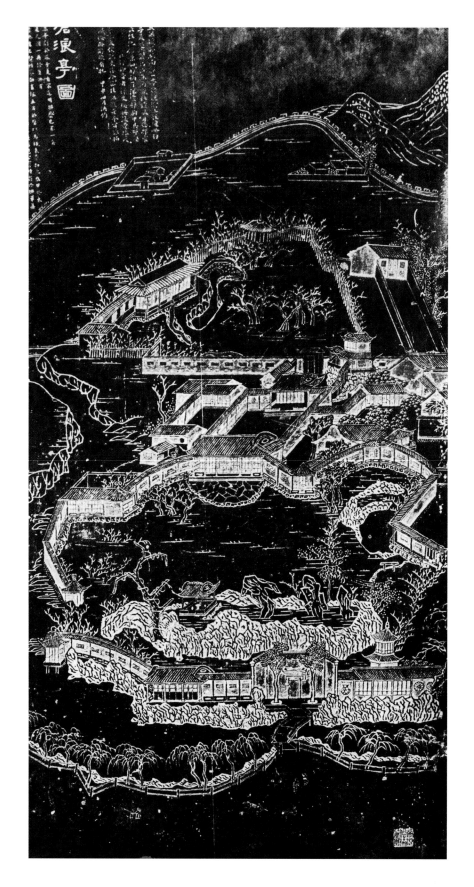

苏州沧浪亭门廊中的石刻，1044 年，展示该园林在 11 世纪时的平面图。

迂叟平日多处堂中读书，上师圣人，下友群贤，窥仁义之原，探礼乐之绪。自未始有形之前，暨四达无穷之外，事物之理，举集目前。所病者学之未至，夫又何求于人，何待于外哉！志倦体疲，则投竿取鱼，执衽采药，决渠灌花，操斧剖竹，濯热盥手，临高纵目，逍遥相羊，唯意所适。明月时至，清风自来，行无所牵，止无所柅，耳目肺肠，悉为己有，踽踽焉、洋洋焉，不知天壤之间复有何乐可以代此也。因合而命之曰"独乐园"。[30]

这样的园林所带来的乐趣既是沉思的，也是积极的；既是理性的，也是感性的，而且，所有的快乐都与巨富无关。确实，中国人"和谐而存"的智慧，部分地就来自尽情享受日常生活的深刻愿望，以及对文雅消遣的特别喜爱，而园林为后者提供了理想的环境。

或许对这种感受的最佳描述是一本成书于19世纪初的小册子《浮生六记》。它记叙的人生几乎完全处在优雅的贫困中，按照这个标准，案几上一盆菊花的价值远甚于做菜的猪肉。作者沈复（1763—1825）来自苏州，是一位不切实际的浪漫派，其谋生的努力往往以失败告终。他的一生常常遭遇悲剧，包括其挚爱的妻子芸的早逝；因根深蒂固的误解而与父母失和；而未及和好，父亲就去世了，等等。后来，一个弟弟还骗去了他继承的遗产。沈复常常处在靠朋友接济的境地中。但是，他的书却充满了不受压抑的欢笑和柔情，描述了那些通过自己的智慧不断得到乐趣、享受生活中最为简朴的快乐的人们。园林在其中发挥了重要的作用，常常为作者的快意时分提供了背景。譬如，有一回，沈复禀母之命，携妻在一处与如今还存世的沧浪亭相邻的凉亭里消夏：

---

[30] 司马光：《独乐园记》，选自《司马文公文集》（台北，1967年），保罗·克利福德为我做了英译。也参见喜龙仁《中国园林》第77页的另一译义。

苏州沧浪亭深池旁的长廊，1975 年。如今的平面图几乎与第 136 页 11 世纪的石刻无异。此园大约三分之一是假山，沧浪亭就伫立其上。

> 檐前老树一株，浓阴覆窗，人画俱绿……携芸消夏于此。因暑罢绣，终日伴余课书论古，品月评花而已……自以为人间之乐，无过于此矣。[31]

自称"西湖花隐翁"的陈淏子是更早的一位作者，他甚至走得更远，声称"家无园圃，枯坐一廛，则眼前之生趣何来？"[32]

这是一种普遍表达的感受：无须人为照看的园林所带来的单纯的快乐，可能是无与伦比的。贫穷绝非文人的耻辱，因为其发达的感受性以及与过去伟大人物的文学神交，被认为绝对高于单纯的财富积累。事实上，写作就被看作文明的精华；然而，我们所用的"文明"（civilization）一词来自拉丁语词根，意思是"公民"（citizen）和"城市"（city），中文的对应词"文化"，却有"写作的转化力量"的含义。[33] 在中国，公共空间在传统上与其说是物质的，还不如说是精神的领域，而且，甚至在当代的某个时段，人们接受的表达不同观点的方式，也不是借助像伦敦海德公园演讲角这样的场所，而是通过大字报。诸如此类的精神活动总是源远流长，因而，像苏东坡或司马光这样的造园者并不觉得自己人生中政治上的失宠是一种失败，因为这属于一种普遍接受的提出异议的传统，不仅他们研读的先贤这么做，未来的思想家也表示遵从。确实，文人的归隐不仅仅代表他们对自然的赞赏，还被视作对这一"精神空间"的象征，因而，也是一切有教养的中国人志向高尚的象征。

奢华传统的延续

然而，与此同时，富庶的大家族还继续循着袁广汉的传统，建造

---

31 选自沈复《浮生六记》中的章节，雪莉·M. 布雷克英译（伦敦，1960年）。

32 陈淏子：《花镜》（1688年），林语堂英译。

33 卜德为布雷德利·史密斯和翁万戈的《中国：美术史》（伦敦，1973年）所写的导言。

园林以炫耀其财富，并且互相攀比亭子与装饰的数量和花费。9世纪初，白居易描写了这类被见异思迁的大家族所废弃的园林：

> 水木谁家宅，门高占地宽。
> 悬鱼挂青甃，行马护朱栏。
> 春榭笼烟暖，秋庭锁月寒。
> 松胶黏琥珀，筠粉扑琅玕。
> 试问池台主，多为将相官。
> 终身不曾到，唯展宅图看。[34]

这种园林与文人草堂的氛围和旨归相距甚远，不过，文人草堂颇为简朴的意象的确有如此的影响力，以至于白居易诗篇中描绘的皇家园林和贵族游乐园也开始采用这些意象。李德裕（787—850）是白居易的同代人，是一个伟大的贵族和政治家，拥有一座叫作平泉的著名大型山庄，既是广大的园林，也是文人的隐居处。在这里，他不仅种植了来自南方的许多奇花异草，还栽种了药草、树木、小米和茶叶。尽管李德裕与白居易在政治上意见相左，但是，他们的个人趣味却无二致。两人都极其痴迷奇石，而且，人们认为，是他俩让那种在园林里欣赏单块石头的做法成为风气。与白居易一样，李德裕最爱在自己的庄园里漫步，而且动情地描述了从南方流放归来后发现自己种的菊花和松树依然在恭候他时的幸福感。他请人将自己的诗篇镌刻在搜集来的最好的几块石头上，就像白居易为别墅周围的山景以及请人栽种的许多稀罕草木留下记录一样。

然而，正是在宋代，不同趋向的奢华游乐场和文人隐居处最终汇聚成特有的形态。这发生在园林名城洛阳，后来，在李格非的书中也有所描述。在城里，这些园林（除了每年建的花卉市场并非真正的园林之外）都无不拥有许多精致的庭堂和亭子，优雅地坐落在茂盛的树林和灌木中。李格非称赞一些园林选址的非凡之美，以及其他园林大片的苍松或郁郁葱葱竹林的投影。他尤其注意那些著名文人名下的园林，譬如，白居易的一座园林，其格局依然原样不动地保存下来，尽管原来的亭阁早已倒塌。虽然司马光的古老园林依然存世，但是，李格非却对此感到失望。他写道："卑小不可与他园班……曰'钓鱼庵'、曰'采药圃'者，又特结竹杪，落蕃蔓草为之尔。"[35] 确实，他得出的结论是，园林的知名度与其说是与内在的品质有关，还不如说是仰仗史学家撰写的序。在李格非看来，自己动手的简朴并不是与华美园林中优雅、经营出来的简朴相对峙，文人隐居的理想也融入了富丽堂皇的有钱官吏的园林传统。他最欣赏的洛阳园林，有水通往环流的护园河、有喷水的石莲花，以及观赏山景的高塔等。有一处园林甚至还包含一座像迷宫般复杂似的建筑物，而另一处则有他所赞誉的最美的景致，布局紧凑，体现了主人的丰富想象力。

绝大多数洛阳的名园即使主人不在或与游人不相识，似乎也都向游人开放。确实，一座园林出类拔萃是因为一直交与他人看管——像白居易诗中的那些别墅那样——而且，它不是"秘不示人"。[36] 在后来的长篇小说和故事里，有关造访市区或郊区私家名园的描述俯拾皆是，[37] 而在许多中国人看来，这样的外出活动看起来的确可以替代在大自然中的远足。因而，尽管草堂在中国绘画里是无数壮美山水中的焦点，但文人们选择隐居到城市或郊区的园林里，与选择投身于大自然，都是一样寻常的。

当然，如此而为，尤其方便，也使文人得以与友人一起享受独居——畅饮几坛美酒——而不在荒野中浪费时光。然而，那种隐居

34 白居易：《题洛中第宅》，写于约829年。阿瑟·伟雷英译《中国诗词》（伦敦，1971年），第162页。

35 李格非：《洛阳名园记》。

36 同上书（未查及原文，此处采意译。——译者注）。

37 例如，在16世纪的长篇小说《金瓶梅》，克莱门特·艾格顿英译，4卷本（伦敦，1972年），主人翁携一队友人外出拜访一个巨富太监的名园。在《浮生六记》里，当沈复与妻子同游沧浪亭时，他们曾吩咐看门人不要让别人进来过夜。在《园治》中，计成也告诫读者，不宜在造访别人园林时在墙上书写诗文。

造成的心远地偏、仿佛置身于大自然中的错觉，看似与奢华的传统相悖，实际上却吊诡地提升了后者。因为，中国的文人造园者，就如他们的皇帝那样，依然要在自己的园林里重现大自然的整一性效果。为了做到这一点，他们越来越投入于在小的空间里创造无限多样的体验。在我们看来，明显人工化的那些复杂得像迷宫似的园林，在中国人看来却依然是"天然的"。部分原因就在于，在中国人眼里，不管这些园林看上去多么奇特，却依然通过典故和传统，让人想起伟大诗人和文人的简朴隐居处。不过，也有部分原因是园林中的一些视觉惯例，最初是由中国的山水画家们发展起来的，被看作对自然形式的提炼。在下一章节中，我们将会看到这些惯例如何进一步地发展。

画家之眼

在中国，山水画与园林在发展的过程中密切相关，因而，人们很难只知其一地进行欣赏。两种艺术一同发展，画家们提供的是若干种让中国人观赏园林的路数，而造园家则又将这些路数回馈给画家们。他们一起创造了一种欣赏险峰的"眼光"，同时，突出了变化中的四季所对应的心境。绘画也发展了两种重要的园林主题：文人独处的草堂和奢华的人工山水——附带所有的装饰特征，包括美人。我们一旦理解了绘画，看待园林的眼光就会不同了。

早期山水画

中国艺术中最早出现的山水是狩猎场面背景中以及再现仙人时出现的圆锥形山丘和袅娜的树木。它们围绕人物排列成组，将人物分别归入不同的场景，以形成批评家所谓的绘画中的"空间细胞"。

在8世纪的绘画《明皇幸蜀图》（左页）中，尽管按这种方式布局的山峰与树木占据了三分之二的空间，但构成绘画主题的依然是行旅而非山水。依照史述，皇帝正在逃避一场叛乱，而翻山越岭的旅程也必定艰辛备尝。或许，艺术家有意要在画中用陡峭的悬崖来表达这一点，不过，其中鲜亮的色彩又把整个场景转化成一种精致的幻想。微小的人物形象仿佛是穿行于法贝热[2]为俄国宫殿设计的那些小摆设中。在前景中，松树和盛开的梅花明白无误地种在平直的石块上。在其上方，一排排陡峭层叠的山峰尖耸着，或难以置信地悬伸高空。姿态僵硬的白云将山峰相互区隔开来，而一种纯净且不留阴影的光则把整个场景照得出奇的一目了然。

此画为所谓"青绿山水"风格的早期杰作。尽管它显然不是在表现欧洲人观念中"天然的"园林设计，但是其典雅或许影响了早期中

《明皇幸蜀图》[1]（局部），李昭道作，8世纪。尽管表面上看，行旅是此画的主题，但是，却因其上方色彩明丽、形态奇特的山峰而显得微不足道。鲜花绽放的树木使旅程宛若一次去往仙人之园的远足，但是，事实上，皇帝正在逃离一场暴乱。

---

1   此画为绢本设色，55.9厘米×81厘米，现藏台北"故宫博物院"。——译者注
2   法贝热（Peter Carl Fabergé，1846—1920），著名俄罗斯珠宝匠。——译者注

国宫廷园林中试图重现宏大山峦效果的做法。据说，至少有两座早期园林是有彩石的。其中一座属于一位在 5 世纪末短暂统治齐国的王子，他以奢侈出名。尽管没有办法证实，但有可能他对彩石的喜爱更多源自早期青绿山水画的影响，而非荒野中的真实群山。

后来，到了 16 世纪，就如我们所看到的，画家仇英将青绿山水推到了一种新的高度，充满了优雅的情致，虚与实的融合更加充分，不过，他对青绿山水的运用有意趋于古风。而在 8 世纪时，勾勒轮廓和晕染水墨的绘画已经开始发展，在伟大的诗人兼画家王维（699—761）的手中尤其如此。

首位黑白画法宗师

道家经典《道德经》中有一句名言："五色令人目盲……五味令人口爽。"[3] 信奉涅槃原则的佛教徒也有同感，而且，在虔诚的佛教徒王维看来，目盲无疑是令人扰心的。虽然实际上未必是他发明了黑白画法，但肯定是比任何以前的人都更为充分地发展了这一画法。他画的山峦雪景表现出微妙的光感，却没有使用任何色彩，后来的画家深受其影响。随着单色画法的发展，人们看园林的方式可能也受了影响。

习惯了用灰色调的水墨表现的山水画，即使盛夏繁花争艳的景象或许也会开始显得粗俗而又扎眼。在存世的伟大苏州园林中，色彩是用得颇为节制的。即使是在所有树木正当季时，人们的注意力与其说是有意地聚焦在色彩上，还不如说是集中在光线与运动、阳光及其影子在灰色调岩石上的嬉戏、倒映水中的阳光的舞动图案，以及白墙上树叶轮廓的移动等。绿、灰和白色是这些园林的主色调，亮点是当季的色彩，而不是持续不断的多彩的效果。

---

3 《道德经》，卷一，第 22 段。后来，新儒家阐述了中国人特有的对待感性对象所带来的快乐的态度：只要圣人仅是依靠而非思究，那么，感性的对象就会令人愉悦，而不是困扰或腐蚀人的道德。后来的文人都有意将美的画作赞誉为绘制者灵魂的印记，而不看作依附于对象本身的结果。

4 此句未注出处，估计采自《辋川集·孟城坳》英译文中的句子。——译者注

王维的单色画法不是把山峦当作装饰性的形态，而是迫使画家审视山峦的结构。为了画出雪下山峦的地质构造，据称他引入了一种叫作"破墨"的新风格，由此，山石的轮廓不再是平涂上的色彩，而是不同的水墨晕染累积出来的。与此法相伴的是一种被称为"皴"的笔法，虽然此词无法翻译，但意思是说某种像"山石纹理"的东西。这两种技巧使艺术家能够表达出笔下山峰年久苍茫的效果。此后，人们注意到了山峦的形成方式，而描绘山峦的绘画也变得越来越具有表现性了。这似乎也开始影响园林假山的选择和布局。

王维最驰名的作品是一幅为离都城约 100 里的辋川上的乡间别墅

《辋川图》（局部），临摹王维。此长卷中的每一种"空间细胞"都以某种人工制品作为焦点，而且，与王维描述其别业的一句诗相呼应："来者复为谁？"[4]

上　高大围墙下的小园，苏州拙政园。园林被区分成无数不同的"空间细胞"，四周则是墙、植物、山丘和建筑。有些小若此园，有些则通过石头和树木的安排让游客不再意识到园林的边界。

下　入口庭院，苏州怡园。岩石与树木后的高高白墙宛若云雾或是绢上山水画中的留白。

而描绘的画。对于任何对中国园林有兴趣的人,这都是一幅举足轻重的画作;对所有后世的文人画家来说,王维不仅是人人都会提及的大师,他的乡间别墅也变成了(用翁万戈的话来说)"所有文人私密领域的极致。每一个文人都愿在身边看到某种类似辋川的景致"。[5]

不幸的是,王维的作品无一幸存,但是,大英博物馆收藏的卷轴画《辋川图》的一幅后世摹本却表明,别业是由不同的亭子和住所组成的,周围为圆润的山峰和流水潺潺的河岸所构成的一种温馨而又激动人心的山水。虽然这是黑白画法的第一位大师所作的最著名的画作,但原作似乎还是以往青绿山水的风格,而王维也显然借重于过去的山水画惯例。但是,当《明皇幸蜀图》中的山水被人们视若珍宝时,王维却竭力为他喜欢的地方做一种个人化的记录。他漫步在自己描绘过的山峦上,并在他看重的不同地点赋诗作文。在其绘画中,他开始表达诗人早已表达过的一种个人与山水的联系,他通过那种揭示山林个性的崭新技巧,表达出对山林的亲近感。较诸《明皇幸蜀图》中兀立的峰峦,王维的山峰更为可信,而且它们仿佛是从大地上蓬勃生长出来的,仿佛有一种向上的力量。而且,画面间做区隔的云雾逼真地沿着山谷,在陆地和水面上聚散,他必定在其别业见过许多次这一景象。显然,他正在走向一种表达"自然"的新途径。

就如他的其他创新一样,王维有时也被人们认为是一种新的绘画形式——从右往左展开的卷轴画——的开创者。每一个空间都是隔开的,但是,相互之间又有流水和雨雾相连。当卷轴画展开时,山水移动,因而,一种时间的维度就添加到了静态的绘画形式中。与音乐或电影一样(却与西方绘画有别),手卷以及所描绘的园林都是在一种时间过程中进行体验的。后来的园林也致力于追求同一效果:仿佛是云雾的白墙区划出"空间细胞",园林就变成了一种山水画卷中的三维空间游。

[5] 翁万戈:《中国艺术中的园林》(纽约,1968年)。

王维在中国美术史中的成就在于其典范性的性格以及技巧的创新。对后世而言，他是文人的最高榜样——才华横溢，富有教养，超凡脱俗，孝顺之至——而辋川别业，与其别的作品一样，在人们看来，要强调的一个观念是：予以赞美的恰恰不是他的艺术或他的人格本身，而是两者互为表里的结合。绘画、园林、音乐、诗歌和书法的品质——所有这些，在后世文人看来，都反映了人的品性。就如我们会看到的那样，这种观念以后在绘画的发展过程中产生了至关重要的作用，而且也逐渐影响人们感受园林的方式。

生命的精神

在王维的同代人看来，他的画作如此栩栩如生，能如魔咒般唤起一种通感体验。他们注视着画作，可以真的听见水花飞溅，感受到空间的寂静，闻到微风中松树的清香。总之，画作自身似乎充满了某种生气，而它们在观者心中唤起的情感也确实是他在真实自然中所感受的。

谢赫曾在6世纪的文章里写了著名的判断绘画品质的"六法"，王维画作的特点与他所写的第一法则相一致。[6] 按照这一法则，"好画"的首要条件就是"气韵生动"，亚历山大·索伯（Alexander Soper）将此英译为"通过精神共鸣而获得的生气"。[7] 按照他的理解，谢赫的标准有两种意思：一是画中每一种不同东西的"气"必须与所有其他因素的"气"相互"协和"；二是画中形象的"气"也必须呼应于画外存在的真实形象。因而，此法是关于整体的内在一致性，由此，主题相互呼应并产生"共鸣"；同时也是关于神妙的写实性，由此，艺术家不可思议地捕捉到了自然本身活生生的精神。显然，这种观念在很大程度上是受惠于道教，道教的圣人均力图与宇宙的节律融为一体。

6　L. 史克曼、A. 索伯：《中国的艺术与建筑》（哈默兹沃斯，1971年），第133页和第480页的注释。有关谢赫"六法"的另一种讨论，参见喜龙仁：《中国画论》，第18—22页。

7　要了解为什么这种模糊与含混会有如此丰富的意义，我们就只能分析这一词语的各个部分了。"气"，大体上是指"生命的呼吸""精神""活力""精神活动"。喜龙仁说，它不是"一个抽象的概念，而是一种真实的现象"，而且，它"使自然万物，包括人，变得生气勃勃"；"韵"，意思是"共鸣""协和""共振"；"生"，意味着"生命的运动"；而"动"，则意味着"实际运动"或"活跃"。因而，"气韵生动"，就可以被阐释为"振兴精神的跃动和生命的运动"。人们会想到20世纪的各种生命哲学、生命力等，且不提嬉皮士所强调的以"共鸣"（good vibes）判断事物的做法。在17世纪的园林手册《园冶》里，按照喜龙仁的解说，此语有点像是"自然本身脉动生命的气息"。因此，这一关键的原则将巫术、心理学、写实性和形而上学等都融为一体了。相关讨论，也参见苏利文：《中国山水画的诞生》，第106页，其中列了别的译文。

8　此画绢本设色，111.4厘米×56厘米，现藏美国纳尔逊-艾特金斯美术馆。——译者注

9　此画绢本设色，40厘米×440.5厘米，现藏台北"故宫博物院"。——译者注

《晴峦萧寺图》[8]，传李成作，10世纪，北宋山水画杰作。巨大的悬崖隐现在佛寺之上；蟹爪树点缀峭壁，两相呼应。画面下方，人形很小的农夫过桥走向客栈。建筑物坐拥景观，其上翘的屋檐也与树木一样，表达毫不迁就的主题。

下页 《蟠桃仙会图》[9]（局部），卷轴画，仇英作，约1510—1551年。年轻的仙人们在西王母园采摘三千年才成熟一回的寿桃。关于仇英的另一幅园林画，参见第134—135页和第172页有关他对山水园林的影响的讨论。

在王维的时代里，第一法则依然紧密地与巫术联系在一起。据说，同时代的吴道子画出了栩栩如生的山水画，以至于他真的走入其中并消失了。然而，回过头来看以前的大师作品的批评家们，开始觉得遇到了麻烦：在一代人看来显然是"真实的"东西，在下一代的人眼里却奇怪地显得僵硬了。到了唐代末，批评家张彦远甚至认为，如果古代大师的画显得古怪的话，那不是他们的错，因为已然改变的是自然，而非艺术。[10] 不过，他后来发现，可以解释"元气"并不一定寓于形似之中；许多古代画家确实着意表达生命力，虽然他们笔下的树和山因此显得不真实了，而许多当代画家捕捉到了事物的形似，却未传达出其固有的活力。

如此，"气韵生动"，就变成了这样一种意味十足而又在具体应用中具有多义性的用语，因而，几乎可以不断地适用于发展中的诸种理论。荆浩在10世纪时又将讨论推进了一步，他首先强调所有成功再现背后的精神，然后将其归为四种主要类型——"神""妙""奇""巧"。他说："神者，亡有所为，任运成象。"[11] 在这里，艺术家与其作品主题的精神是如此吻合，以至于其自身的创作行为无异于自然物原初被创生的过程。

在荆浩看来，观者的态度同样是举足轻重的，因为，情感反应可在观者与绘画之间直接融通，某一次相遇的特点会在别的相遇上发生共鸣。人会遭逢悲辛，因而，一个人创作或构思的作品不过为"巧者"，其作品就会"强写文章……此谓实不足而华有余"，意思是，此人本身的精神共鸣，即气韵，是严重缺乏的，或至少需要养气了。

所有这些对绘画的第一原则——"气韵生动"——的反复探讨，都在暗示绘画与中国园林之间饶有意味的某些比较，以及随着绘画理论的发展，人们如何看待园林。首先，成功的园林会有一种双重的

10　有关张彦远《历代名画记》的讨论，参见喜龙仁：《中国画论》，第18—28页和第30页。

11　参见史克曼和索伯：《中国的艺术与建筑》，第203—204页。

"生气"——自然通过原生的岩石和树木所提供的生气,以及园林设计者通过精心选择和组合诸种园林元素而获得的"共鸣"。与画家一样,造园者的目标不仅仅是在一种可以亲近的尺度上重现自然,因为虽然造园手册《园冶》主张,"居山可拟",但是,紧接着又有一种规约性的推荐:"相地合宜,构园得体。"与画家相似,造园者必须利用最佳的细节,并且通过它们去抓住本质。不过,他必须避开特指性,因为他的山要代表所有的山,表现更为深层的现实而非个别的形性。换句话说,他应该成为一个阐释者,而非一个临摹者——或如一位中国批评家曾经表达过的那样,成为一个小说家,而非摄影师。

北宋画家

这种理想在10世纪中国山水画的第一个"伟大的时代"中,以最为豪迈的形式得以实现。在那个时代幸存下来的寥寥无几的画作里,崇山峻岭的山景压倒了其他因素。尽管王维画中的山峦高耸,在心理上却依然是某种更为重要的主题——人的活动的框架。然而,在北宋的绘画中,山占据了中心舞台,常常布满卷轴画的四分之三,这就在垂直方向上为巨峰留出了空间。北方山水画家并不在再现中夸大其事,因为这种匪夷所思的山峦在中国确实是存在的。在五大圣山的照片中,悬崖雄踞在云雾缭绕的山谷上,而小屋有时依附在缝隙里或令人心悬地修建在刀刃般的山顶。虽然下页左图表现的是神情平静的道士,但是,它们对不加阐释的自然的刻画却令人深感不安。面对这些自然伟力的巨大呈现,行旅和农夫是受到保护抑或威胁呢?山峰意味着对寺庙的保护,还是构成对道士的胁迫?在这些摄影中,题材是令人兴奋的,同时却也让人恐惧。不过,在绘画里,却产生了截然不同的效果。

左 华山北峰道观上的道士。从下面云雾环绕的峡谷中蜿蜒伸展而来的山脊,像是龙脊,令人想起山水画中陡峭的山峰(海达·莫里森摄于 1930 年代)

右 华山上险要的岩石岭。

《八达游春图》[12](局部),赵嵒作,10 世纪。贵族骑士骑马经过皇家园林,在这里,雅致的围栏及其后面的奇石都意味着此系皇家专属。

自然的原生形式被转化为关于"道"本身的和谐、象征性的形态。人们可以通过所绘形象的非凡一致性来理解"道"的作用，于是，无论是观者还是画家，一旦进入这种绘画，就变成了一种精神性的、仿佛宗教般的体验。

所有这些都有助于解释中国园林中的那些巨型奇石，在本书《石头与水》一章中，对这些石头会有更加充分的讨论。我们已然看到，即使是园林中单独的一块石头也可能代表着一组完整的山脉，并凝聚其精华。在10世纪，一块这样的石头就出现在一幅叫作《八达游春图》的画作中。前景表现的是贵族骑手骑马穿过一座皇家园林，在其身后，画面上半部分完全被精美的栏杆、三棵树和一块巨大的灰色园

左 《临流独坐图》[13]，范宽（950—1032）作。浑圆的山影从云雾弥漫的山谷中浮现出来。

右 大理石台上的整块太湖石，北京紫禁城御花园。假如半闭眼睛并将此石与旁边画中之山相比较，就比较容易看到绘画如何影响了石头收藏家的"眼光"。

12　此画现藏台北"故宫博物院"。——译者注
13　此画绢本设色，166.1厘米×106.3厘米，现藏台北"故宫博物院"。——译者注

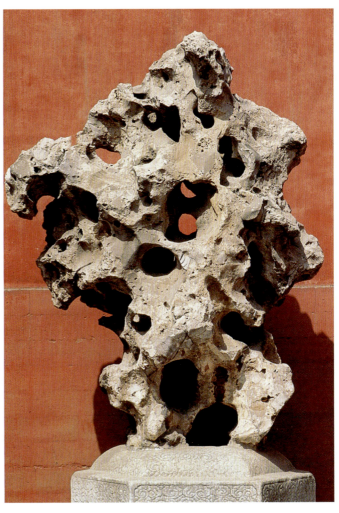

 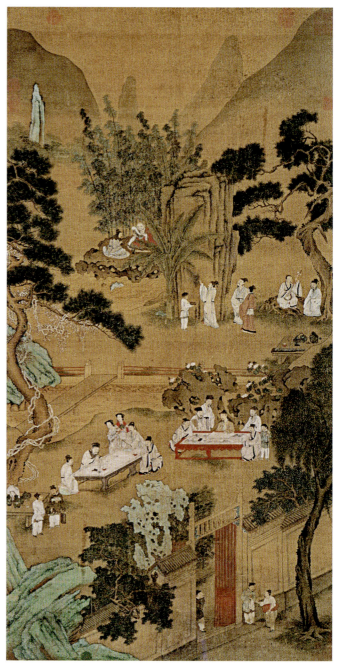

左 《溪山行旅图》¹⁴，范宽作。此画以其写实与戏剧化的结合而著名——艺术家在实际的云雾、山石的观察与题材的惯例性要求之间实现了一种平衡。

右 《西园雅集图》，赵孟頫仿李公麟作¹⁵，1086年。画家兼赏石家米芾在画上添了题跋，辨认了其中的贵客。最为知名的是诗人苏东坡，他在画中正为园林中央的一块巨石——右边画中巨峰的缩小版——题上诗文。也请注意画家笔下惯常出现的虬松进入园林的方式，造园者竭力使之显得"天然"，尽管园林有规整的门户、高墙和砌了边岸的护院河。

林石所占据。石头拔地而起，其主体若强劲之肌，而顶部则柔如某种巨型蘑菇膨大的菇盖。难以理解，像这样的石头会是在中国可以找见的奇异山景的再现。为了获得这种眼力，人们需要的不仅仅是像爱丽丝的"喝下我"的瓶子，以缩小到跳蚤大小的模样，[16] 而且，还要以中国画家的眼睛来看山。在一幅传为范宽所作的题为《临流独坐图》的画作中，艺术家将从迷雾中浮现出来的、仿佛彼此并无关联的浑圆剪影组合成山峦。如果半闭眼睛，想象一座园林的石头缝隙间弥漫着迷雾，那就易于理解爱好石头的人从绘画中吸取了什么东西。童寯对这种联系表述得很清楚："只要观者不再处身于园林，而是开始居于画之中时，真实与否的问题就不再被理会了。"[17]

中国艺术家很快开始运用这类场景中有趣的含混性——描绘园林的画面本身也是对绘画的图示。1086 年，李公麟用绘画让一位著名艺术收藏家的西园里的几位名士流传千古，而他有意把玩"真"山（园林外隐约可见的丘陵和山峰）和"假"山（散落在园林之内的石头）之间的联系。最有趣的是他在背景上所画的断裂的山峰，有一座轮廓朦胧，而另一座则像一颗巨牙从山腰处鼓出来。它们都是外在于或内在于园林？一个是否是另一个的再现，或者，两者事实上都是"天然的"？或者，在这个层面上，它们都是"假的"？

这座园林似乎坐落在《园冶》中认为理想的区域——山林地。这样的地方，《园冶》指出："自成天然之趣，不烦人事之工。"不过，似乎到了 12 世纪早期，园林的诸种惯例早已比自然本身更为强大了，假山不仅是城市园林而且也是处在理想地点的园林所必需的。西园的主人显然觉得住处四周不宜有"野"山。也许，它们带来的效果有点过于柔软，过于弥漫，过于遥远。无论怎么说，画家表现了宋代大诗人苏东坡在花园中央直立的巨石上题写诗文的形象。无须多少想象力，即可看出源自北宋山水画中那些险峻山崖的矩形形态和杂草丛生的裂缝。

14　此画绢本设色，206.3 厘米×103.3 厘米，现藏台北"故宫博物院"。——译者注

15　此处有误，应为仇英款，私人收藏。——译者注

16　在英国小说家刘易斯·卡罗尔的小说《爱丽丝漫游奇境记》中有一标有"喝下我"字样的小瓶子，爱丽丝喝了其中的液体，就变成了一个只有十英寸高的小人。——译者注

17　童寯：《天下月刊》，第 III 卷，第 3 期（1936 年 10 月号），第 222—223 页。

《早春图》[18]，郭熙作，1072年。画家写道："春山烟云连绵。"但在这里，整个山水似乎都在混沌中扭曲了，奇异的人面从岩间缝隙中探望出来。然而，细看之下，或许还可辨出较低山坡上散落的小型人像、宁静的寺庙以及画面右边瀑布上方的村庄。

写意画

或许，宋代艺术家中最杰出的山水画家是郭熙（约1000—约1090）。他论述绘画的许多话语都和表现山的绘画相关，他认为山是"天地宝藏所出"。在郭熙看来，任何值得一提的艺术家自身都应该完全认同于主题，他的精神与山的意绪共鸣，那么，山也与其谐振。当然，这又是气韵，但是，郭熙走得如此之远，以至于我们似乎面对某种接近西方的泛神论思想。人的情感被投射到自然的实在形体上，有点类似于我们19世纪的"感情误置"，以及柯勒律治和华兹华斯的诗。大自然成为人的心境的外化，且呈现为植物的形态，同时，创作职责的全部重心开始从技巧甚或天生的能力转向艺术家的人格和心境。为了画出伟大的作品，艺术家现在就必须"养得胸中宽快，意思悦适，如所谓易直子谅，油然之心生，则人之笑啼情状……自然布列于心中，不觉见之于笔下"。[19]自然进入了一种与人的最深层的情感之间的双向联系；外在世界依据他的情感而改变，而他的情感也像晴雨表一样，随着自然的心境的变化而变化。

在自然、艺术和人之间的移情，以往是重要原则之一，现在则变成了唯一的原则。其结果是产生了写意画，激情洋溢，常常追求表现性的效果，而在外行的眼里，却往往显得疯狂与夸张。郭熙并不惧怕繁复细节造成的问题，因为他觉得，就如在生活中那样，人眼在绘画里，"远望之以取其势，近看之以取其质"。而且，重要的永远是把握生命的元气与运动。在郭熙看来，"写实"就意味着忠实于某种情感：

> 春山淡冶而如笑，夏山苍翠而如滴。秋山明净而如妆，冬山惨淡而如睡。[20]

18　此画绢本设色，158.3厘米×108.1厘米，现藏台北"故宫博物院"。——译者注

19　关于郭熙的《林泉高致》，参见坂西志保英译，伦敦，1935年第一次出版，1939年重印；也参见喜龙仁：《中国绘画》（纽约，1963年），第1卷，第215—230页。

20　史克曼和索伯：《中国的艺术与建筑》，第219页，或坂西志保，同上书，第41页。

樹擁群峰翠
閒凍樓閣仙
居家上层不
藓枢栖间蹤
傲素山早兄
氣如茶
己卯春月
尚起

有意思的是，这是17世纪的《园冶》作者计成在描述不同类型的园林和选址时所采用的技巧。他为每一例都绘制了一种图文说明，在未来的造园者心中，这与其说是创造了一种精确的图像，还不如说是植入了一种特定的情感。因而，要在喧嚣的城镇里建造园林的话，人们应当选择一个僻静而又可眺望远景的地点，他写道："高原极望，远岫环屏……嫣红艳紫，欣逢花里神仙……卷帘邀燕子，问剪轻风。片片飞花，丝丝眠柳……怡情丘壑。顿开尘外想，拟人画中行。"[21]

虽然计成确乎建议在这样的园林里纳入某些积极的因素，但是，描述却变得越来越印象化。它们几乎不是针对园林开出的方子，而是试图要让设计者进入合宜的心态。当他后来真的修建园林时，由于他将自身投射到想要创造的山水中，以至于那些物质形态仿佛都拥有了自己的意志。

抒情的自发性

当北宋的徽宗皇帝即位时，对崇山峻岭的喜好被描绘园中小鸟这类更为亲切场景的图画所取代（如同我们在《皇家园林》一章中已经看到的那样）。他倒台之后，朝廷便南迁杭州了，在那儿重建的画院继续发展着这些颇为绵软的主题。

在美丽的南方都城，受到西湖周边的寺庙中兴盛

的禅宗哲学的影响，前述的绘画又添了两种新的类型："抒情的"与"比兴的"。山水变得更加个人化了，因为画家们强调的乃是云雾与消隐空间所营造的氛围——以至于空白的部分确如同现代的抽象画一样，有侵吞整个画面之虞。对物象的描绘，用的是娴熟洗练的笔墨，有教养的画家简洁而又自如地运笔，准备数月，待到合适之时，便一挥而就。

南宋画院的几位画家继续描绘自然中的文人面对"真实的"瀑布或"野生的"松树而沉思的主题。但是，画中人物完全融入场景，以至于很难区分他是自然的一部分，还是自然是他的一部分。马麟的画作《静听松风图》表现的就是这种天人交融的时刻，此时，文人与自然都惬意地达到了完全契合的状态。文人有时会借助一点酒精来达到

左 《静听松风图》[22]，马麟作，1246 年。艺术家的情绪投射在自然之中。松针在风中摇动的声响乃是诗歌和绘画中最受喜爱的形象。

右 《狮子林图》[23]，倪瓒作，14 世纪。有意为之的逸笔草草表达了僧人所建园林的朴素特点。其著名的假山布置得宛若不规则的石头悬崖，在正屋与后面的小书斋之间形成了一处私密空间。如今的狮子林已与此迥异。

21 喜龙仁：《中国园林》。
22 此画绢本设色，226.6 厘米 ×110.3 厘米，现藏台北"故宫博物院"。——译者注
23 此画纸本水墨，28.3 厘米 ×392.8 厘米，现藏北京故宫博物院。——译者注

这种境界。不过，在这里，聆听着水声和风动的文人，在瞥视其书童时，似乎还显得有点紧张和拘谨。背衬寂静远山的虬劲古松则表现出他内心的矛盾。画作的主题变成了画家内心的东西，也就是投射到画家坐于其中的这一世界上的自我"元气"。[24]

画家在接下来的一个朝代（元代，1271—1368）中将这种心境又往前推了一步。他们摆脱了马麟这样的画家作品中精妙的多义性，觉得类似作品显得过于精熟和机巧了；他们创造了一种简约而又高贵的样式，这是一种深邃而又含蓄的风格，画家隐而不表的东西和绘入画面的东西，同样举足轻重。此后，在具有自传性的山水画里可能连一个人也没有，山水本身就代表了人的品格。

那种认为艺术家的人格直接反映在他的作品里的观念，很难说是一种新的思想，它从一开始就蕴含在中国画的理论之中。但是，在11世纪，苏东坡（我们已经在西园中遇见过的诗人，他亲自耕种，自称"东坡居士"）将之进一步发展为非专业艺术实践的理想。苏东坡的一位自称"西湖隐士"的友人最为恰切地表达了这一观念。[25]苏东坡是"能文而不求举，善画而不求售"的天才，他自己则说："文以达吾心，画以适吾意而已。"[26]尽管苏东坡及其结交的许多出色的友人喜欢自称为隐士，但实际上他们不是，而是都官居高位。然而，他们借以进入仕途的科举考试并不是专门用来测试任何世俗的行政能力。因而，在某种意义上，如同在艺术方面一样，他们在为官生涯中也是非专业的。文学才华和经典知识才是举足轻重的，因为人们坚信，这样的学识会发展一个人的品格，并能使他做出有远见的决策，而此远非单纯技巧所能为。人们将同样的观念运用到造园上，而园林就像绘画一样，是根据造园者的品格以及园林的构成部分或构思的内在光彩来加以评价的。由于名望（至少在理论上）依赖于人的品格，中国人会强调名誉与品格的联系："若其主人声望不衰，园林将享誉千秋，纵然他日亦会倾圮。"[27] 主人不仅可以影响一座园林的声誉，而且一处与名人相联系的地方，其本身就更吸引人了。这种对名人所到之处的崇敬也许全世界皆然，不过，在中国，对人格的特别强调又添加了一层深刻的维度，即认为一位品格高洁的人是不会待在一座等而下之的园林里的。

如今，苏州存世的两座著名的园林——狮子林和拙政园——依然由于分别与名画家倪瓒和文徵明相联系而卓尔不群。两位画家都为时常光顾的园林画过小幅作品。据说，倪瓒本人动手布置过狮子林的假山，但是，看一眼他的卷轴画就能了解，当时的狮子林迥异于如今的样子。我们不禁会猜想，如果他经营的石头得以留存的话，那么现代的鉴赏家是否还能从中辨析创作者的品格。果真如此，他们就会了解到中国艺术中最迷人的人物，因为他的一生与其作品——根据由来已久的观念，两者互为象征——展示了内在于文人传统中的所有悖论。

倪瓒生于苏州西北的一个富商家庭里，文人渴望拥有的东西他应有尽有——饱经风雨的石头、古画、青铜器、玉器、大量藏书、许多精美的亭子、几所房子和园林等。后来成为其创作特征的怪癖之一就是不断地清洗。他是如此挑剔，以至于在客人离开后要把园林中所有的座位全部擦洗一遍（以防他们不是那么干净）。没有人可以获准进入其园林的亭子——他的净化圣地，除非倪瓒确定此人与自己一样也有着精微而又纯净的情感。每天，他沐浴数次，而这种净化仪式显然不仅仅是清洁肉体而已。这一点在其非常空疏、简朴的画作中是显而易见的。而且，其简朴也为后来的岁月做了准备，因为，1356年，在刚过50岁不久，倪瓒就放弃了所有世俗的财产，与妻子一起喜欢上了一艘游船，以此遍游江苏省的湖泊和小河。偶尔，他会短暂停留于

24 参见高居翰：《中国绘画》（日内瓦，1960年），第62—64页。

25 原文如此。事实上，后面的引文出自苏东坡《书朱象先画后》，《经进东坡文集事略》卷六十。

26 另一译文，参见卜寿珊：《中国文人论画》（麻省剑桥，1971年），第31页。

27 此引文未见出处，只意译。——译者注

左　《紫芝山房图》²⁹，倪瓒作，14 世纪。一幅典型的冷寂之作，其中，在疏朗的树木、农舍、新鲜的竹林以及小洲之外，乃是无限伸展的空间。

右　海棠门，苏州狮子林。朴素而又别出心裁，加黑色边框，此门的形态突出了门外庭院的魅力。

保留下来的少量产业之———间被他戏称为"蜗居"的小屋。他没有世俗的追求，再好不过地吻合了作为业余画家的理想，而其放弃财物的行为，同样也实现了道家反叛社会与权贵之愚钝的理想。

就其风格与题材而言，倪瓒的绘画也是以高尚的超脱为特征的。初看起来，画面可能显得寥寥几笔，不够写实。这正是他引以为傲的一种效果。在有人批评其画竹似乎"以为麻为芦"时，他回应道，他唯一的目的就是"聊以写胸中逸气耳"。当有人批评他在烂醉后画就的另一幅画不甚肖似时，他回答得巧妙而又高人一筹："全不似处不容易到耳。"²⁸

有意画成这种不媚俗的样态，旨在阻挡庸人，让他们无从着手，从而永远无法破译那种蕴藏于平白随意之中的微言大义。自鸣得意的藏家和皇帝如果不能领悟"枯"和"拙"的美——这两种范畴如今得以提升，从而平起平坐地成为"神品"和"逸品"——那就更好了。品鉴应该是仅有一二知己能为，因为，众口皆赞或许就玷污了这种美质。

倪瓒的作品传达了一种无可否认的冷寂，而画家孜孜以求的力度并不外显其力。后来的文人们常常努力以他的风格作画，但是，尽管他是最常被人临摹的画家之一，但批评家们一致认为，他的作品最终是无法模仿的，因为它们与他独特的生活方式密切关联。

在园林艺术里，人们会期待倪瓒重振古老的道家感性，即追求朴素、不加雕琢（如果不是"寡淡"与"乏味"）的趣味。当然，几乎所有幸存的中国园林都在某些地方赞美简朴平常、谦逊宁静的古典美德，而这可能受惠于倪瓒的绘画。而且，空寂，即古代迷宫般的园林所传达的深刻的永恒感，反映了倪瓒人格中情感的纯净性。

28　引自高居翰：《中国绘画》（日内瓦，1960 年），第 113 页（原文出自沈颢《画麈》。——译者注）

29　此画纸本水墨，80.5 厘米 ×34.8 厘米，现藏台北"故宫博物院"。——译者注

文人、士大夫、业余画家

苏州另一座明代早期园林拙政园显然实现了这一效果，那也是一位大师参与设计并加以描绘的园林。文徵明（1470—1559）以"明四家"之一而闻名，就如倪瓒位列"元四家"一样。

像其前辈一样，文徵明也继续了这种作为业余画家的理想，并将此发展为明代的文人画。在元代蒙古人的统治下，这种业余画家更有理由拒绝官场，因为朝廷是由外族入侵者主持的。在汉人当政却气氛压抑的明代，"在野文人"成了一种更常见的形象，他们近乎总是待在园林中。文徵明就是这样的一个人。他最为人称道的是简朴、节制，高风亮节，而且，这些人格特性显著地体现在他为拙政园作的画中。与艺术家一样，赞助人即园主已经从不尽如人意的官场中抽身而退。园林的称谓就是纪念主人的感受，因为它既可以译成"不成功的政治家之园"，也可以译为"笨拙的（或卑微的）官员之园"——借用一位3世纪的官员的想法，他向往（也有人称实现了）一种隐退的生活，以及造园这种最适合守拙者的治理形式。文徵明引退时身无分文，然而，他的赞助人王

左　小庭院，苏州狮子林。当空间过于窄小时，中国人的诀窍就是将其再加分割，营造隐秘的角落。像这种月亮状的门洞加了边框，吸引人的视线并引向墙外，暗示着更大的空间。

右　《拙政园图册》之《繁香坞》，文徵明作，1533年。[30] 与描绘此名园的画作相配的是精彩书法写成的诗篇。在这一作品中，画家兼诗人描述了处身香风中的快乐："高情已在繁华外，静看游蜂上下狂。"

30　此系列画现藏于纽约大都会艺术博物馆，附诗全文为："杂植名花傍草堂，紫薇丹艳漫成行。春光烂漫千机锦，淑气熏蒸百和香。自爱芳菲满怀袖，不教风露湿衣裳。高情已在繁华外，静看游蜂上下狂。"——译者注

献臣得到了一笔财富，便将自己的园林给艺术家享用。这是明智之举，因为文徵明最后为此园及其赞助人带来了持久的声誉。他显然是喜欢拙政园的，而因为不能拥有它，便安抚自己，在两本小册页上记录了对园林中不断变化的气氛的体验。这是一种极个人化的样式，深受文人画家的喜爱，因为它将诗书画融为一体。此风格貌似简单，却吻合最佳的平淡传统。小幅的画作不适合描绘地形，却是文人画家表现珍视的园林景观的最佳形式。画中的园林确乎是艺术家的一种写照。

真正的拙政园坐落在城墙内，不过，画中却表现得仿佛是一座乡村别墅（见第169页图）。事实上，较诸王维的乡村别墅，它甚至还要显得更有居家和田园的意味。园中养了鸡，种了菜，还有种着果树的农舍，而在第一个画面里，就如题诗告诉我们的那样，文人及仆从

如今苏州拙政园的"飞虹桥"。文徵明时代以后，此园彻底重建，据称是他栽下的古老藤萝在20世纪早期还可一见。

正在商议耕作。越过人物,可见城墙轮廓现于园林的屋顶上方。在真实的园林里,雉堞在白墙上起伏,已变成迷雾与野山的象征。在这第一个画面里,它们不仅提示市井被隔绝在外,此间所有的宁静和乡村的魅力都是市井中人为造出的天堂。不过,这是艺术家唯一一次提到园林的界限或地点。别的画面虽然让人看到了园林中的墙以及另一侧庭院中的树,却从来都不再涉及外墙。确实,在第二幅册页里(见左上图),城门外的远山已经变成文徵明的园林景观的一部分。小池子扩成大湖,一直伸展到地平线上如雾般的大山脚下。因而,艺术家从一开始就表明,有围墙在那儿,他的场景就在其中了。不过,对其他的册页,观者就得搁置怀疑了。

左上 《拙政园图册》之《小飞虹》,文徵明作,1533年。为画而作的诗句云:"月明悠悠天万里!"[31]

右上 苏州拙政园。尽管城市的街道在墙外,但是,远处的高塔——园林视觉上的"借景"——将景观的边界延伸至围墙之外。

31 全诗为:"雌鲵蟠蟠饮洪河,落日倒影翻晴波。江山沉沉时未霁,何事青龙忽腾骞。知君小试济川才,横绝寒流引飞渡。朱栏光焜摇碧落,杰阁参差隐层雾。我来仿佛踏金鳌,愿挥尘世从琴高。月明悠悠天万里,手把芙蕖照秋水。"——译者注

精致园林

拙政园依然存世。在中国人看来，它是所有现存最美的中国园林之一，一方面是因为与文徵明联系在一起，另一方面则是因为其自身的品质。但是，了解文徵明册页的游人会对园林今天的状况表示惊讶。因为在画家的画面中，此园是乡间别墅，虽然规模大了一点，却到底是文人的居所；如今，它是精致园林传统留存于世的最佳实例之一，它与其说是源自王维和白居易，还不如说是出自石崇以及皇帝的伟大颐和园。观者并非置身于简朴的草堂和乡居，而是逐步地被引向由围绕着中央池塘的精致凉亭、蜿蜒长廊、庭院厅堂等构成的错落有致的迷宫。此园以其精美的匠艺、复杂的移步换景，以及精致的优雅而驰名。

这种精致传统的视觉惯例，部分地是由一位画家发展起来的，他并非业余的文人艺术家，而是技巧高超的专业画家。他的名字叫仇英（约1497—约1552），在描绘令人神往的园林方面，他也许是最重要的画家了。他的作品，像王维的卷轴画一样，表现的是一种园林的理想，但是，他描绘的特征在当时都早已成为园林设计中的定规了。不过，他画面中的园林美轮美奂，又有仕女雅士，赋予了这些园林无法抵御的魅力。为了让他的园林画增添背景与分量，他常常将画面置于此前中国历史中的经典时代。任何有钱人见之，都会想要一座与之相像的园林。虽然仇英的绘画有好几种风格，但是，他以青绿风格画成的历史想象画才最受人赞赏。由于完美的优雅与高贵，它们引发了无穷尽的模仿，而不是几幅仿作而已。我们已细看过他的一幅描绘司马光园林的卷轴画，是用经典、简约的高雅笔法画就，契合这一位自愿辞职的官员的园林。喜龙仁已详尽地分析过一幅仿仇英风格的园林卷轴画；[32] 下页插图中幅画，正是以同样恰切的方式，抓住了精致优雅的园林传统的氛围。其中，我们可以清晰地看到大型城市园林的多样性和丰富性。隐入雾中的围墙、规正的庭堂与随意的书房、太湖石与盆景、虬松与盛开的梅花、地下洞穴和远望山麓的双层楼——差不多每一种园林的要素，都在此以一种会取悦藏家的洁净、优雅的方式演绎出来。无怪乎自从仇英及其追随者建立了这种经典的模式，类似再现就出现在屏风、瓷器和漆器上了。

惯例与无所节制

18世纪，当业余画家的理想已变得过于专注自身时，人们开始从一个饶有意味的角度考虑用园林来展现人格的问题。在李渔所著的一本论述文人雅事的书中，[33] 虽然一座假山园林的雅或俗，通常被视为主人自身精神的直接结果，但在李渔看来，有技巧的叠山者可能不是文人、画家或诗人，而可能是备受轻慢的匠人。他写道，石匠尽管只有狭隘的专门技艺，却在历史上造出了迄今为止最美的构成。道理就在于，他们是贴近自然的，而且，其手法依凭直觉，而画家与诗人反而受了太多的训练。在造假山时，就如《园冶》已指出的那样，自我意识太过，便会失败——如果人工性主宰一切，便会索然无味。因而，主人最好作为监督者，确立高标准，同时，只从工匠那儿接受最精美和细腻的作品；他雇用工匠，就是要把自然之气直接传入园林之中。

在某种意义上，工匠变成了笔，由此，主人的精神和自然的精神均在园林的构建中找到了完美的表达。

不过，这样的解释并未考虑到造园所需的大量时间。园林从来不

32 喜龙仁：《中国园林》，标题页，图版92—95，及其讨论，第80—81页。
33 李渔：《李渔全集》（台北，1970年），第五部分。

《瞻园图卷》[34]，扬州，佚名，19世纪。在这座雅致的园林中，规整的亭子和笔直的长廊坐落在极度不规则的山岩上。地平线上腾起的白雾遮没了一段园林的围墙，以至于远山也仿佛成为园林的一部分。将此画与第134—135页的画作相比较是颇有意思的，后者以同样精微的细节描绘了一座朴素的园林。

34 此为清佚名临袁江《瞻园图卷》，绢本设色，52.1厘米×295厘米，现藏纽约大都会艺术博物馆。——译者注

可能真正完成，它持续地体现着主人对园子的打理情况和兴趣，也反映出主人的性格。这或许是伟大的元代画家黄公望（1269—1354）一直被奉为造园者楷模的理由之一。因为，他的画法就是一种缓慢添加的过程：趁灵感出现时，确定构图，然后，花上长达三年的时间，每次心境适当时一一充实画面。显然，这种工作方式与其说是适合一挥而就式的画竹，还不如说是切合园林。不过，似乎更有可能的是，正是黄公望所画的山的样子，而非其创作方法，才成为推荐的对象。在其为数寥寥的存世作品中，有一幅《富春山居图》，其中的山画得像是印象派的面貌，在白色的背景上淡淡地点缀着一系列浓黑的墨线点。它们传达出一种阴郁冬日的感觉，其风格是自觉的逸笔草草，没有那种会让"俗人"感兴趣的高昂情感。事实上，黄公望看上去甚至没有倪瓒画的稀疏景物中那种对纯化的痴迷。他是以"平易"著称的，在同一时代因臻于"平淡的韵味"而达到了成功的峰巅。这些品质较

诸北宋山景的"神圣性"、南宋激越的"抒情性",或仇英的优雅精致,显得大为不同。群山是不起眼的小山,而房屋则坐落在山谷里,一切都是低调的、随意的和直截了当的。那么,当《园冶》将一座假山描述为"岩峦堆劈石,参差半壁大痴"时,它向读者推荐的又是什么呢?很难猜测,这样的描绘不是想要吻合大师在《富春山居图》中对山的观感,艺术家在画中与其说是追求戏剧性力量的凝聚,还不如说是旨在对"山的本质"(mountainness)做普遍性描绘。

当然,造园者也竭力捕捉同样本质性的感受——我们又回到"气韵"了——不过,来自绘画的证据却意味着,造园者越来越借助纯细节的叠加来获取它,而这恰是黄公望尤其戒备的东西。随着时间的延续,假山越来越显得主宰了所有的园林空间,它们不太像是黄公望笔下的那种清凉而又泛化了的山麓,倒像稍晚一点的同代人王蒙(1308—1385)笔下翻滚的、表现性的石头形态。后世的一幅模仿王蒙风格的伪

作表现了奇形怪状的太湖巨石成了园林的主体。它们如同推荐的那样布置在临水处，矗立得高出小厅堂两倍，而其奇异的形态则像蘑菇云一般地悬在屋顶上。它们让人想起郭熙的一幅巨型山景图（其中仿佛有奇异的面孔从悬崖和山峰中凸显出来），但是，却缺乏郭熙的那种具有生命力和动态的力量感；而且，尽管它们是装饰性的，却在画面上平平如也。画中那种了无生气的山石也有可能反映在园林中。

据推测这件赝品大致完成于 16 世纪，当时的批评家们不满于画坛占上风的衰退。常见的最糟糕的错误包括，画家莫是龙所说的 "今人从碎处积为大山" 的画法。[35]《园冶》和作家李渔均曾指出建设园林假山方面也有同样的毛病。在晚近的园林里不难看到引起这些批评

左　《山水》[36]，仿王蒙风格的赝品（也许是 16 世纪的文伯仁所作）。太湖石占据画面的大部分，旨在重建神奇的八仙山而非写实的天然山水。不过，山石的张扬由于颇为适度的建筑设计而得以平衡。因而，此园林是传统的，它介乎华丽的传统（皇家、仙人、天国等）和谦逊的 "文人隐居" 传统之间。请注意画面中长寿的象征——鹤。

右　山水册页，"一人独坐于崖隙小屋"，元济（1642—1707）作[37]。高居翰谈过这幅画："（元济）并非完全只是为我们的感官描绘那种石头而已，而是把它们画成既能塑造也可毁灭石头的力量。我们移情地感受画家运笔时的手势，参与了一种奇妙的创造行为。"尽管悬崖似乎要以怪异的嘴形吞噬隐士，但是，他岿然不动，与创作之力融为一体。除了是杰出的画家外，元济也是著名的叠山艺术家，花费数年创作 "假山"。

35　莫是龙：《画说》（《宝颜堂秘籍》），（上海，1922 年）重印。参见喜龙仁：《中国绘画》，第 5 卷，第 10 页及后几页。
36　此画佚名作，题为《琴鹤图》，纸本设色，103.2 厘米 ×49.8 厘米，现藏纽约大都会艺术博物馆。——译者注
37　此画取自《为禹老道兄作山水》册，纸本设色，23.75×27.5 厘米，纽约王季迁旧藏。参见高居翰：《气势撼人——十七世纪中国绘画中的自然与风格》，第 6 章，北京：生活·读书·新知三联书店，2009 年；以及《中国绘画史》，第 16 章，台北：雄狮图书股份有限公司，1984 年。——译者注
38　约的私人访谈。

的例证；靠近了看，这样的石头可能会是相当迷人的，但从远距离看，它们都是令人眼花缭乱的石堆，垒在一起，就如现代鉴赏家王季迁所表达的那样，"像花生糖块"。[38]

这种整体构思的衰弱在17世纪的画法手册（如《芥子园画谱》，1680年）中更是有增无减，此书提供的是无数单个元素的范例，并可在一幅画中组合起来。这类指导恰恰是丛恚后学以大师所痛恨的方式计较那些细枝末叶，会导致画作失去整体的"生气"。

尽管如此，明代末期出现了一种新的审美复兴的尝试，并在清代早期获得全面的发展。在"极具个人独特性"的伟大僧人画家元济的作品里，人们再次感受到，艺术家自身的强大生命力通过密集的山

景表达出来,揭示的并非特定的山石特征,而是造物的伟力。在自称"苦瓜和尚"的元济看来,山水的情感力量是通过"有开有阖"表达出来的;对园林而言,设计者竭力在小的空间里获得愈加繁复的效果——这将成为一项重要的造园法则。然而,尽管这样强调,元济仍坚持要回归对自然的细致观察,依仗自身的天资,而不是对前代大师亦步亦趋。在他看来,更为重要的是,画家的整个灵魂必须体现在其作品中:"无论画如何,只要表达了生命的本质和画家的创意,就是一画之例。"[39]

但是,在那些才智与能力都不足的人手中,这些方法会打折扣,而且还有可能造成败笔。如果看不到元济作品中的力度与控制,就可能将恣意而无生命感的作品辩解为"个人化的表现"。就如在中国香港,以及新加坡的虎豹别墅体现的那样,这类作品里的无所节制常常是因为灵感的缺乏。有些叠石师想要使古老的传统重获活力,不是努力返回自然中去理解造山的诸种力量,而是极度夸张所有的形式。但是,正道总是要捕捉气韵的,因为,在成功的园林中,形式本身不过是自由驰骋想象的起点,从而进入仙人出没的地方、伟大的圣贤和文人的草堂,以及那些山水画大师的内心世界,后者已经凭借所绘的山景而获得不朽。

---

[39] 喜龙仁:《中国画论》,第183页。

园林建筑

在 17 世纪 30 年代，一位名叫祁彪佳（1603—1645）的敏感文人忽然迷上了造园。他在《寓山志》一开头就写道：

> 卜筑之初，仅欲三五楹而止，客有指点之者，某可亭、某可榭，予听之漠然，以为意不及此。及于徘徊数回，不觉向客之言，耿耿胸次，某亭某榭，果有不可无者。前役未罢，辄于胸怀所及，不觉领异拔新，迫之而出。每至路穷径险，则极虑穷思，形诸梦寐，便有别辟之境地，若为天开，以故兴愈鼓，趣亦愈浓，朝而出，暮而归……枕上望晨光乍吐，即呼奚奴驾舟，三里之遥，恨不促之于跬步。祈寒盛暑，体栗汗浃，不以为苦，虽遇大风雨，舟未尝一日不出。摸索床头金尽，略有懊丧意。及于抵山盘旋，则购石庀材，犹怪其少。……为堂者二，为亭者三，为廊者四，为台与阁者二，为堤者三。其他轩与斋类，而幽敞各极其致，居与庵类，而纤广不一其形；室与山房类，而高下分标其胜。与夫为桥为榭，为径为峰，参差点缀，委折波漏，大抵虚者实之，实者虚之，聚者散之，散者聚之，险者夷之，夷者险之。如良医之治病，攻补互投；如良将之治兵，奇正并用；如名手作书，不使一笔不灵；如名流作文，不使一语不韵，此开园之营构也……[1]

这段叙述中有两点尤其引人注意。第一，文人园林并非依附于住宅；第二，其兴趣全在建筑与布局上，其描述并未提及任何花卉、树木或灌木。

在英、美，园林是种出来的，而中国的园林则是修建的。西方游客或许会对中国园林里层层叠叠的怪石大吃一惊，但同样，他们也

从三十六鸳鸯馆边上向笠亭方向看去的拙政园西园（又称补园）。

[1] 译文见林语堂：《吾国与吾民》，第316页。

大观园，对长篇小说《红楼梦》中一座园林的想象性重构，选自1930年在上海出版的《增评补图〈石头记〉》。奇形怪状的岩石耸立在大同小异的建筑旁侧。一条溪流在建筑间蜿蜒穿过，上面架有同样样式各异的桥梁。

会对大量的建筑物惊讶不已。对园林的形形色色特点的文本描述，给人们留下这样的印象：亭与亭之间都是宽阔的空间或数十亩的山地与树林。而且，这确实是期望的效果。但是，在城市中的园林里，空间非常珍贵，因此，为数惊人的建筑和假山常常被塞进不足6亩的园林里。甚至豪富家庭的大型园林也青睐紧凑的空间，而不是宽敞舒展的景观。

选自18世纪长篇小说《红楼梦》的大观园图景展示了其中数量与种类惊人的建筑物。没有哪两座建筑是重样的，它们都散落在假山与流水间，仿佛某种精彩的障碍赛的场景。而且，园中还到处都有人——如长篇小说中描绘的那样。在《红楼梦》中，园林里一度不仅仅住了贾家少爷及其姐妹与堂兄弟姐妹，还住了他们带来的所有丫鬟侍女、一组唱戏的小女孩，甚至还有来自寺庙的小尼姑们。即使是一座巨大的园林，住上那么多的人也可能是非同寻常的。不过，园林中的楼阁倒常常是住人的，不只是夏季，而是全年如此。有时，一座被人冷落的园林或许只剩一个看门人与妻子，但在许多时候，在其中的一个书房里，可能居住着文人、年迈的私塾老师，或是某个落寞的友人，而且，他们会使用园中的藏书楼——这是任何称得上园林的地方必不可少的一个特征。富人也常常让妻妾住在园林的楼阁里，就如《金瓶梅》所描述的那样。

　　事实上，中国人住家中的所有单个房间基本上都与园林中的建筑物相同。尽管中国园林建筑形态多姿，但都是以梁柱支撑悬臂支架上的瓦片屋顶，这个基本结构与最平凡的房屋建筑是一样的。而且，由于房屋中虽有专设的浴室，却没有专设的餐厅，因而任何房间里如果放上炭火盆就可能充作厨房，添加卧榻就成为卧室——园林中的亭阁或可轻易地转化为舒适程度不亚于房屋的一种类似套间的居所。

　　然而，两者也存在着重要的差异。首先，住家建筑总是选择规则的长方形地面，大型的住家建筑也被设计成一进进规则的庭院。园林却明显不同，因为一切都是不规则的和令人迷离的；正是在这里，凡庸转化为某种新颖而又愉悦的东西。

作为隐喻的建筑

在中国园林里，建筑与其说是实用的，还不如说是娱乐的，且重要的是，它更是隐喻的。园林让标准的城市建筑摆脱了儒家礼仪，颇像西方园林中的装饰性建筑、各式历史风格的混搭，甚至中国风的塔等，它们都表明城市的礼节规范日渐废弛。人们自然知道，自由有可能会被滥用，而许多批评家也警告造园者，不要陷入"俗"的危险，譬如有太多设计怪异的龙首。幸好，对这种警告的阐释是相当自由的，因为中国园林的一个本质方面就是将动植物王国转化为有趣味的建筑形式。

仅仅列举一些园林建筑的基本元素，以及与它们相关的中文表述，以揭示这种隐喻的维度。墙上的洞可以成为圆形的"月洞门"，而有时门上还有花、贝壳、葫芦或花瓶的形态；栏杆可以采用"冰

裂"的图案，小径可以变成"鹅"以及"孩戏之猫"；水上之亭是"船"，而五座亭子连成一片就成了"五爪御龙的爪子"；石头当然是"仙兽"，除非是那种"弹子窝"；柳树"若翻蛮女之纤腰"；而园林的核心——水，正是"净月洗心"的地方。这种隐喻的快乐甚至在建筑的平面图中也是显而易见的：有些采用了梅花或扇子的形状，这是一种流行的设计，既保证了凉爽的微风，又用一种实用的形态将角落上的两个长廊连接起来。有时，两个亭子在墙角相交，形成蝴蝶状；现实都被转化为一种诗意的幻想了。

亭子

事实上，单是亭子的存在就影响了园林中最基本的一种转化。中国人所称的亭，是一种独立开敞、形态多样、用于观景的建筑物。有一种说法是，"无亭不成园"。这类建筑是对荒野的驯服，或如中国人所说，它"借来了"山水，创造出先前没有的框架和焦点。居住的功能在这里不起什么作用，因为，亭子仅能遮阴或避小雨而已。没有围墙的亭子只是一个小憩的地方，提供了一种景致，有教养的游人则回应以无穷的联想。亭子坐落在园林或自然中（置于群山中的亭子是绘画的一个重要主题），它象征着人在自然秩序中微小而又必不可少的地位，正如没有人的自然是缺乏焦点的，同样，园林景观也不能没有亭子。

然而，一座城市中的园林还必须包含许多其他类型的建筑。与亭密切相关的是榭，一种与入口连在一起、像是门廊的开放式亭子，或从露天走廊延伸出来的小屋，通常是建在水畔，供歇脚用。还有一种作为书房或小画室的斋，宁静而又封闭；以及承载异想的舫，被中国

右上　上海内园的叶门。一个平淡的角落因为同时布置了富有想象力的门廊和一个简单的窗户而变得有生气了。门洞是敞开的，而窗户布满了鱼鳞图案。

左上　一座修复不久的园林中的三重门，南京。连成一线的门廊引导视线朝向莫愁湖以及远处的园林。最后的一重门的瓶状表示一种视觉双关语——中文"瓶"是"平安"之"平"的谐音。

左下　龙头墙，上海豫园。此园林中有五个龙头。尽管雕工精美，而且每个龙头都各有精彩之处，但园林鉴赏家却不喜欢这样直白的阐释，因为它们都缺乏多义性，从而限制了想象力。

上　石舫，苏州狮子林。一座位于右上角的茶馆亭用混凝土建成，是后来添加的，并不十分成功，它占据了湖中一个或许开放着会更佳的位置。

下　悬崖亭中吹笛人，罗聘（1733—1799）作[2]。这种开放式的、置于自然之中的小亭子为景观添增了人居气息。在园林中，这种亭子意味着其周边用心布置的石头就是造化之作。

人描绘成"不系舟"。

除了这些小型的亭子类建筑，园林中还有体量更大的建筑，如多层的楼阁，以及占据了园子中央和公共部分的接待大厅或客堂。不过，不同种类之间总是在功能上有相当的重叠。而所有这些建筑的结构部分很少偏离基本的大梁框架系统，以及造园者发挥得得心应手的若干种屋顶。

虽然在《园冶》及其他有关中国园林的著作中，屋顶不是单独分开处理的，不过，在外国人眼里，它们在视觉上的突出效果似乎需要特别的关注。屋顶赫然高过围墙，隐现在树林中，且其连绵的形态常常完全压倒了为其捧场的那些亭子。简言之，有飞檐的屋顶是主要的表现性元素；而在现代园林里修建平顶式避暑建筑的尝试可谓灾难。有些屋顶大得如此不合比例，以至于下面的房子似乎是后来才添加的，这样处理的借口是要展示一种轻盈（迷人而又有力的）向上的势态。人们常说，有飞檐的中国屋顶看上去像是漂浮在内收的基座上；当然，每个角上的曲线会使其显得轻盈。但是，还存在相反的另一重效果，因为屋顶也像是笼罩在其覆盖的空间上。所以，这也是一个含混的例子，既是奇迹般地漂浮在被遮掩的柱子与支架上的轻盈手帕，又是一种涵盖和主宰所有其他元素的统一性实体。

仕女亭中对弈，冷枚（18世纪）作[3]。门洞呈花瓣形，强化了女性的妩媚。在园林中，玫瑰花被栽培在一种流行的季节性的屏风格架上。有关其他门的例子，参见第167页、168页、194页、195页。

2 此画依据南宋诗人姜夔的诗意而作，册页，纸本设色，24.1厘米×30.6厘米，现藏华盛顿特区弗利尔美术馆。——译者注

3 此画系册页，绢本设色，38.4厘米×31.3厘米，现藏台北"故宫博物院"。——译者注

左上 苏州谢园的湖中亭。双层屋顶在倒影中叠成了双影。此亭之内还有一亭。

左下 苏州拙政园远香堂内部。这一优雅的厅由于窗外有加上屋顶的走廊围绕而变得阴凉幽暗。厅堂中的家具布置成长方形格局,是一种典型的做法。

右上 上海豫园主厅堂的双层屋顶。加长的屋檐向上弯,组成复杂的曲线的交响。一头大象站于屋檐交汇的地方,而水怪在主梁上卷曲其尾。

右中 无锡花园饭店的花房。作者唯一所知的用玻璃材料制作屋顶的中国建筑。

榭、楼和堂,苏州留园内湖的东南角。左边像是门廊样的小亭可称作榭;中央的两层亭叫作楼,而右边显现的雅致大厅则为堂。通往楼顶层的楼梯藏在假山后,因楼梯被认为是不雅的。园林设计者运用各种睿智的方法,以隐藏楼梯,而假如这些都不奏效,就让楼梯完全外露。

选址:升华自然

在园林中,这些亭子该如何分布呢?《园冶》的作者计成说——在当时显得颇为大胆——"造式无定"。这样,他就将自己置于悖论之中:如何既整理出规则而又不写下规则,或者说,如何既传播造园的原则而又不使之成为死板的条条框框。他像画家那样,借助于据称蕴含在所有创造性作品中的气韵,同时,也将诸种原则隐含在一系列诗意的意象、景观,甚或悖论之中。最后这一类尤其有用,因为它们给予人选择的自由。因而,《园冶》这一造园手册一方面建议,"市井不可园也"(由于喧嚣),但在另一处又推荐说,选址时市井优于乡村，因为前者更舒适和方便。在其他地方，《园冶》则通过运用典型的中国技巧——"兴"的描绘——而完全回避规则，就如我们在《画家之眼》一章中所看到的那样。通过描述美景激起的情感效应，作者在读者心中创造了一种造园的欲望，以激发同样的反应，而具体细节则留给读者自己去琢磨了。

造园者屡屡被要求回避显而易见的东西，以获得超乎寻常和出乎意外的效果。隐秘的场所特别合意，因为它们有自然中最令人愉悦的效果。"围墙隐约于萝间，架屋蜿蜒于木末"，而且，理应到处有"幽趣"。但重要的是，人在这样私密的地方还能"或穷水际"。这里的关键词是"或穷"。所有园林都是以错觉为基础的，而且，必须体现无限性，即使在城市的范围之内也是如此。这一观念在中国人称为"江南"的江浙两省的园林城市里得到了最为充分的体现。北方的大型园林则倾向于更为规整的布局。那些在北京还可以参观的园林，较诸南方园林的出其不意和不规则性，似乎显出某种生硬感，而比较持重和宏大的感受似乎也适合于帝都更为强烈的正统性，以及北方更为严峻的气候。但是，对山重水复、柳暗花明的强调，是所有中国园林常见的特点。在特别讲究的园林里，许多的惊喜来自对建筑特征的配置。然而，即使是那些挤满了墙面和建筑的园林，也总是要让人工的因素融入自然因素，不至于喧宾夺主。在某种意义上，这一原则与勒·诺特尔在凡尔赛实践的造园风格所遵循的东西是相对立的。如果说法国人对待自然就像对待建筑那样，把树种成林荫大道，将树篱修剪成墙，那么，中国人则竭力使他们园林中的许多建筑因素趋向于天然的不规则性的理想。

有些中国作者将园林中的对称与过度设计、庸俗附会等联系在一起。对称的布局导致僵硬和划一，造成缺乏愉悦感和自然而然的积聚效果，后者能理想地让建筑物显得好像是因地制宜地生长起来的，就像花朵那样。当然，积聚本身也有可能走得太远。虽然一座园林最终应成为某种迷宫，但却又不应该如此显而易见。北京的耶稣会教士曾为乾隆皇帝设计西式迷宫，它被视如蛮夷的新奇玩意儿，皇帝驾崩后不久就荒废了。当然，迷宫太过规则且刻意，而真正的中式迷津园林应该总是显得自然而又随意。

这一要求与西方的"如画"（picturesque）观念相对应，同时也呼应着亚历山大·蒲柏的著名建议"因地制宜"。在中国，就如在18世纪的英国，一个好的造园师首先会仔细地评估选址区域的天然周线和水平面，在需要的地方予以夸张，以强化其效果，然后将园林建筑设计得与这种改造过的景观相适应。因而，"天然性"就在于使整个园林看起来仿佛未曾有过人为的佐助。童寯及其他作者多次指出，这种品质在明代以后就很稀有了，此时园林与建筑的诸种因素都变得更加程式化和重复。他们抱怨道，石头与花卉排得像是站队的兵士一样；而斗拱看上去像一列接受检阅的盛装骑兵。这样的条理化"有种古罗马的感觉"，与宋代时所达到的自然天成的理想相去甚远。[4]

豫园

所有园林都面临的一个问题是，它们不仅容易受到岁月的摧残，而且还受到并不总是同情原造园者本意的主人们的新主意与诸种修复的破坏。如今在中国，没有一个园林依然原样无改，参观者所看到的宋代或明代的园林都不可避免地包含了大量的清代甚至更为晚近的建筑。譬如，上海的豫园是晚明的园林，后来添加的东西，极有可能被《园冶》斥为太俗。尽管如此，它仍是一座迷人的建筑迷宫，几乎

4　童寯：《江南园林志》，第1章。

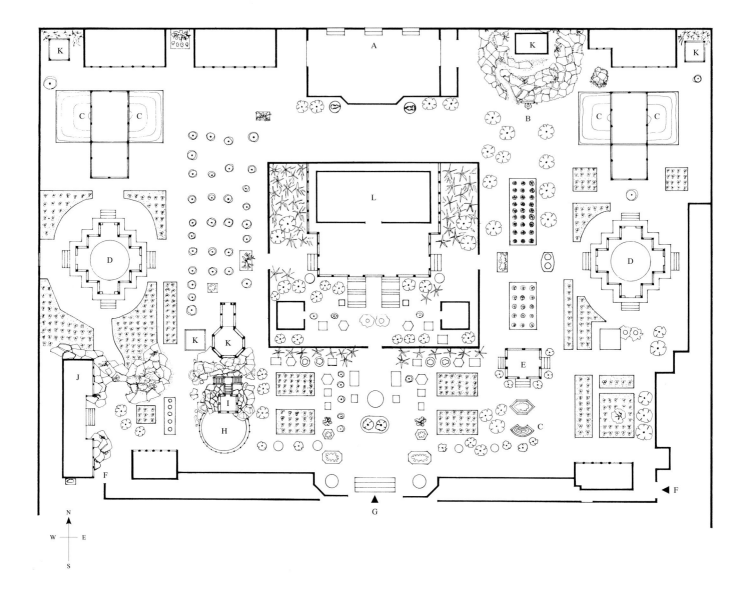

北京紫禁城御花园平面图。此园奇特、生硬且讲究对称,到处都是用畸形石块堆出的假山,并用卵石铺成有图案的小路。然而,在暖春的早晨,坐在随风低吟的古老松柏间的大理石台(I)上,俯视下方林荫小路上平静漫步的人们,依然会感受到这座园林的神奇。

- 规整的花坛
- 假山
- 古松
- 展示奇石的大理石台
- 竹林
- 石台上的金象
- 连理树
- 大理石边的高花坛

A 紫禁城后门
B 狮子喷泉
C 池塘
D 青绿色屋顶的茶馆
E 地台
F 园林侧门
G 正门
H 露天动物圈
I 高台
J 清代末代皇帝的老师、来自苏格兰的庄士敦住过的房子
K 亭阁
L 钦安殿

囊括了城市园林所有令人愉悦和惊讶的元素。在平面图里，它是由长而蜿蜒的墙分出的五片连续的区域，而穿过园林的墙以规则的曲线起伏，最后收束于龙首。在五片区域里，总共有五六十个小而精致的空间单元，这些小空间提供了《园冶》所要求的"大观"。

与那些设法将各种空间连在一起以扩充紧凑空间的西方建筑师不同，中国设计者是通过屏风或墙对空间的分割来增加空间感的。通过一道道的门将可用的空间区划出不同层次，同时让人看到尖耸的屋顶以及片片光斑，它们努力向人们暗示，空间是无限延伸的，并能神奇地跨越眼前的界限；因为，其目的往往在于再现自然的无限变化和神

多重空间：上海豫园北墙边上的景致。美丽的屋顶属于明代萃秀堂。园林的这一部分充分运用了"由小至大，从高到低"的原理。

奇，同时又提供幽居的空间。

在多数园林里，空间单元是朝向和围绕中央的"山水"区域展开的，既有保护之感，又赋予其一种内省感，仿佛人们得剥去一层层的建筑才能到达核心。在豫园，这些小单元都是在以往漫长的修建过程中累积的。先是以假山和水来造园，再加亭子和竹林。潘允端[5]最早于1559年进行筹划，且其描述也依然存世，不过，并无整体的规划，也未提及墙。园林就是直接依据自发的感受，从聚集基本的元素开始的：

左　苏州拙政园中沿湖而建的园中墙、开放式游廊、水榭和亭子。参见第250页此园平面图。

右　苏州网师园中央湖泊一角。虽然不同的建筑以一种极不相同的方式联系在一起，但是，其整体效果是和谐而又平衡的。

　　稍稍聚石凿池，构亭艺竹，垂二十年。屡作屡止，未有成绩。万历丁丑……一意充拓。地加辟者十五。池加凿者十七。每岁耕获，尽为营造之资。[6]

换一句话说，这位文人士大夫也像本章开头引用的祁彪佳那样，几乎是以一种欲罢不能的方式，一点点地营造他的园林。两人都让造园变成了生活中的一个重要部分，因而，他们的园林就成为某种自传式的记录，反映其命运与心境。

潘允端接着写道：

> 园东面架楼数椽，以隔尘市之嚣。中三楹为门，匾曰"豫园"，取愉悦老亲之意也。入门西行可数武，复得门曰"渐佳"；西可二十武，折而北，竖一小坊，曰"人境壶天"……循墉东西行，得堂曰"玉华"。前临奇石，曰"玉玲珑"，盖石品之甲，相传为宣和漏网，因以名堂。

5　原文误为潘恩，应是其子潘允端。下同。——译者注

6　这一段与后面的引文转引自弗洛伦斯·埃斯库弗《中国之镜》（伦敦，1925年）中的《中国园林观》，见该书第19页和29页中的英译及其复述。也参见陈从周用中文撰写的关于豫园的完整叙述《上海的豫园与内园》，《文物参考资料》（北京，1957年），第6期，第34和35页（原文参见明潘允端《豫园记》，上海市文物保管委员会编《豫园》，1962年。——译者注）。

此园至今仍有一块大的太湖石，其名类似于潘允端的那块（尽管很难说是否真的是同一块石头），且池塘周围还有许多精美的假山，以及令第一与第二区域的建筑物都相形见绌的一座大假山。值得注意的是，虽然潘允端将一座假山题名为"仙天"，但是，他对园林的整体描述的结尾是与早期诗人隐居地中最著名的王维辋川别业相比较的。

按照记载，1761年，上海当地富商筹款买下了这座园林，[7]并予以修缮，称之为"西园"。当时，该园占地不到77亩，而且随后在豆米业同业公会属下依然保存良好。不幸的是，在1861年太平天国起义期间，西方军人入驻此园，为获得更大的居住空间，假山被推入池塘里。自此以后，就难以确定园林的哪些景致是与潘允端的描述相对

7 　原文称从潘允端后人手中购得，有误，实为从张肇林后人手中购得。——译者注

左　苏州留园中林泉耆硕之馆（均分为两半的厅堂）内部的一半。刻工精细的窗户将其后露天小过道的光带了进来，不过，也让人不再注意那儿的空间有多么的拥挤。北边是落地的门窗，通往有亭子和池塘的大院子。

右上　上海内园里一只吞咽顶梁的海怪。上海内园与豫园的屋顶上雕着动物与骑马的英雄。

右下　上海豫园第一进庭院的西南角。围绕第一个厅堂的长廊有屋顶和做工复杂的格子窗。这是第188页插图上的厅堂一角。

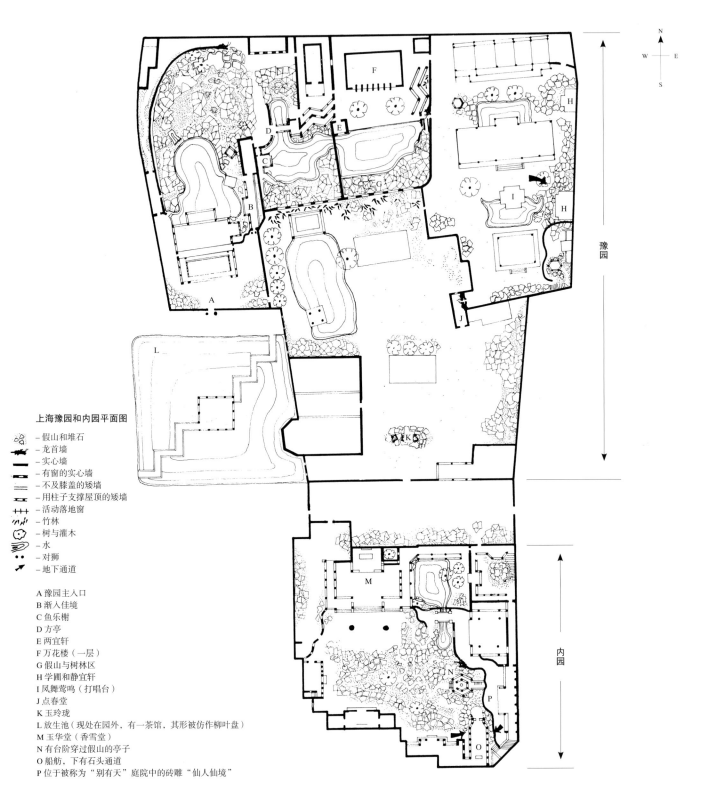

应的。1956年，此园得以修复，现在又包括了内园——交织各种元素的复杂糅合——作为同一园区的一部分。

第一个空间单元，是从主入口（A）进入的，要路过或是穿过两个紧挨着、朝南的大厅堂。这些典雅而有气势的厅堂（公共接待区域和观光亭阁）的周围是整齐排列的红漆柱子构成的有地台的长廊，以及刻有仙鹤和梅花图案的精美窗户。长廊后面是一池塘，而紧挨着的则是一座分外紧凑且又高大的假山。处在这一空间中的感受是既平和又有活力：富有气势的假山和层层叠叠的建筑相互倚仗，凌驾于小池上，使后者相形见绌地成为一个窄而幽暗的河谷——不过，人们依然可以凭栏观赏平静的水面（B）。从这第一个单元，可以瞥见里面更多的空间以及花草树木；最引人注目的是，翠竹跃出铺着瓦片的屋顶之上，还有几株高大的水杉和翠绿的柳树在微风中轻摆。园林的其他部分位于东面，要去那儿就得穿过一组非常紧凑的小空间单元。在这里，人有一种迷路而又有期盼的感觉。往前走，向右可以去鱼乐榭（水上亭阁）观景（C）。再直行穿过一个门洞，通往另一座亭子的廊桥（D）。后来，这又变成一分为二的长廊，一起曲折而行。将这两道长廊分开的墙，每隔1米左右都开有一个小小的、形状别致的窗洞，由此，游人可以看到另一边的长廊。

这一双排长廊经过临水的小型书馆（E），而后又通往高大的万花楼（双层，F）前的露天空间。这一区域扩展为一个平台，较诸此前游历的地方，更宽敞且让人感到放松，但同时也更为私密。这里种植有两棵古树，分别是四百年的银杏树和一百年的玉兰树，它们合在一起为整个庭院遮阳。夏季，满院弥漫着玉兰花绽放时的芳香。站在两棵树的下面，背对万花楼，人们的视线越过一条石砌堤岸的溪流，看到了更多的假山；那儿，春季有一株株栽在盆中的茶花树（G），在石

通往双排曲折长廊的右门，上海豫园。游人在长廊里漫步时可以看到另一排长廊，使空间似乎显得更大了。

丛中呈现鲜艳斑驳的深红与粉红。再往远看，视线被灰瓦白墙挡住了，就像是湖上的雾气或一幅山水画中留白的背景，令人心绪平和。接着，人们顺着一条两道墙的长廊往前，穿过一堵龙墙，进入园林的第三大部分，那儿的三座大型厅堂和一个戏台都自北而南地排列，中间则是一些池塘。这一空间的东面（边上就是园外的路）有一些高达三层楼的石山，亭阁（H）似是直接建在山顶。戏台（I）建于水上，水流从戏台支柱之间的石雕喷泉中喷出。高于所有亭阁的，是在屋脊上嬉戏的海豚。此院的西墙蜿蜒起伏，直到最终收束于两个对峙的、威风凛凛的龙头（J）。

第四个区域由于被多次拆除，其中的空间最为开阔。在一个外国人眼里——即使他珍视中国园林的完整性——这也是豫园中轻松怡

上海内园入口。这座小园林建于1709年，特点是拥有许多高大的建筑以及各种窄小而又曲折的空间。一旦游人逐渐习惯了其中空间的尺度，那么，其错综复杂之处就会变得迷人了。

人的部分,因为它无意中暗示了自然中较有野趣和开阔的特点。这里有窸窣作响的樟树和水杉林,它们都高出园墙,而且,这里有镇园之宝——玉玲珑(K),附近还有观赏此石的玉华堂。这一区域有一个栽种植物的地方,同时,一墙之隔,在靠近潘允端家旧池塘的地方(L),有两座考究的厅堂和一个庭院,如今都在园林的围墙外了。

此墙外坐落着内园,提供的是一种与先前出现的颇为不同的感受。这是园林中最隐蔽而又紧凑的空间系列,甚至其装饰也是密密麻麻的。这一封闭的小区域有些幽暗潮湿,因而迫使游人更凑近些看细节,但是,在中央处有一个相对较大的空间,释放了所有这样的压力。这里是一座气派却又安静的厅堂(M),一边通往两株夹竹桃荫蔽的池塘,而另一通道则去往两个咆哮状的石狮围着的假山。园林若缺乏宽度,就会以高度弥补:假山(N)顶上加了一座亭子,甚至还

左 上海内园的砖雕。浮雕嵌在名为"另一世界"的内部庭院的墙上,表现的是园林中的仙人。这批砖雕与豫园和内园中的其他砖雕所体现的技艺,都是十分精湛的。

右 在上海豫园外可看到的山顶上的亭子。在园林中,有一山洞穿过这一亭子下的假山。

有一间船形的茶室（O）高踞于岩石山洞的上面，仿佛洪水退去后的诺亚方舟。园林的这一部分尽是秘密。甚至连那些让内园获得赞美的细腻的砖刻浮雕，也常常隐藏于那些小庭院里。

童寯在1930年代的著述中谈到过"紧凑而不拥挤的"空间，处身其中，人们可以看到"实中有虚，虚中有实"，而且，总体而言，是"由小至大，从低到高"。[8]

这些都是设计者在内园里要获得的效果，而且，也确实构成了所有中国园林中都采用的最有效果的戏剧化技巧之一。如同音乐中的一种稳定的节拍，它们可以强化发现和兴奋的节奏感，不过，这种手段同时也在其他无数的层次上发生作用，有些层次只是无意中被感知。

特别是相对的两极，像白墙与黑瓦、露天池塘与石洞通道等，都是阴阳二相的基本表现，至少从公元前4世纪以来，那些常常被引述的阴阳原则一直是中国人世界观的基础。对于西方人，最容易的理解阴和阳的方法是将其视为钟摆摆动的两个相对的端点，因为，阴总是让位于阳，而阳也会变为阴，两者在两极之间永远摆动。因此，月（阴）业已到了至高点，而开始移向日（阳），夜晚转向白天，冬天走向夏天，冷变热，软转硬，黑暗趋向光明。可能成对的东西，不仅是无限的，而且还以由相互重叠的速度和节奏构成的无限可能的多样方式摆动。在园林中，人们可以坐上一整天，思究这些形而上的运动；或快或慢，或显或隐，或由设计者有意为之，或可能是偶尔显现的美，但是，它们都通过诉诸感官揭示了宇宙的基本法则。

---

8 童寯在《江南园林志》里复述了18世纪作家沈复的美学观（也参见林语堂英译，《吾国与吾民》，第312页）。

墙、门洞与窗

没有别的地方会比一道白墙与任何置于前面的东西（无论是瓦片或门洞，假山或植物）构成的关系，更明确不过地反映阴阳对立的原则。继假山和水之后，墙在园林里扮演了最重要的角色，因为，它不仅仅是分割不同空间的最常见的手段，而且，也提供了平静与和谐，为竹子或梅树的摇曳投影与剪影充当了一种背景。当有那么多令人惊讶、棱角分明的形状竞相吸引我们的注意力时，墙这一贯穿在整个园林里具有统一性的永恒主题，作为一种稳健的音调，让人感到放松。喜龙仁将白墙描述为一种进入其他混合的如画因素中的"纪念碑式特征"，而且，他也指出了其显而易见的守卫意味与英勇色彩。"城"，城墙的意思，也用来指"城市"，而长城则常常被看作中国的象征。

按照《园冶》，白墙基本上是用"版筑"，然后再涂以灰泥。"有好时取其光腻，用白蜡磨打者。"这种"镜面墙"的样子，一天中变

上海豫园中起伏的墙和笔直的围墙。内墙环绕园中巨大的假山，最后收尾为凶猛的龙头。在两墙之间有一条狭窄的步行道，为地面高度——此取景处下面约4米处。

化迥异。在晨雾里，它可能完全消失，只留其黑瓦在地面的上方漂浮着。因为，理想地说，墙应随园址的轮廓而建，这些黑瓦可能真的会有一种"飞龙"的效果，仿佛规则起伏的水蛇那样在空中奇迹般地蜿蜒。可是，在其他的光照条件下，同样的墙又可以像山那样实在，而且，确实常常类似园林假山与灌木后方远处的群山。随着太阳的移动，墙上会投下不同的图案，再次改变其实体感与深度感。日落时分，心境或许会充满忧郁，这是景观艺术动人情怀而又含蓄的风格特点。确实，对这些墙的最流行的阐释就是，它们之于园林，就像是一幅山水画卷上的留白——不只是一种背景而已，还能唤起无限感。因而，圈定和区隔空间的墙也具有象征性地无限延伸空间的作用。

有时，一堵光滑的墙几乎可以变成一面镜子。有时，造园者也可能需要一堵不透明的墙，遮掩在树木与假山后，成为一道不引人注目的边界。在这种情况下，他会刷上柔和而又模糊的灰色，这种颜色可以与石头融成一片。在这样的墙上开出一圆洞，在月光皎洁的夜晚，就有一种引人入胜的效果——墙在阴影下消失了，而圆形则倾斜地投射到门前的地面上，像是月亮本身似的。

粉刷并打磨过的墙并非分隔空间的唯一方式。李渔发现了用"乱石垒成"的墙和竹或篱棘编的墙（常常再添蔷薇的装点）的特殊魅力。《园冶》认为，"编篱斯胜花屏，似多野致，深得山林趣味"。当然，园林中亭子的墙也可以具有很高的装饰作用。尽管亭子是四面敞开的，但是，其他园林建筑的柱子之间的空间则不乏那种用木头格子做成而后面糊了不透明白纸的窗户。白天时，在里面看，格子的轮廓像是剪影似的，而在外面看的话，它们复杂的几何图案与树木的枝条形状建立了诸种微妙的关系。到了夜晚，效果就相反了。在外面看，灯火下窗户的剪影成为黑暗中显现的装饰性图案；而在内看，窗格本身的一

面被照亮，从而与周围的黑暗空间形成对比。

　　墙在中国具有如此重要的作用，以至于人们情不自禁地把它说成是某种令人着迷的主题。住宅的墙高度为3—6米，私家庭院和园林空间的围墙则高2—2.5米；墙用以加固植物，挡住水的冲击或承载土的重量。它们开了洞就成了"漏窗"；它们有时就像蛇一样顺着小丘的轮廓线而起伏；它们强化了方向与高度的每一种变化。恋人们总是在墙头叙说、聆听，当然也爬墙头——至少在戏文和长篇小说中是这样。墙支撑着黑瓦或彩瓦的窄斜人字形屋顶。泛红或绿褐色的墙面可能染上植物、苔藓或泥土，以及铜绿等色泽。事实上，中国人很少不去理会这基本上是平淡无奇的因素；而且，园林里也没有什么东西会

苏州网师园的灰墙。在迷蒙的清晨或夜晚的灯火下，此墙几乎完全消失；而在正午的阳光下，则固若悬崖。

左　苏州拙政园枇杷园亭子的画窗。这一通风亭子的简单后墙为坐在里面的人提供了足够的幽静，而墙上所开的窗框定了阳光下的叶子和假山，宛若画中。

右　苏州沧浪亭园中的月洞门。一个简单的圆框定了其外复杂的图案，包括形同芭蕉叶的窗，而右边正是真正的芭蕉。

像用于打通墙壁的门窗那样花样百出。

　　这种墙上的洞很少是长方形的。进入园林的主要通道，时常要穿过圆形的入口，即通常所称的"月洞门"，而且，往往没有门扉。因此，园林之门与住宅之门截然不同，一是圆形或不规则形，一则是长方形；一是敞开的，一则是关闭的。在中国，圆是天的象征（就如方是地的象征一样），同时，它也是完美的标志。根据一种古老的想法，月洞门就如古代铜镜的圆框一样，为观景提供了可能是最佳的景框，而且，这样的门也确实让视线聚焦，就像相机中的遮光器，强化和汇聚所有在前方展示的事物。这一效果不仅仅由圆形引起，而且，部分地还是常围绕圆形的黑边或者斜看时呈现的墙本身的厚度所造成的。不管怎样，其戏剧性的强化效果是不可否认的，因为圆在形式上的完整性与其周围园林的不规则性形成了鲜明的对比。月洞门也使游人一定要跨过圆的弧形底部进入园林。于是，他得径直从中间走过（除非他避开），而由于同样的理由，访客都是一一进入园林中，因而，进入的行为就被特别强调了。

除了月洞门之外，园林墙上的洞孔呈现出丰富多样的形态和隐喻，其中最为常见的是花瓣、树叶、扇子和花瓶的形式。

与众不同的作家李渔曾在其停放在杭州西湖的游船壁上刻出扇形，他坐在徐徐划动的船上时，外面移动的景致总是呈现在扇形的景框里。

较诸门户，园林中的窗户在形态和题材上甚至更为花样迭出，特别是在最后一个王朝晚期的、时常是炫耀性的园林里。这可能是其功能完全是装饰性的缘故。窗没有门那样更为基本的用途，因而可以更为精巧，添入各种各样繁复的细节。这类装饰常常是以屋顶的瓦片做成几何图案，或用泥和金属线制成花鸟之景，然后，烘烤和粉刷。[9]

也许，园林中没有其他特征会屈从如此过量的自然主义的奇特想

9 李渔在《闲情偶寄》（参见《李渔全集》，台北，1970年）里声称发明了能迷惑人的眼睛的窗户，里面塞了真的枯枝。其好处在于它们或可遮掩不尽人意的景观，而且，随时可予更换。它们做起来也不贵，鉴赏家自己也可以即兴布置。

广东现代公园中对着竹林的椭圆形窗。虽然大多数新建的公园更多地都是为休闲及体育而非沉思冥想所设计的，但是，避暑别墅偶尔也用传统手段，以突出不同的场景。当地的导游说，这是遵循毛主席的教导——古为今用。

左　文人在其牡丹园中弹琴，选自麟庆《鸿雪因缘图记》的木刻，19世纪。质朴棚架长满紫藤，为石头累出的花坛中规整的石头和牡丹平添一种"山林趣味"。请注意主人将一块平顺的石头作为走上后面亭子的台阶。

右上　苏州留园中的鹰石，后有"镜像"。两块巨石分别矗立在不同的庭院，使得两者之间的窗户仿佛像是镜子似的。此园不乏这样的视觉游戏——对何为"真"和"假"进行充满创意而又令人愉悦的把玩。

右下　苏州怡园中有镜子的亭子。此亭后部的"洞"，其实是一面镜子。

10　英译自喜龙仁《中国园林》。

法。对此，《园冶》再次告诫有教养的文人，应该提防那种园林雕塑师，他将园林这一宁静的憩息处变成陈列奇特动物的动物园。"历来墙垣；凭匠作雕琢花鸟仙兽，以为巧制，不第林园之不佳，而宅堂用之何可也。"[10] 在这里，装饰逃逸出窗框，开始侵占墙本身的空白面。但是，倘若文人读者依旧未信服的话，就要向他警告过度装饰的进一步危险："雀巢可憎，积草如萝。"

左上　上海豫园木格窗中的仙鹤图案。

右上　金属线支撑的泥质紫藤图样。苏州狮子林中四个一组的窗户之一。

左中　有叶子、花瓶和"寿"字图样的泥质方窗，四周是梵字图案，苏州。

右中　圆窗，苏州。

左下和右下　北京颐和园朝向昆明湖的窗户。这些小窗都是双层玻璃，而玻璃上则有小画。节日的夜晚，窗户上的反光照亮了下面的湖面。

露天长廊和格子窗

沿着墙前行,有时又穿过偏离原路的空间——游人会发现中国园林中独特的蜈蚣状长廊,上有屋顶,两边则敞开。这种长廊(或廊坊)蜿蜒地上山下山,将各个亭阁、门洞连成一片,同时也像屏风那样对空间进行区隔。童寯谈及,长廊"一气呵成"地将园林整合起来,[11] 而《园冶》也强调,"长廊犹胜"。它们既是观景时的装饰性景框,

南京随园,选自麟庆《鸿雪因缘图记》的木刻,19世纪。此园曾属作家袁枚所有,以其有屋顶的长廊驰名,不论什么季节都可以在园中穿行。从这一木刻看,长廊似乎只是将园林中湖的北岸部分连接起来了,但是,那些桥和堤道却可以让游客在水上漫步。袁枚去世30年之后,他的儿子们曾修缮此园以尽孝,其后毁于太平洋战争。

11 童寯:《江南园林志》。

左　北京后海前满族亲王园林中有屋顶的长廊。在这一座规整的北方园林里，湖呈不规则形态，四周所围却都是直线。在南方的苏州园林里，各种长廊从容地蜿蜒穿过园子，或者随意地在亭阁间曲折穿行。

右　苏州狮子林门口庭院里的栏杆局部。

又是在茶室、厅堂、亭和斋之间走动时可挡风雨的通道。18世纪的作家袁枚曾说过，他甚至可以在冬天里享受他的园林（南京随园），因为长长的走廊"相互相接，故若打雷闪电刮风，亦无须停步"。[12]

作为一位18世纪的访客，王致诚神父对圆明园有如此曲折而又开放的走廊感到惊讶，因为："奇怪的是，（它们）从来不是笔直的。它们千回百转，有时隐于灌木丛后，有时藏于石头后，有时环绕湖水；没有任何东西是如此宜人的。所有这一切给人一种乡村般迷人而又令人振奋的印象。"[13] 这种魅力一部分来自既在其内同时又在其外的非凡体验，另一部分则来自装饰性的格子窗，它们排在回廊一侧，要么恰好高于眼睛，要么低于膝盖。这种格子窗又被支撑屋顶的细柱子截成一段一段的，像是为每一段路给出的稳健节奏。路上各处均有歇脚的地方，要么是长廊加宽半米处，要么是转向的位置。

恰似整个园林迷宫本身，这些长廊栏杆上的图案也复杂到令人眼花缭乱。它们对抗简易的解码，相反，提示了无穷尽的几何关系，这取决于哪些元素被当作图像或底子。《园冶》归总了约六十种不同的图案——就如人们或可预料的那样，倾向于简单且又连贯的，而非繁复的。作者似乎偏爱的形式，采用的是连续的、不断重复的几何图形，因而在视觉上有跃动感。这样的设计既简单又迷人，但又并非那么夺人眼目，所以并不损害栏杆外由灌木和树组成的鲜活的图案。[14]

除了用作长廊的装饰外，细木格子也用于亭台楼阁的门窗上。很多时候，它是由长方形的图案构成的，原因显而易见，这种形状能最合人意地纳入建筑的构架中。但是，这些简单的形状有时会通过将某些方形削成星形或中央十字、万字纹，或 S 形、U 形的卷云纹，从而焕然一变。在过去三百年间，万字纹是最受喜爱的。将其置于某一图案里，就有可能象征富贵和长寿，因为它关联着中文的"万"字——"永远"或"无数"的同义词。一组万字纹构成的 L 形与刷子手柄图案是一种极其多义的形式，而且，也比较容易制作。

窗户（甚至那些很有装饰性的窗户）具有重要意义，不时用来描绘窗户的一种比喻强调了这一点：它们是一所房子或楼阁的"眼睛"。没有窗户，此地就是失明或死亡了的；有了窗户，就有了生命。

桥与路

在功能与装饰方面，与廊（或露天长廊）密切相连的是路与桥，后者让散步者继续前行，此时是进入露天区域。典雅的桥梁会采用栏杆的图案，有时是在大理石上复现，而用石子、砖或卵石镶嵌铺成的路则会采用"冰裂"图案的形式。对不断重复的主题的这种转换，显然有助于统一各种各样的空间，同时让游园途中的无数不同景致变得和谐起来。其中或许会有一座精致的桥，可能采用白色的大理石砌成，

12　保罗·克利福德为我英译。袁枚认为，随园是《红楼梦》中园林的范本。关于他的生平，参见阿瑟·伟雷：《袁枚：18 世纪的中国诗人》（伦敦，1956 年）。

13　王致诚致友人 M. 达索的信。这里的译文采自霍普·丹比：《圆明园》（伦敦，1950 年），第 69—78 页。

14　在《园冶》（1631 年）之后，我发现，对中国栅格结构唯一进行分类的就是丹尼尔·希茨·戴伊的著名著作《中国栅格的语法》（麻省剑桥，1937 年）。虽然此书既没有竭力包罗万象，也没有展示专属于园林的设计，但是，希茨·戴伊的著作尤其对惊人的复杂性与丰富性有着良好的意识。

桥身半月形的曲线，与下面水中的倒影合成满月，栏杆则雕成莲花或狮子的形态。不过，在比较朴素的园林里，朴素的石板就可载游人走过溪流，或拼成九曲桥，通往湖心亭。

沿着园林步道的路面镶嵌进一步形成特色。有些图案是简单和粗糙的，像是用砖头竖着拼成的人字形平行花纹。另一些用不同颜色的鹅卵石、石片和竖着的瓦片等，让设计者得以创作所有种类的精致几何形状，甚至再现花鸟。颐和园、中山公园和北京紫禁城御花园都有迷人的卵石图案：金鱼、历史场景，甚至汽车和骑自行车的人等，苏州（文人雅士的中心）的留园，则以飞鹤和佛教符号的自由图案而出名。

通往湖心亭的九曲桥，广东一所招待外宾的旅馆中的园林。由于邪气只能直行，此座置于水上的小亭完全不会受不良影响的侵扰。热带气候下的池塘满是郁郁葱葱的水草，还有数量可观、叫声不绝的牛蛙。

右　石头垒的桥，苏州。

左　大理石桥，北京颐和园。

右下　紫藤桥，苏州留园。

底部　带亭子的桥，北京颐和园。

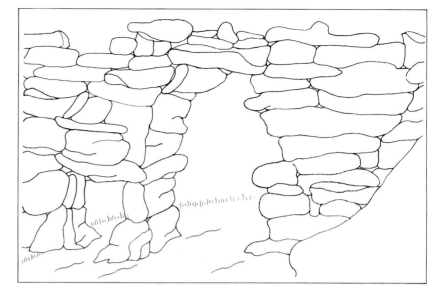

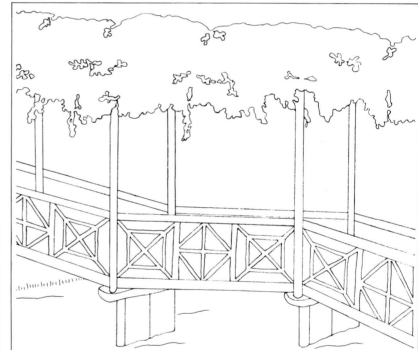

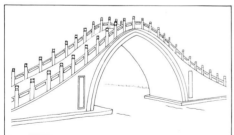

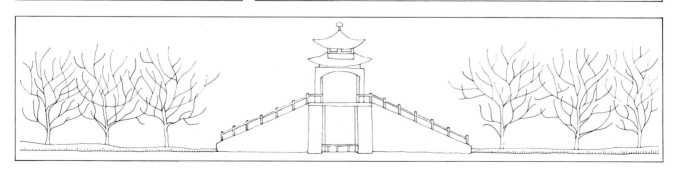

左页

左上　苏州网师园庭院中的卵石镶嵌图，中间为仙鹤与松树（长寿的象征），四周是蝙蝠（谐音"福"）。

右上　御花园中的老虎镶嵌图，北京紫禁城。

左中　御花园中的牡丹图案路面，北京紫禁城。

右中　有骑马将军攻城门图案的路面，北京紫禁城。

左下　江苏同里镇退思园中的路面，"寿"字四周为秋海棠。

右下　退思园中的路面，中央为鱼，前景为蝶。

本页

上　露天门道，苏州拙政园（参见第250页平面图）。在这座南方园林中，处处白墙蜿蜒，将此园分成许多像是山水卷轴画中的"空间细胞"似的单元。

右　有历史剧人物的路面，北京紫禁城。

除了这一切，使那些路面有异于西方的，是图案的不断变化，还有节奏的改变，由此表示一种功能的变易。在中国园林里，游客即使游览时只看脚下，也不难意识到景致的变化。卵石镶嵌的路面界定出不同的空间，同时强调了氛围的变化。有的卵石镶嵌或许是中规中矩的几何图形，而接下来的则可能是温柔妩媚的，形成一种绣毯般的私密氛围。

左上　园林内墙，苏州拙政园。顺着墙是一条露天长廊，在此分叉形成了白墙上竹叶疏影的框架。

左下　竹叶疏影，苏州拙政园。

右上　卵石拼成的图案，北京颐和园。

狮子和对联

在中国园林里信步时，游客会意识到那些让人注意周围空间的小元素。它们或许是置于桌上的一株盆景树，或一个瓷凳，其中最为重要的是门上或入口两旁的题词。这些标志虽然在功能与形式上颇不相同，但是，它们均是用以界定某一地方，甚或说明相关感受与功能。门上方的黑匾或宣扬一种道德，或为下一个空间单元提供一种诗意的描述；而门两旁的一对猛狮则意在表示欢迎并令人留下深刻印象。

依照传统风格安置在豫园大门前的一对石狮后仰并露出兽齿，而园内的铜狮则扭头看着地面，一爪举起，仿佛吼声可闻。它们有卷曲的毛发和狗的特征，显得既相当凶猛，同时又很美且驯服。在皇家园林里，其他象征性动物（尤其是鹿与诸如龙和乌龟这样重要的爬行动物）的雕像，以及大型香炉，都常常是置于堂前，为接待区域增添形

北京颐和园十七孔桥桥头附近的铜牛。这一尊刻有乾隆皇帝书法的精美动物，是专用于安抚难以相处的龙王，否则后者会在此处引发洪水。

式上的对称感。不过，雕像之于中国园林并不像在西方大型园林中那样重要。确实，英国 18 世纪公园中的古典女神与希腊式的神殿所起的作用，在许多方面，就像书写的语词在中国所起的作用一样。中国人不是通过修建古代风格或模仿古风雕像以刻意唤起人们对过去的丰富感受，而是以精美的书法在亭阁入口上书写精心选定的名字。这样的名字远不只是功能的提示，它将游客进入亭阁的体验置于文人能心领神会的历史以及诗意的语境中，就如他周围的诸种形式会触动他的感官一样。

中国园林自由地点缀着这种牌匾，就如中国画添有各种题记一样。在绘画中，书法的添加（各种各样的评述和短诗）以及藏家的印记都提升和发展了画的主题。而且，同样重要的是，还提供了一种具有权威性和来历的证书，为对象赋予了深度与意义。这样的题记常常写满一幅山水画的天空处，而且，甚至可能如同一个贪婪地主的围墙那样，强行进入画面中的山麓丘陵。这些印记以及书法的穿插，就如西方图像上的说明文字，但是，中国人允许用其来平衡构图。然而，最为重要的是，它们提供了连续不断的评点、反复呈现的意义，以及历史的裁断等——各个时代的洞见卓识。没有这些，画就是不完整的。在中国，一座园林可与一幅山水画相比拟，而园林中的题词恰与画中的题记相对应。

园林中常见的三种文字分别是：名字、对联和游客表达赞誉的诗篇，这些诗篇常常是纪念特别愉快的日子或雅集。据说，有钱的商人为了获得文人的尊敬，会举办铺张的园林聚会，希望其名声不朽于诗文。那么，可想而知，他们得到园林，当然与其说是为了深刻地欣赏"山水"，还不如说是为了达到上述目的。这些应景诗作镌刻于黑亮的石板上，并嵌在园林墙上。苏州著名园林的墙上布满了这样的题词，

上　铜狮，北京紫禁城。
中　铜龟，北方的象征，北京紫禁城。
下　驯顺的铜跪象，北京紫禁城。

而且，它们在整个中国确实十分常见，以至于有两座历史名园就是因为根本没有这样的题词而显得非同寻常。在那里，游客觉得缺了点什么，在某些方面，园林似乎没有完工。好好地打理园林，就要提升其历史的丰富意蕴，直至最后变成另一种迷宫——由文人阐释和精选隐喻所构成的精神迷宫。

除了诗意的评论为后世记录了曾经到过的文人的卓识与感受外，中国园林还有许多细心选定的名字——"滴翠峡""秘云洞""鳄渡秋风"[16]"百步桥"等——它们不仅仅只是名称而已，而且，还作为路标指示一条真正通往美善的快速路。理想情况下，这些牌匾会提升某种适得其所的心境，让人想起恰切的隐喻，同时是对古典文学的谨严参照。真正优雅的命名以其确定的联想显现出对传统文化及其所有固有关联的理解，但同时也是一种创造性的选择，将个人的新见添加在旧的意义上，由此，就延伸了传统，并使之葆有活力。因而，题名是一项愉悦而又严肃的游戏。

《红楼梦》中有一个著名的章节表现出这项游戏可能既棘手又有趣。这段文字涉及为新修的贾家园林起名，此园是专为新近晋升为贵妃的女儿元春而建的。为各个部分题名，作为一种文学才能的考验，贾政委托给了次子宝玉，以便检视他的学业是否合格，以及创作方面是否出新而又不过于离奇。父亲贾政思吟着能否在贵妃驾到之前题名

左上　入口处牌匾，北京。[15] 遒劲的书法笔触背衬色彩鲜艳的屋檐图案。

左下　苏州沧浪亭石碑。此碑刻录了乾隆皇帝的一次游幸，而他以自己的书法为傲。北京北海公园有许多亭阁的名字也是由这位皇帝手书的。

右　刻有诗文的碑，苏州网师园。这些诗篇记录了游园之乐，也为后来的参观者添增乐趣。

15　此指颐和园中的"意迟云在"亭，含义取自杜甫《江亭》中诗句："水流心不竞，云在意俱迟。"

16　原文为"The Wind of Autumn over the Ocean of the World"，意即"四海秋风"。但是，由于原作者未注出处，就不能确定是指哪个园林。此处按原作"导言"作者夏丽森博士的建议，列了一个意义有点接近的景点。——译者注

左　有窗及书法的过道，苏州。右边圆窗犹如园林景致的框架；左边的格子窗将参观园林的人与围墙外的市井生活隔绝开了，但也以毛玻璃采光。前面一堵有碑刻的墙，则让人边漫步边凭吊。

右　刻有毛主席的战友朱德将军书法的石头，广东兰圃。题为《游越秀公园》的诗如下："越秀公园花木林，百花齐放各争春。唯有兰花香正好，一时名贵五羊城。"留有朱德的签名和日期"1961年3月3日"。

17　这段文字和后面的引文采用了霍克斯的译著，《石头记》（哈蒙兹沃思，1973年），第324—347页。

完毕。有意思的是，除了实际掌管园林修建的贾珍之外，家中诸人此时都是第一次参观该园林：

> 这匾额对联倒是一件难事。论理该请贵妃赐题才是，然贵妃若不亲睹其景，大约亦必不肯妄拟。若直待贵妃游幸过再请题，偌大景致，若干亭榭，无字标题，也觉寥落无趣，任有花柳山水，也断不能生色。[17]

最终，一位相随的清客想到了一个折中的办法：暂定的名字可画

在临时性的纸灯笼上，贵妃在巡视此园后将最终确定名称。还需要灯匾联悬，因为除了每一地方的题名（水平写于门楣上或亭阁檐下）外，任何雅致的园林都会有书法挂轴那样的对联书于成对的竖匾上。

宝玉和父亲由随同的文人清客陪同，一起遍览新修的园林，评议其令人惊艳的风貌，构思工巧的楹联。第一个文才诗情的测试是在他们进入大门刚开始爬山之时，山上有镜面白石一块。显然，这是迎面留题处，因而，清客们想出了三十个的名字，大多为陈词滥调，均逊色于宝玉后来想出来的对额：

众人听说，也有说该题"叠翠"二字，也有说该提"锦嶂"的，又有说"赛香炉"的，又有说"小终南"的。

如此，只是敷衍提及两个俗套的隐喻和两种现存的山景，以便让宝玉小试牛刀。他抓住了这一良机，只略微讽刺了文人的卖弄，但仍强调了援引传统的重要性：

宝玉道："尝闻古人有云：'编新不如述旧，刻古终胜雕今。'况此处并非主山正景，原无可题之处，莫若直书'曲径通幽处'这句旧诗在上，倒还大方气派。"众人听了，都赞道："是极！"

众人通过一条岩洞通道进入一处"人工山谷"，只见佳木茏葱，奇花闪灼。这一描述隐含了这样的意思，众人到了山间一片平坦宽豁、清净的田园美景中。然后，宝玉为一座亭子所题的"沁芳"（更写实）换掉了"泻玉"，并在趣味与对应性上承续了《醉翁亭记》。

天一阁藏书楼建筑，建于16世纪，浙江省宁波。

　　他为匾上选了两字，接着就得再作一副七言对联："宝玉听说，立于亭上，四顾一望，便机上心来，乃念道：'绕堤柳借三篙翠，隔岸花分一脉香。'"众人赞同此对联既有想象又恰如其分，正是传统和隐喻的绝配——至少他们的点头和夸赞看上去都表明了这一点。

　　一行人继续前行，到了一粉垣后极为幽静的地方，他们在小泉边找到了一个翠竹遮映下的斋——深山云雾袅绕的文人草堂的象征。贾政否定了好几个由清客提议的名字，因为它们都太直来直去了，接着就用责难来稍加掩饰自豪，接受了他儿子的建议："有凤来仪。"但是，他不太喜欢儿子的对联，而且，如同一个专横的学堂师长，他暗指宝玉的想象俗了一点。

复杂的题名仪式——在这里，是造园过程中最有意味的活动——持续了不知多少时间，涉及假山、朱栏板桥、芍药圃、正殿、观览台、尼庵，以及一棵西府海棠等，最后则是隐于林中的一处丹房。在这里，每一个人都领略了神奇的迷路效果，而这正是园林建筑的精华所在。因为这几间屋分不出间隔（自相矛盾的说法），而是由通道、壁龛、回廊以及隔板墙组成。"四面皆是雕空玲珑木板"，雕花主题包括"或'流云百蝠'，或'岁寒三友'（松、梅和竹），或山水人物，或翎毛花卉，或集锦，或博古，或'万福万寿'，各种花样"。迷路的效果更因假窗和假门而有增无减：

> 原来贾政等走了进来，未进两层，便都迷了旧路，左瞧也有门可通，右瞧又有窗暂隔，及到了跟前，又被一架书挡住。回头再走，又有窗纱明透，门径可行；及至门前，忽见迎面也进来了一群人，都与自己形象一样，却是一架玻璃大镜相照。及转过镜去，益发见门子多了……贾珍笑道："随我来。"仍在前导引，众人随他，直由山脚边忽一转，便是平坦宽阔大路，豁然大门前见。

贾家园林，一个似乎时空无限的迷宫，意在通过精巧的布局，竭力营造惊讶感和吸引力，而这被认为是最深刻的不朽的象征，也是无限之道的标志。这就容易理解为什么一座中国园林可能被认为是一种非凡的宗教体验了。

石头与水

石头崇拜和石头热

西方游客常常会为他们在中国园林里发现的石头而倾倒。它们弯曲得奇形怪状，大并且呈灰色调，成为园林主要的景致，颇似英国园林里引人注目的花坛。西方人有可能对这样的雕塑形态感到困惑和好奇：为何石头那么多？为何深色的畸形巨石占据那么多的空间？虽然它们甚至令人觉得有点奇险，但是，却疏离于我们偏爱的绿色植物、色彩以及明快的趣味。中国人的这种奇特嗜好有好几个原因可循，但都源自一种对山的神奇观感，以及拜石所置的高度形而上的层面。用"崇拜"来形容并不言过其实。中国人喜爱和敬重石头，差不多就像我们赞美和收藏宗教圣像一样。

在古代，当群山似乎充满了超自然的力量时，人们就开始产生对石头的喜爱了。在中国，五座圣山逐渐变成了大地中心及其四方的象征。

人们认为，仙人就居住在昆仑山或东海的神奇岛屿上，而任何到过其居所并与他们交谈过的人，或许都能得到长生不老的奥秘。汉代时，汉武帝通过修建那种模仿仙人在岩石岛上居住的住所，竭力诱使仙人下凡到其园林；而袁广汉则修了一座假山，是众多假山中的第一座。对司农少卿张伦在6世纪修造的一座园林的描述，显现了这种假山的某些特征，而且暗示其把握了中国人的感受性：

左　上海豫园。由一名退任的官员在16世纪为其老父享乐而修建的豫园，内有若干块名石做点缀。

右　《职贡图》[1]（局部），传唐代画家阎立本作。供奉汉代皇帝的贡品中，有些是石笋状的奇石，上面有令人好奇的孔和凹处。这种异域风情的进贡品也包括了一件小型盆景。

1　此画绢本设色，61.5厘米×191.5厘米，现藏台北"故宫博物院"。——译者注

2 杨炫之的描述,由亚历山大·索伯英译,见苏立文《中国山水画的诞生》中的尾注,第 197 页。北魏孝明帝(515—528 年在位)时期的司农少卿张伦,在洛阳修建了自己的园林。

张伦造景阳山,有若自然。其中重岩复岭,嵚崟相属。深溪洞壑,逦迤连接。高林巨树,足使日月蔽亏。悬葛垂萝,能令风烟出入。崎岖石路,似壅而通。峥嵘涧道,盘纡复直。是以山情野性之士,游以忘归……[2]

甚至,巨石或奇形石长久以来都被认为是充满了力量的,当地人奉其为神。人们认为,这些石头凝聚了自然的野性力量,而通过共感

巫术，这种力量也可能会给予园林主人以某种不朽的品质。在唐代，对单块石头的欣赏——如今既是审美活动，也是宗教活动——被提升到鉴赏的高度，当时有学养的绅士，诸如李德裕和牛僧孺在政治上虽是对手，却都曾亲躬而为，为自己的园林收集精美的石头。在 11 世纪和 12 世纪，曾出现一阵特别疯狂的拜石热，徽宗皇帝的奇石收藏削弱了整个帝国的财政。如今以精美书法和诗歌而驰名的米芾，是 12 世纪著名的石头爱好者，他的想法则较适度。他似乎天天要在自己的

左　《拜石轩》，选自麟庆《鸿雪因缘图记》的木刻。此轩位于北京半亩园，原为 17 世纪作家李渔设计，用以摆放其收藏的石头。1840 年代，由麟庆总督修复，他在画中的走廊上欣赏一块精美的太湖石。轩中可见其他陈列，包括左侧的石屏，此由整块上好的大理石制成，上有天然的曲折纹理，像是群山连绵。

右上　假山，北京紫禁城御花园。活树长在巨大的石桩中，穿插其间的是石化了的树干。

右下　石头山，苏州狮子林东北角。近观的话，在岩石间不断游观的视线很难集中在一个地方。现代护栏被添加在左边横跨于深沟的石桥上。

园林里对着一块巨型奇石深深地鞠上一躬，并将此石称为"石丈"。六百年之后，"石头热"再次兴起，并且一路高涨，直至19世纪。当麟庆在1840年代修复北京半亩园里的拜石轩时，他就以一种更大的力度延续着这一早已有了两千多年历史的传统。

中文里的"山水"即风景，其字面上的意思就是"山与水"，这两种元素的组合必然让人想到仙人之岛。它也意味着阴和阳、男性力量与女性温润的基本对立，而在审美方面则令人愉悦地将粗糙与细腻、静石与流水予以并置。这些配对在我们想起古代的神话时，还具有更深的意味：河为大地身体的动脉，而山则为其骨骼。这些相互对立的系列有助于人们理解中国人痴迷石头的深刻与强烈的程度。山岳、美丽的矿石、陨石，以及打造成奇形怪状的石头等，不仅仅是一种高级形式的雕塑（亨利·摩尔留有粗糙边缘的雕塑），而且还具有累积起来的许多层次的意味。从盛产奇石的太湖水底捞起的太湖石，完美地体现了"道"的创化力量的某种凝聚。

在中国人看来，园林石头所赋予的感受大体上属于入画和野趣。爬登或穿过这些石头，抑或思究其意味十足的形态，人们便会想象自己是栖息在山野之中，面对造化的力量。其体验不是宁静（那是水给予的体验），而是迷茫和不安。这样的反应或与古代的原则相一致，因为，在中国古代造园专著《园冶》中关于石头设计的一个说明提到，石头应该"似有野致"，如"苏州虎丘山"。然而，"似"乃关键词，因为，尽管园林假山或文人书桌上的盆景小山貌似是令人生畏的自然绝壁，然而，其中的野趣感却是约定俗成的。通过对石头的选择和打磨，或是在园林里造一座假山，自然中的野性在浓缩的同时，也变得风格化了。

而且，不管装饰有山谷与丛林的假山显得多么大，也不管描述起

阳朔漓江，广西桂林附近。

"石竹林",北京紫禁城。通过在这些尖如针的石头周围种下真正的竹子,这一角落的设计者为"石竹林"增添了一种游戏感。后面的墙抹上灰泥后刷成了深锈红。灰色石头与翠绿竹叶的对比,显得朴素而又美丽。

来是多么的"嶙峋险峻",它依然是一种微缩,而非真实的东西。除了那些著名的道家隐士之外,对中国人来说,真正的野性并不完全是吸引人的。在微缩的对象上,人们更易于欣赏其中的特性。而且,尽管西方人会暂时自然地对园林中如此众多的曲里拐弯的形态感到心烦意乱,但这种不适意味着要同化于一种更为博大的、形而上的祥和。相似地,在基督教教堂中,耶稣受难像的恐惧感以及怪兽像等,也是让我们接受其直接影响的整个包罗万象的样式的一部分。

石头的布置

李渔与《园冶》均强调,石头的布置并无定规,一切有赖于内在的感受。但是,无疑还是期许有一系列既是传统所强调的也是不同作家予以重申的品质。在胪陈这些品质之前,有必要区分堆山(或假山)、湖与水道的石岸,以及独立的奇石。虽然对所有这三种石头都要求体现同样的品质,但是,其用途与构建是不相同的。假山要么是用许多大石头相互堆砌而成,里面常常形成中空洞穴,要么让许多石头破土而起,就像是某种地下动物露出的肘和牙齿。在后一种类型里,灌木和大树栽在用石头加固的土堆上。另一方面,那些完全是由石头构成和在山溪边砌出的乱石水岸的山上,则常常没有什么植被。为了具有山的效果,石头不应该成排或成片地排列,而且也不应该处理得四平八稳,形成对称的排列;相反,它们应该像山峰那样蜿蜒起伏,形成精致入画的光影变化。按照《园冶》的说法,放置石头的一个最佳位置就是池塘中央;在这里,石头与"飞虹"相配,同时成为通道和洞穴,这就形成了"邀月招云"的最佳场所。

单块巨石常常独蠹在专门赏石的轩堂前,"或点乔松奇卉下";

桌上有支架的石头。这是一块极美的天然小石头，仿佛是从其窄窄的底部盘旋而上，曲线优雅而有力量。

较小的石头置于文人的案头；而那些大而平整的石头，则在园林中用作桌与椅。但是，不管怎么布置，为了显现自然的精粹（依照《园冶》的说法，是"佳境"），有必要既精心选择，又提升自然所赋予的任何效果。

李渔在论及石头时，[3] 强调了整体的构成高于部分的装饰效果的重要性。造山的艺术与写作相似，因为两者的难处都在于整体的结构。他指出，造石者可以从伟大的唐宋散文家那里学到东西，后者以总体的平衡与内在的"气"（气势）为特征；在这样的散文里，整体与细节"浑然一体"。有一个特别的问题，就是某一构成的细节显出流畅的特点，但是，却经不起远看。而另一个问题是，石阵中的一块块石头在比例上往往显得过大。李渔的疑惑在于，我们如何用巨石获得部分与整体的统一感？他的办法是在用石和土制成的小型山景的边上做文章。假如你先用泥造山，然后再在顶上放置石头，那么，便会获得一种自然与艺术的微妙融合，同时，还呈现出各种各样的山径和景观。树、灌木、石头和土等将会融入一个统一的画面，其个别的元素在整体中的情形，就如笔墨在山水卷轴画中一样。这是一个在石景布置的文本中经常被援引的比拟。

另一种堆石的类比与社会性类似，即大小石头应该互补，就如主人与宾客或国君与诸侯的关系。与此同时，当然，还有审美上的考虑，得条痕相配，洞沟相协。一块石头的价值在于有隆起的地方、天然的圆角与凹陷、曲折变化的边沿、刺状的表面或陡峭的轮廓，或横向的纹理；而这种形式特性要么通过对比（置于白墙前），要么通过强化（置于一堆别的奇形怪状的石头中）才能得到自然而然的凸显。不同类型的石头的特性，包括其敲击时发出的声音，都有很好的记录，而可能发现好石头样本的地方的居民，常常以收集石头为生。《园冶》简略地描述了安徽省与江苏省14种不同石头的发掘地，[4]但是，作者也提及，他未及光顾的还有不少地方。

李渔提到，在造假山时，应该在上好的石头中寻找并达到如下三种形式因素，即"透""瘦"和"漏"。这三个字就像在中文里人们司空见惯的那样，其含义是多重的。第一个字的字面意思是"穿过"，似乎意味着人们要么是真正地走过一个通道或洞穴，要么是想象而为；但是，其"多孔""脆弱""透明""隐现"等的暗示，也许更为重要。这些含义与第二种形式因素"瘦"联系在一起，此字意味着雅致的、女性化的弱不禁风也可以在代表着山水之阳（或"阳刚"）的石头或苦修隐士的消瘦中找到。有几幅17世纪的青绿山水画展现了石头可以达到何其精致的地步。有些几乎就像是一种用云母制成的精致物品。此外，"瘦"字也意味着"孤峙无倚""壁立当空"，而且，这些石头确实常常形同倒立。《园冶》提议，应该让那些顶部颇重又宽而底部却较窄而薄的单块石头，像云彩一样飘起来，然后，它们就会"飞舞"，或者具有"悬崖"的野性和可怕的特点。

第三种形式因素"漏"，其字面意思是"漏水"或"滴水"，就此而论，指的或许是石上有眼并上下相通，而理想的效果是石头上布满这样的小洞。"漏"的佳例，便是上海豫园的玉玲珑，其"漏"也被称为"眼"，它们朝向四方，无所不见，因而意味着智性。

当人们读到《园冶》描述的各种各样的石头类型时，有关石头鉴赏家的形象便浮现出来了——一个极多才多艺的文人，有点像唯美者，有点像神秘主义者，又有点像手持刷子的女仆（更确切地说是女仆的主管）。许多石头须清理，有时候要稍作加工，譬如，出自苏州一带的灵璧石：

冠云峰，苏州留园中一块获得美誉的石头。

3　李渔：《闲情偶寄》，见《李渔全集》（台北，1970年），第5节第1部分。
4　即太湖石、昆山石、宜兴石、龙潭石、青龙山石、灵璧石、岘山石、宣石、湖口石、英石、散兵石、黄石、旧石、锦川石、花石纲和六合石子。——译者注

……岁久穴深数丈，其质为赤泥渍满，土人多以铁刃遍刮，凡三两次，既露石色，即以黄蓓箒或竹箒兼磁末刷治清润，扣之铿然有声。石底多有渍土，不能尽去者，度其顿放，即为向背。石在土中，随其大小，具体而生，或成物状，或成峰峦，巉岩透空，其眼少有宛转之势。或多空塞，或质匾朴，或成云气日月佛像，或状四时之景，须借斧凿修治磨礲，以全其美，或一面或三四面。[5]

我们想象一下，石头收藏家为其爱石而孜孜不倦——观察凹陷和洞穴、表面色泽与肌理；敲击一下标本，听听发出怎样的乐音；琢磨着这像一头狮子，还是一尊菩萨，或者像云阵和山水；如果要是他信奉道家并有研究倾向的话，就会评点矿脉，以及怎样运用其某种神奇

左　石狮，苏州狮子林庭院。狮子林里有许多石头貌似狮子的头和躯体——这头欢快腾跃的狮子比起其他的显得更为逼真。事实上，狮子不是在中国土生土长的动物，因此，它几乎是艺术家可以依凭形象而描绘的一种神兽，不受制于对现实中动物的任何直接的感受。

右　堤旁凉亭，无锡蠡园。堤与树木将大湖与小池加以区隔。如果没有它们，山与水就会意趣大减。

的巫术或者至少其具有的药用功能；甚或在想它是否已有色彩，它是否被烟熏或染色，以显现一种鲜亮的多彩。石头上有一层红土？它一定是昆山石。刮出凹陷并敲击，如果闷而不响，那么就能证明其产地，而石头的前途也就有答案了——它肯定是用于盆景，而非一座大型假山的一部分。

杜绾编纂于1125年左右的《云林石谱》，为我们提供关于太湖石的详细描述：[6]

> 此石最高有三五丈，一种色白，一种色青而黑，一种微黑青。其质纹理纵横，笼络起隐，深水中绞而出之。最佳者石面偏多坳坎，谓之"弹子窝"。[7]

这些弹子窝是波浪捶打而成的，而波浪在暴风雨天气里将那些较

5 喜龙仁：《中国园林》，第26页。

6 正文中的引文大概因为意译，与原文有差别。《云林石谱》中的原文为："平江府太湖石产洞庭水中，石性坚而润，有嵌空穿眼宛转险怪势。一种色白，一种色青而黑，一种微青。其质纹理纵横，笼络隐起，于石面遍多坳坎，盖因风浪冲击而成，谓之'弹子窝'。扣之微有声。采人携锤錾入深水中，颇艰辛。度其奇巧取凿，贯以巨索，浮大舟，设木架，绞而出之。其间稍有巉岩特势，则就镌治取巧，复沉水中经久，为风水冲刷，石理如生。此石最高有三五丈，低不逾十数尺。间有尺余，唯宜植立轩槛，装治假山，或罗列园林广树中，颇多伟观，鲜有小巧可置几案间者。"——译者注

7 薛爱华：《杜绾的〈云林石谱〉》（伯克利，1961年），第52—53页。

在自家亭子里的史学家司马光,《独乐园》[8]（局部），仇英画于约 1510—1551 年（参见第 134—135 页）。在理想的中国山水画中，山水是不可缺少的元素，而有权威曾说，"无亭不成园"（参见第 185—186 页）。

8　此画绢本设色，28 厘米 ×518.5 厘米，现藏美国克利夫兰艺术博物馆。——译者注

小的和较硬的鹅卵石磨成了多孔的石灰岩，从而变为太湖石。虽然货真价实的太湖石会因为后来人为的修饰而失去价值，但是，当地有人以造石为业，喜欢把品种合适的石灰岩扔进湖里，以让其有经历自然蚀变的过程。石头上的洞越大，它就越有价值，越精美；与此同时，断裂的风险也越大。巨大的石块变得越来越稀少，由此获得了昂贵的价格。常常有人提醒鉴赏家防范伪造。

如《云林石谱》所界定的那样，太湖石可归为"巴洛克"的范畴。"巴洛克"石头是那种"奇特""非凡"或"不可思议"的石头。与这一类别相对的是"原生"一类，其以拟态而显出价值——天然蕴含的色泽肖似云彩、群山或森林，或貌似动物、神灵或龙等。

在苏州狮子林，如云翻滚的堆石常常肖似狮子。假山是名僧惟则的弟子在1342年布置的，据说是为了怀念惟则以前的居住地——天目山上的狮子岩。因而，狮子林是一种双重的模仿，既是一座真山的替身，也是一座外形像狮子的山。当访客穿过或环绕着这些假山时，在石头与洞穴，以及苍松、古老的树化石和石灰岩石笋（称为"石竹林"）的顶端之间，会屡屡显出狮子浓密的鬃毛、嘴、尾巴和爪子等。所有这些因素彼此争奇斗胜，正如面对某种光效应艺术和伊斯兰图案那样，眼睛在目眩的光影与虚实中不断地移动。当人们再在这一点上增加各种各样暗示的形态（名副其实的罗夏测验）时，就不难看到观者对于大小的感受是怎样变得模糊起来的，因而，在园林里，空间与时间都被搁置了。容易想象的是，当白天参观的导游和游客离去，仙人们——丑不堪言，或许还是醉意醺醺的，却在奇异天国里得到天启——将在园里的鹳背上显身，并在园林中央湖面倒映着的奇峰中闲逛。

水

俗话说，"有山必有水"。当魏明帝（226—239年在位）发觉其园林唯独缺水时，他便命人装了脚踏水车以人工取水。唯有如此，园林才被认为是完整的。在中国人看来，水在园林中不仅仅是实在之美，而且，也与山构成平衡，再现了处在完美和谐中的自然的整体性。我们曾提到阴阳的互补性，而这种法则也颇为明显地适用于山与水。在这里，山代表着阳性——正直、光明、坚硬、嶙峋；相形之下，水则通过阴性而体现为容纳、服从、潮湿、黑暗。不过，《论语》中的一段名言却逆转了山与水的阴阳关系——水成了主动的原则，呈现为快

杭州西湖小瀛洲。此洲由田字形的堤道在湖上隔出四个荷花池。传说这是1089—1091年间任杭州太守的诗人苏东坡所建,但是,小瀛洲园林的一部分魅力则来自很晚期的建筑物——显然是随意点缀的亭阁和九曲桥,它们刻意打破了小瀛洲本身的对称性。

假山一角，苏州狮子林。此园与其 16 世纪原初的样子（参见第 163 页）已经大相径庭，如今园内有苏州最大的假山。内部是由蜿蜒曲折的洞穴、深坑、溪谷和通道等组成的迷宫。外部不同的形态则像是动物、人脸和人物等。

速的流动；山则是被动的、反映的原则，因为它保持着稳定和静态。所以，这段名言曰："智者乐水，仁者乐山；智者动，仁者静；智者乐，仁者寿。"⁹如同其他事物一样，山与水本身总是包含着其映照的对立物的某些方面。

人们注意到，中国的传统园林通常并不采用喷泉，因为这些喷泉逼迫着水逆其本性而为。总体而言，这是对的，但是，在皇家园林里却有一种颇有活力的传统，即安放异想天开的嬉水玩具（叫作"水饰"），顷刻便让历朝皇帝龙颜大悦。在12世纪的北宋都城开封，有一对白狮背驮手指喷水的菩萨。后来，元代（1206—1368）最后一位皇帝也有一系列专门为其新建的喷泉，与隋炀帝（他的骄奢淫逸我们早已提及）时期相似，喷水头上配饰了会舞动的球、会动的老虎模型、喷吐香雾的龙，以及装有旋转机械的船只等。对水的"非天然"运用的最后一次大排场，是乾隆皇帝委托天主教耶稣会传教士蒋友仁等人设计的圆明园的"西洋楼"，其中有一系列与原型同等大小、会正点喷水报时的动物。

尽管私家园林并不尝试这样的展示——其被视为有点像蛮夷的新玩意儿——但是，它们却确实采用龙头泉水，清水从龙头多鳞的嘴中喷向平静的水池。同时，造园者只要有可能，便喜欢将不同的水声包括其中——水流过小卵石和大石块时的咕噜声、陡峭溪谷冲下和从竹管尽头淌下的声音等。这类效果自然可以在如谢灵运和白居易那样的诗人所建的简朴寓所的山地中寻觅到，不过，中国园林最具特点的用水是强调其阴性的方面，即强调水作为山景的一种平静的对立与平衡。

20世纪的中国建筑学者杨鸿勋指出，正是水首先创造了温和、宜人而又充满生气的气氛，因为，水最好不过地体现了活力，是园林的

右上　北京紫禁城龙首泉。

左上　七星岩，广东省。

左下　无锡蠡园四季亭之夏亭，左侧为春亭，是1957年为这座20世纪早期的商人园林增建的。虽然池塘实际上是通过堤道从湖那儿"借来"的，但是，在视觉上，观者却"借景"了亭子后延展的湖面，使之成为园林的一部分。

9　阿瑟·伟雷译，《论语》（伦敦，1938年），卷6，第23句，第121页。

最高境界。没有任何别的东西，会如一个大湖那样，创造出同样宁静的效果——雾气袅绕的水，了无痕迹地融入湿润的山景和云彩。在这些地方，游客"独立凭栏"，确实是"心旷神怡"。[10] 然而，真正无边无际的地平线并非园林所拥有的。正如借景于山一样，虽然此景基本上是遥不可及的，但是仍然需要建筑和曲径等来为之增色，因而，大湖的两岸就需要有建了亭子的小岛或小洲，以增加距离感并呈现一种置身于"十里烟雨，海天一色"画面中的感受。[11] 甚至在当时浩瀚的太湖边，只要对自然略微加工，也会有焕然一新的景致。中国驰名的优美景点的小湖基本上都是人工修建的。杭州西湖、颐和园昆明湖，以及广东七星岩湖，或多或少都是在古代湿地上建造的，但经过精心疏浚和垒堤筑坝，它们已显得比自然还要自然。

诗人苏东坡曾将西湖拟人化为一位"淡妆浓抹总相宜"的少女。与许多其他的湖一样，西湖曾被扩充，然后缀以洲、亭、堤和桥，将不规则的水岸线与石头垒成的堤岸所具有的精致的艺术意味都显现了出来，并且，它们都以山丘为背景，将其映照在水面上。

半圆的拱桥在倒影中形成圆满的圆形——在中国，那是月亮与完满的象征。如镜的水面极大地提升了亭阁与丘陵之美，而建筑物及其倒影则增强了明亮水面的神奇效果。鉴于这些审美缘故与和谐的阴阳平衡，《园冶》曾断言，园林的最佳选址是在湖边可以观赏远处群山的地方。但是，不管园林位于何处，它总得选一个能看到水源的地方，而在没有完全弄清水源与水流之前，是不能挖地基来造园的。造园者会用挖水道与疏浚池塘之后产生的土来堆成山，以增强自然的地形感，因而，即使是在乡间，"挖池堆山"也是中国人造园的一句常用语。

当然，在城市的园林里，这是一种完全准确的描述。在这里，面

---

10 杨鸿勋：《文物参考资料》（北京，1957年），第6期。
11 同上。

苏州拙政园的湖水尽头。依照风水的原理，水不应从一个地方迅速流失，因为会带走该区域的顺势。所以，要在流水离开园林的地方建一座亭子，以使水看上去仿佛还环亭流动着。事实上，亭子却是湖水的尽头，园林也到此为止了。

积颇为有限的水域得表现出理想选址中的广阔湖景。在亭子或大客堂旁挖出来的小池塘，不仅得倒映出建筑物，而且还要令人觉得有深度和距离，而长度几米的流水则要看起来仿佛是从远山流入园林。因此，园林中的池塘与小溪便显得尤其蜿蜒曲折，下一个拐弯处突如其来，典型的中国手法是让小溪从白墙下流过，但却挡住了游人的去路。

在城市的园林里，依照中国园林"分而多样"的原则，水面往往分为许多小且分散的区域，而不是流入一个大湖。苏州拙政园由同样大小的水面和地面组成，并且以其复杂、相互连通的池塘而驰名。事实上，它几乎成为一个水的迷宫——如果不是在平面图上而是实际处

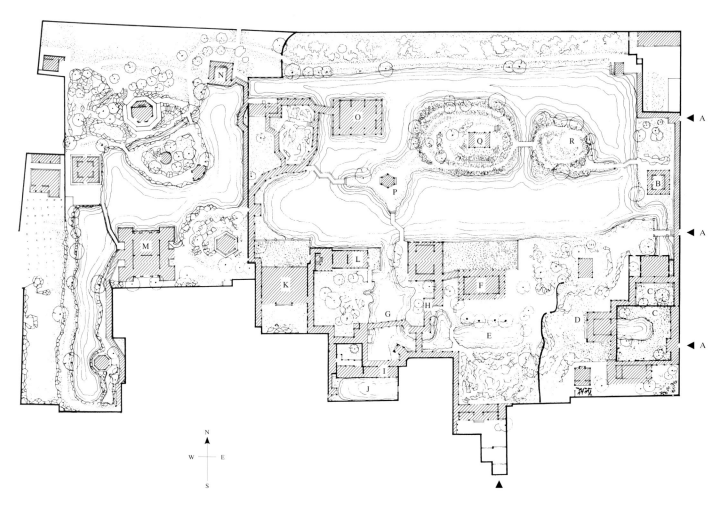

苏州拙政园平面图

- 围墙
- 门
- 有窗的墙
- 用柱子支撑屋顶的矮墙
- 不及膝盖高度的矮墙
- 假山、堆石和小丘
- 树与灌木
- 卵石路面
- 盆景树和盆花

A 东入口
B 梧竹幽居亭
C 小庭院
D 枇杷园
E 深池
F 远香堂
G 小飞虹
H 露天长廊
I 小沧浪

J 志清意远
K 玉兰堂
L 石舫"香洲"
M 有蓝玻璃窗的卅六鸳鸯馆
N 倒影楼（下层为"拜文揖沈之斋"）
O 见山楼
P 荷风四面亭
Q 雪香云蔚亭
R 劝耕亭

身在园林中，那就更难弄清楚了。在这一园林的中央，湖中的洲都是那么大，以至于不可能环观，而在想象中，水似乎是流向其后面无限远的地方。建筑物与一系列的廊桥、有台基的亭子、露台以及墙面等区分，并补充了每一个不同的部分，因而，每一区域的水就显得有所不同。较大的池塘明亮闪光，与位于主客堂（F）后面的阴暗池塘形成对比，后者的堤岸被砌成陡峭的石崖，而高大、黑压压的木兰树又遮暗了水面。越过这一片，便是主要的水域了，它向前流去又转向，经过一个建在台基上的房间，进入一片平静的水域（J）。

在这些九曲十八弯的湖里，水并非总是清澈见底的。但中国人并不顾虑浑浊的水，他们常常美化水的自然状态，将不透明、乳白的流水描述为如同珍珠；绿水则是"如云似玉"，而且，极其欣赏微风掠过水面时的"碧波清漪"。

其他予以发展的典型特性集中于水的清凉与清爽，在漫长的酷暑季节里，这些自然而然地都是人们所向往的，在南方和北京，酷暑时有可能一连几周气温高达三十多度。北京北海公园里的亭子，包括分凉阁、涤霭亭和漪澜堂，仿佛其名字本身能唤来湖上的一缕微风。所有这些效果，甚至声音的效果（由水来强化），都用以突出夏季的凉意——微风中挤满水塘的荷花窸窣作响的声音、雨水落在伞一样的叶子上的嘀嗒声。

确实，水连带而来的诸种乐趣并不亚于其倒影的宁静之美。文人或会在夏天园林池塘中央的亭子里待上一个下午。在这里，俯视着水面下的鱼儿和摇曳的水草，呼吸着微风中莲花和松树的清香，他会获得一种忘我的感受。也许，他会在池塘上架起鱼竿，但并不是真的要钓到什么。接着，他或许会像以前的许多人那样，俯身下去，用手掬起水中之月。

苏州怡园中从墙下流过的水。这里的墙将园林一分为二。一个著名的浪漫故事就是围绕一对表兄妹展开的，他们各自迷恋上了对方映照在水面的倒影，在水岸上有一堵其父辈将园林一分为二的墙。

但是，在讲究的园林（尤其是北方园林）里，流水与湖水并不总是令人获得如此随性的乐趣。在圆明园和满族贵族在北京的大型园林里，水有时被处理成规则的形态，诸如十字形，边上是石工打凿的堤岸，再加上相应形制的亭子。这种高度风格化的效果是有意与园林中其他地方颇为柔和曲折的水线构成一种对比。唐代的伟大诗人白居易在庐山山庄的松树间修"方池"时，或许心中也有一种类似的对比——尽管不那么讲究，但是，满族图案的生硬棱角却依然与南方的文人造园者所追求的天然效果相去甚远。

形而上的反思

我们已经提到在水中寻求的审美性。所有这些品性都有一种更为深刻的形而上或巫术层面的意义，而这种意义不管在后来的几个世纪里变得多么漫无边际或微不足道，也依然有着一种隐潜的作用。然而，当文人在夜里去其园林的亭子中"赏月洗心"时，不管是多么的下意识，他所诉求的是一种可以回溯到具有非常古老渊源的巫术信仰及其图像的系统。在一个善于思考的人眼里，园林中的水之美会具有一种精神性的意味，因为，水是道家最喜爱的象征之一，《道德经》曾说："上善若水。水善利万物而不争，处众人之所恶，故几于道。"[12] 它可以"洗涤"恶行，因而象征着仁慈；它可以平静地找到自身的高度，因而，意味着完美的正直，就如一面镜子一样，其反映没有主观的歪曲。

既然水有这些特性，无怪乎早公元前5世纪，道家将其看成是一个构成世间万物的原始元素。这令人想起古代盘古神话，盘古的身体变成了土，血液则流入河流、溪水——"血液为江河，筋脉为地里"。[13] 这种诗意的想象后来被应用于园林之中——流水是赋予景致以生命的血液，而水则是提供快乐和精神的生动精灵。

甚至连孔子也不回避对水的和谐特点的赞美，而且，他也像道家一样，推荐水的道德品行。他说："平者，水停之盛也。其可以为法也，内保之而外不荡也。德者，成和之修也。"[14]

在中国古代，对每年的降雨周期是如此倚重，因而，难怪会赋予水以一种令人长生不老的力量。许多故事叙述的是那些竭力找寻神仙的人的吉缘良运，他们与神仙共享后者随身携带的小而永不枯竭的容器。倘若长生不老之水生效的话，那么，他们就会变小，钻进双葫芦细窄的瓶颈，这样，他们就得以进入地下的仙宫了。长生不老被称

12 《道德经》，第1、8卷，李约瑟译，《中国的科学与文明》（英国剑桥，1954—1965年），第2卷（1956年），第57页。

13 参见第3章注释5（第83页）。

14 《庄子》，翟理斯英译（伦敦，1964年），第5章，第68页。

作"浪底永生",而石窟或许会导向地下的神仙之居,从而通往天国。难怪我们发现,这些意义直接融入了园林建筑以及修在湖边溪畔的石穴中。

古代传说中的伟大君王在石窟和山上搜寻长生不老之水,他们吮吸从钟乳石石尖和深洞岩壁上渗出的营养水分。通过这样的联想,钟乳石本身就变得有力量了,并且在中国古钟上再现为凸起的钮。君王的这种仪式化的应用被称为"吮吸天钟之乳"[15]——水与女性的关联,为弗洛伊德的奇思妙想提供了应有尽有的惊奇与机会。

既然女性属阴,那么她们就应当与阳的方面保持适度的和谐与平衡。如果天平倾斜于某一边,那么,灾难便会随之而至,而只有通过君王的干预才能重归平衡。因而,极为引人注目的是,当813年的一场可怕的洪灾危及整个国家时,皇帝立即驱逐了坐满两百驾马车的多余宫女,泛滥的河流随之乖乖地退回到河床里。

事实上,女性"代表人体形态中形而上的水"(如美国学者薛爱华所说的那样),"她们在神话与文学中,呈现为可以看得见的湿地以及使之湿润的河道的形态"。[16]

在远古的时候,中国的河神娘娘好像曾是与人无关的有鳞动物,颇像其他文化中的蛇与美人鱼。在中国,她们是和仁慈、赐雨的龙(中国艺术中耳熟能详的形象)联系在一起的,代表水的两种不同方面。薛爱华解释说,蛇形女是"湿润的集大成,是阴凉、受动的泥地,或者湖与沼泽;(而相比之下)阳刚之龙则是主动落下的雨水"。[17] 数个世纪以后,龙变得越来越雄性化,而女性的河神则不再有鳞,变得妩媚无比了。因而,在中世纪的时候,在人们眼里,长江三峡某一部分的保护神就变成了以漂移的雨或晨雾笼罩起来的形象。唐代诗人在河神庙边写下浪漫的诗文,纪念古代一位国王与河神女相爱而使国家

---

15 石泰安:《远东小型园林》,《法兰西远东学院公报》,1943年,第42页。
16 薛爱华:《女神》,第7页。
17 同上书,第29页。

兴旺的故事，她也被称为彩虹女，而雨虹和雾霭都是与其超自然的繁殖能力联系在一起的。

如果在晨雾中欣赏湖面与堤道，它们并不亚于月光下的美景。在有些地方，河神娘娘也是月亮女神。甚至在神灵与神灵不相联系时，月亮跟水或冰也是相关的；而且，由于月亮借助珍珠（被认为由月亮的固态精华所构成）的象征而与湖中的仙女联系在一起，它也成为天国女性的形象。这样的联想或会在坐于湖畔亭子里观赏月亮倒影的文人心中一一掠过，因为《园冶》已将它们变成了园林设计的观念——"曲曲一湾柳月，濯魄清波"（人们在前往观赏时，或会通过一个月洞门进入园林）。仙人的地下世界，或许也有所指，因为"池塘倒影，拟人鲛宫"。

但是，甚或是在雨天的夜晚，没有了月亮，或者连续几天的小雨，薄雾弥漫，在中国人的眼里，水上的亭子也是令人愉悦的。因为，如同日本人和英国人一样，他们美化了恶劣的天气，而且，从河流湖泊上蒸腾而起的水汽总是充满了浪漫的承诺，甚至在中国人不再信奉河神娘娘之后，也是如此。有些湖或园林以其潮湿（或"阴柔"）之下的美而驰名遐迩。譬如，清代康熙皇帝曾专访著名的岛上园林——烟雨楼，他抵达的时候，阳光灿烂，水波闪烁，热天里的小洲若隐若现。那天是一个地地道道的晴天，因而，皇帝深感失望。假如他到园林时，赶上濛濛细雨，雾气弥漫，那么，这位皇帝无疑会为当地的河神娘娘赋上几首诗的。不过，其灵感是诗意的而非超验的。到了10世纪，河神娘娘的巫术力量及其信仰才在受过教育的阶层里有所削弱。儒家之礼与理性曾阻碍了这样的思维发展，或使之转向审美的方向。在诗意的层面，在水所具有的各种各样的意义（最终之本、天地之血、公正之镜、仙人之饮、人鱼居所等）与女性的本质（凝为月，

佛教石刻，杭州灵隐寺。

结为珍珠）之间，并没有什么对立的地方。在意欲接受的园林访客的心中，水具有唤起所有这些相关联的联想的力量，而这一连串观念也常常会在园林的设计和欣赏中发生作用，即使有时仅仅是一种无意识的作用。

平心而论，正是水为岩石和避暑别墅带来了生机和动态。它一点点地流入蜿蜒的溪水，映照变化不尽的天空，同时意味着水面下的另一个世界。当一座园林失去了水，或无人照看，或遇旱灾，湖床就会干涸，其审美生命力将不复存在，且不说竹林和荷花的真实生命了。无怪乎有些最伟大的中国园林都建在湖畔，而最驰名遐迩的园林又大多建于南方杭州和苏州这两座到处有河流与运河的城市里。"上有天堂，下有苏杭"的说法，在一定程度上是从水之于这两座城市的重要性中获得启迪的。

西湖

13世纪，马可·波罗访问天堂之城杭州时，把它视为世界上最辉煌的城市，而其在西湖的游览，则提供了"无与伦比的神清气爽与愉快的体验"。[18] 无疑，在中国没有一个城市会比这座城市更适合享乐的生活以及对园林与艺术的培育了。在这里，伟大的南宋画院找到了颂扬其写意画的合适背景。即使在当今，起伏的丘陵、温润的气候、云雾袅绕的景观，以及辽阔而又风平浪静的湖面等，都依然位列中国驰名的美丽风景之列。细长的堤道将湖面一分为二，当人们沿着堤道信步时，可以观赏两边的倒影。在树木与湖面或地面与湖面之间均没有明显的边线，即没有人们经常看到的那种长长的挡土墙或边界，因而，堤道及树木似乎奇迹般地漂浮在宁静似镜的湖面上。

18 马可·波罗：《马可·波罗游记》，罗纳德·莱瑟姆英译（伦敦，1972年），第219页。

西湖周边许多古老的私家园林的名字里，还保留着对水的举足轻重的记忆，如"金溪山庄""水竹居""漪园"，等等，目前它们均不对外开放。而许多曾经环湖而建的道观、佛寺，则已不复存世。不过，幸运的是，给人印象至深、始建于4世纪的灵隐寺还留存至今，它坐落在南山上，穿过为如潮香客遮阴的茂密竹林，即可抵达。那儿有轻盈的、掩映在树丛中的亭阁、一座石塔、一座高拱桥和一系列精彩的菩萨像（凿刻在山侧，青苔覆盖）。9世纪时，南山上尽是这样的寺庙，而在湖上就可以看见其高出树冠的屋顶、一系列挑檐和细尖塔等。822年，诗人白居易被任命为杭州刺史，他拜访了这些寺庙并记叙其魅力。他诗意盎然的描绘流芳千古，也写出了杭州特有的静谧。823年，他写下了《冷泉亭记》，描述一座邻近灵隐寺、环水而建的亭子：

> 春之日，吾爱其草薰薰，木欣欣，可以导和纳粹，畅人血气。夏之夜，吾爱其泉渟渟，风泠泠，可以蠲烦析酲，起人心情。山树为盖，岩石为屏，云从栋生，水与阶平。坐而玩之者，可濯足于床下；卧而狎之者，可垂钓于枕上。矧又潺湲洁澈，粹泠柔滑。若俗士，若道人，眼耳之尘，心舌之垢，不待盥涤，见辄除去。[19]

在这里，水虽不再是生命的最终本质，但是，却通过某种如今中国人依然在园林里予以欣赏的方式，变成了诗意的对象。

---

[19] 参见阿瑟·伟雷：《白居易的生平与时代》（伦敦，1949年），第149页。

花草树木

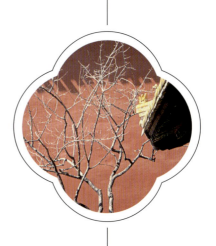

喜欢花卉，是中国人的一种古老爱好，这是不足为奇的。在世界其他鲜花地区里，很难找到一个与中国天然花卉的丰富性和多样性相媲美的地方。如今，人们漫步在英国或北美的花园里，不可能不看到各种各样的杜鹃花、玫瑰花、丁香花、山茶花、月桂、百合花、报春花，以及花朵硕大的铁线莲等其他众多花卉，它们要么最早出现在中国，要么从产地被引进到西方种植。

没有中国人，我们就不会有茼蒿，也不会有被马可·波罗描述为如同"玫瑰，大若卷心菜"而遭众人嘲讽的硕大艳丽的牡丹花。桃子（碧桃）最早长于中国，然后在汉代时通过横穿亚洲的丝绸之路传到了波斯。当然，在中国南方的果园里最早发现甜橙的是葡萄牙人，他们将其带回在印度的定居点，然后，再在16世纪时带到了葡萄牙。英国与和荷兰东印度公司在17世纪早期成立以后，就不断地从广东附近的苗圃运出各种植物。取自这些地方的牡丹和一直盛开的月季，最终在1787年抵达英国，而月季对后来所有现代的花卉产生了深刻的影响。不过，这种植物采集是相当偶然的，直到1842年，植物收藏家罗伯特·福琼代表伦敦的英国皇家园艺协会抵达中国开始第一次进行实地考察。在二十多年数度访问期间，他走遍了所有的苗圃，包括广东著名的花地苗圃以及北京的苗圃。偶尔，他也造访富商甚至文人的私家园林，带着某种嫉羡的心态，留意其中的奇石与"仙"景。

福琼从南方出发，寄回来新的锦带花、茉莉花和连翘。在宁波的苗圃里，他发现了一种新的黄颜色的藤本玫瑰，而在五月间他注意到了在山上野生的铁线莲、绣线菊和杜鹃花，但是，福琼很快得出结论。植物学家们早已遍寻南方，因此愈往北旅行，他就愈激动地期盼想要看到的新植物。不过，等待他的是诸种失望。在天津附近，好几个大型苗圃的经营者热情欢迎他的到来。人们给他展示了盆栽的植物，

右　花地苗圃，广东。
左　银杏叶。

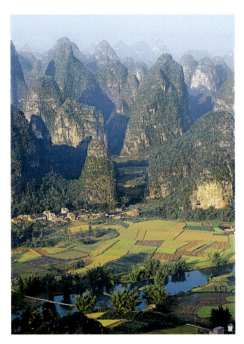

岩溶峰林，阳朔，广西桂林附近。

包括梨树、山荆子和玫瑰，都鲜花盛开着。在西方，这种盆栽技术才刚刚尝试，尽管在中国已存在好几个世纪了。一路上他也看到了另外一些奇怪的植物，诸如好几种不同种类或品种被嫁接在一根树茎上的植物。他评述了中国人对奇异或古老树种的趣味，不过，在他见过的所有鲜花中，唯有茉莉、锦带花、玫瑰和金银花是适合寒冷气候的花卉品种。一切都是他已熟悉的东西，而且，早已经由中国南方介绍到了西方。他后来的结论是，中国人对所有北方的植物简直是不屑一顾的。

福琼随即改变策略，前往北京城外西山的寺庙。在这里，宝塔钟铃发出的悦耳叮当声令他神定气闲；他远望塔下尘土飞扬的平原，观赏墓地生长的巨大松树、柏树和杜松。寺庙保护了那些在其他地方几乎都难免遭砍伐的树木。有一次，他看到了一棵高约25—30米、完全成熟的白皮松树，树上是可剥的乳白色树皮和精致的淡色叶子。他到后来才意识到，自己早已把在上海采集的一棵同样的树苗寄送到了故乡英格兰。即使是那些寺庙，也为他提供不了什么新东西。

1879年，继福琼之后，另一位重要的植物采集家——查尔斯·马力斯——向西顺着长江，到宜昌寻找植物。就在附近的山坡上，他发现了四季樱草、红花檵木和金缕梅，并将所有这些样本都送回了欧洲。不过，他并没有去城外登山；而且，如同福琼一样，他也在离家时就认定，中国的花卉财富已经由西方的植物探险家们完备地编录了。

但是，在城墙和耕地之外，福琼和马力斯远未涉足的地方，事实上却生长着无数的植物，它们数百年以来一直默默地绽放在"四周皆山，中间隔着激流奔涌呼啸的狭窄山谷"，"密密麻麻，连绵不断"。这些都是恩斯特·威尔逊的话，[1]他通过深入不为人知的地带，发现了一个其先行者未曾体验过的植物天堂。威尔逊是到过中国的最伟大的植物采集家之一，与马力斯一样，他也顺长江而上，到了宜昌，不过，这仅仅是他的出发点而已。从那儿他爬上大山，回头俯视每一寸平整的耕地。在其眼前舒展开的是一片连中国人的耐力与才智都不曾驯服得了的荒地，但是，那个时候这片山水并未完全荒芜。尽管悬崖之顶已变得奇形怪状，然而，所有高山之巅都建了道观，看似无以接近，却因为处处栽下了冬青树、皂荚树、柏树、银杏树和松树等而显得郁郁葱葱。当他进一步地深入这些偏远的地域时，他曾住在小客栈里，外面的景致是令人难以置信的悬崖和峡谷。这些地方的四周种有茁壮的橡胶树，而在一个小客栈旁边，则有许多木兰，以至于空气里弥漫着芳香。奋力前赶，威尔逊很快就发现自己处身于一片在山下耕地里早已不见踪影的植物之中，这些植物他以前从未见过，这令他几乎说不出话来，"简直就是植物的天堂……无疑，这里是世界上最丰富的温带植物区系"。

　　中国首先由于得益于地质事件的独特结合而拥有惊人的植物财富，甚至山区也躲过了地质史上大冰盖的蹂躏。因而，许多在欧洲和北美已经灭绝的植物种类，继续在中国生长着。其次，喜马拉雅山麓丘陵由于来自南方柔风的浸润，是许多高山植物的理想生长环境。其三，在这种温润的气候中，三种不同地区——寒冷地区、北方干燥地区以及亚热带南方地区——的植物，数千年来自由地混杂在一起。有一天，在攀爬陡峭的石灰岩悬崖时，威尔逊收集了30种不同的木本植物。最让其惊讶的莫过于这些植物的四处蔓延和五花八门：正开花的荛花"在几乎裸露的山上……到处都是"；紫藤盘在高大的树木上；而覆盖在卵石上的檵木密密麻麻，以至于从远处看像是白雪一般。山上可见鲜黄的云实花、开满芳香白花的白檀（随后是漂亮的深蓝浆果）、秋牡丹、鸢尾花、虎耳草、湖北百合[2]、对他来说全新的丁香属

1　此段和以下的引文出自恩斯特·威尔逊的《中国，园林之母》，第37页。也参见第25章《园林和园艺》，第322—328页关于中国园林中的植物的讨论。更多有关在中国搜集植物的信息，参见罗伯特·福琼的游记《茶叶之国行》（伦敦，1852年，1987年重印），以及E.H.M.考克斯的植物探索史《在中国寻找植物》（伦敦，1945年）。

2　原文为Henryii lilies，系印刷错误，应为Henryi lilies，也叫lilium henryi。——译者注

（紫丁香）、新的绣球花、新的灌木黄花（大血藤），以及一种"在最阴凉的地方……铺满数英里地面"的蓝色樱草花。最为重要的是，他惊讶地看到了木香和缤纷的花朵绕着所有的大树。

1899年至1911年期间，恩斯特·威尔逊从中国这一人间天堂将1500多种不同植物的种子寄到英国和美国。他搜集到的植物多达65000个样本，代表约5000个种类。通过他单枪匹马的努力，以及为其搜集植物的诸苗圃的协作，有1000多种植物在西方得以栽培，而且，全部采自野外。

令人奇怪的是，中国园林似乎完全不受这些发现的影响。从那个时候起，英、美和其他西方国家的收集者来来去去，将新发现的植物用船运到了裘园、圣彼得堡、巴黎和哈佛。然而，中国的园艺师继续用他们的技巧培育那些早已不再是野生的植物；而且，在其园林里，他们大体上也只是继续喜爱其祖先早就喜爱了的花卉。为什么中国人不想自己去发现所有这些植物呢？而且，为什么在别人已经发现这些植物之后，不在自己的园林里为其留有一席之地呢？似乎一部分答案在于，从14世纪即明初起，保守主义就在中国根深蒂固了；而另一部分答案则是，传统上，依照最先记录在《诗经》里的一系列持续发展的联想意义，中国人将植物看作是观念、品性和情感状态的象征。19世纪和20世纪发现的植物，由于缺乏这种象征性典故的血统而往往被认为并不适合栽于园林之中。

花的象征性

后来的学说强调的是，古代哲学家认为，自然本身的形式意味着伦理的观念，正如树木和花卉不仅仅反映人的情感与抱负，而且，也在某种意义上成为人的情感与抱负的源头。因而，康熙皇帝³在18世纪时写道：

> 玩芝兰则爱德行，睹松竹则思贞操，临清流则贵廉洁，览蔓草则贱贪秽，此亦古人因物而比兴，不可不知。⁴

鸢尾花，广东植物园。

在西方人眼里，观念与物品通常似乎被有些委婉地联系在一起。譬如，这里所指的兰花是那些小小的、并不艳丽、常常略呈绿色的兰花，它们大体上来自中国南方和西部省份。与以前的皇帝一样，康熙皇帝赞美兰花的优雅习性，因为它们就像优秀的书法家手中的毛笔那样，刚柔兼之。但是，他尤其欣赏其花香，主要也正是因为花香，使之从古代以来便有正气的象征意味。由于兰花之香不事张扬、有趣、微妙而又无所不在，因而，在中国人眼里，仿佛像是君子间的友情。如同君子的影响，兰花香会不知不觉地弥漫于室内，一旦消失，在座的每一个人都会意识到花香的不复存在。除此之外，兰花并不好养，不过，如果细心护养，或许会回馈给栽培者以宛若一件宋代精美瓷器般纹理的花朵。所有这些品性都令文人学者们赞赏，而培育与欣赏兰花既是一种审美经验，也具有内在的伦理含义。

康熙皇帝声称，松竹令其念及德行。他又一次理解了惯例的含义，不过，这些惯例还是富有不同的联想意义，从而成为一种在人们聆听微风穿过叶子和松针时可以寻思的有益主题。古老的松树苍凉盘曲，为生存而挣扎，是一种对不屈美德的绝好比拟。竹子虽然随风弯曲，却从不折断，是儒家彬彬君子的象征。两者都是常青的，而与在雪中枯枝上依然绽放的可爱的日本杏花（梅花）一起，它们组成了著名的

---

3 此处原文为乾隆皇帝，是一误。引文出自康熙皇帝所作《避暑山庄记》，《圣祖仁皇帝御制文集第三集·卷二十二》。——译者注
4 参见第3章注释5（第83页）。

"岁寒三友"——松、竹、梅，成化年（1465—1487）制款瓷盘。竹被认为是诗人苏东坡文人画中最好不过的主题，他曾如此谈论自己的园林："宁可食无肉，不可居无竹。"

"岁寒三友"。

奇怪的是，皇帝没有在其单子里列出另一种重要的植物，即唤起君子之德的莲花。在儒家看来，莲花是"至者"的一种榜样。确实，念及莲花，不能不想起11世纪著名学者周敦颐的诗句，它们是中国解放前所有学童都要背诵的：

> 出淤泥而不染，濯清涟而不妖，中通外直，不蔓不枝，香远益清，亭亭净植，可远观而不可亵玩焉。[5]

在中文里，此花（Nelumbo Speciosum）叫作莲花或荷花。虽然在写法上有区别，"莲"的发音像是"联"，而皇帝喜欢"和"字。因而，在说出其名时，荷花就又有了一层意义，而且，常常被用作象征友情、祥和与欢聚等的装饰符号。撇开这些意义，莲花也是一种广为人知的道家符号，是八仙之一的何仙姑的象征。莲花首先被佛教徒采用，而在佛教进入中国之前，莲花就早与佛教联系在一起了。在整个东方的绘画和雕像作品中，佛陀坐在开放的莲花瓣上，其周围较小或半开的花瓣上常常是菩萨。在佛教徒看来，莲花是灵魂摆脱物质世界的污泥的象征，穿过水（情绪）而在自由的空气里寻找最终的启悟。

特别讨论过唐代的薛爱华，展示了当时的中国象征习惯是如何丰富传统的联想意义层的。外来植物之名或因其新奇和刺激而可能在诗行中变成一抹异彩，但是，如果没有丰富的传统和历史性的联想，那就很难在人们的心中赢得一种持久的地位：

> 梅花预示着春的到来以及生命与希望的复苏；桃树作为传说中繁殖力和生命力的具体表现，具有丰富的人文联想意义，可以象征大量的故朋好友。然而，荔枝却不是这样，尽管自从汉代以来在北方便有人知晓，但是，即使在唐诗里，虽然它仍被视为具有异国情调、色彩艳丽而又浪漫的魅力，但实际上只是并不十分强烈地表达了普通的梦想和激情而已。[6]

自唐代进口舶来品至19世纪发现新植物之间的一千多年里，这一基本态度变成了对任何外来或新异事物更为强烈的排斥。由于不被熟知，荔枝在敏感的唐代诗人那里，也缺乏深刻感动的力量。然后，在排外的晚清，古怪的蛮夷植物收集者的发现几乎不可能得到好感。

5　周敦颐：《爱莲说》，《周濂溪集》，八，第139页。

6　薛爱华：《撒马尔罕的金桃》（伯克利和洛杉矶，1967年），第119页。薛爱华也对英语诗歌中描绘的家养植物做了一番有趣的比较："杰弗里·格里格森指出过，英国诗歌是怎样用本土植物反映和激起更为深层的人性感受，而外来的植物则缺乏一种与英国人长期而又亲密的关联，只能让诗人在其笔下添增一种刺激而又炫丽的色调而已。在中国，也是如此。"

亭中赏莲图。在莲花盛开的季节，园林中最可爱的部分就是水上修建的亭子，其中花香可闻。

为什么要得到好感呢？没有传统意蕴层次的花，只不过是一种对象而已，即使形态好看、色彩悦目，也是如此。审视诸如《诗经》这样古代的渊源时，学者们难以了解，特定植物和树木的表意文字是否是指如今所描述的种类，因为名字很有可能已经转变了意思，而栽培年代如此之久的植物，本身也有了极大的变化。菊花便是一个经典的例子。在《诗经》中，有关黄花的描述似乎指的就是菊花，但到了唐代，却提到白花甚至稀有的紫花。在宋代，菊花爱好者是如此之多，以至于经营花卉买卖的种植者与文人园艺家通过杂交和嫁接，竞相开发越来越多的稀罕品种。12世纪，有关菊花的专著开始问世——1104年，刘蒙描述了35个品种；[7]史正志记录了来自苏州城的27个品种；[8]而范成大列了36种来自苏州郊外的品种。[9] 接着，又有了许多别的品种，而在1708年的大型花谱[10]里，则收录了不少于300种不同的菊花，它们都被赋予了美丽的名字——"满天星"，一种类似野菊的小枝条黄花菊，以及"玉盘金盏"，一种黄芯大白花。

不消说，这些后来出于审美原因培育的品种，与人们所了解的《诗经》中的菊花，相距可谓十万八千里。菊花首先是因为其药用性而从野外引进的，在古代，如果养菊花纯粹是为了观赏其黄花，那就显得古怪了。总体上，实用性压倒了美观性，而正是这一侧重，让树木进入了园林。

实用树木

在《诗经》里，人们在住宅周围种树，正如我们从一首描述少女恳求恋人仲子不要在夜间去见她的诗篇中所了解的那样：

> 将仲子兮，无逾我里，无折我树杞。岂敢爱之？畏我父母。仲可怀也，父母之言亦可畏也。
>
> 将仲子兮，无逾我墙，无折我树桑。岂敢爱之？畏我诸兄。仲可怀也，诸兄之言亦可畏也。
>
> 将仲子兮，无逾我园，无折我树檀。岂敢爱之？畏人之多言。仲可怀也，人之多言亦可畏也。[11]

可能就像今天一样，当时的柳树也是用来做绳和编篮的，它的叶

7　参见刘蒙《菊谱》。——译者注
8　参见史正志《菊谱》。——译者注
9　参见范成大《菊谱》。——译者注
10　此指汪灏《广群芳谱》。——译者注
11　阿瑟·伟雷译：《诗经》（伦敦，1937年，第1版），第35页。

子可放入水中，制作成一种便宜的茶水。而且，某些品种的柳树叶和树皮可用来做消除风湿病痛、甲状腺肿、痢疾和淤伤等的配料。在西方，柳树的疗效促成了阿司匹林的生产，阿司匹林正是柳树所包含的止痛成分的化学版产品。在古代，柳树保护了人的身体，或许也提供了超自然的意义。我们知道，在唐代，黄巢于880年揭竿起义，洗劫了长安，却唯独放过那些在门上挂出一些树叶（包括柳树叶）的人家。而佛教徒们曾将用柳枝拨洒的水看作是纯净而神圣的。后来，除了实用的和超自然的意味之外，柳树还发展出诗歌中各种不同层次的意义。柳树在风中摇曳时就如舞女的婀娜细腰，那种柔软优雅很容易让人将其比拟为美女；柳树与水，以及水与女性的联想，也许潜意识地强化了这一观念。此外，它们还象征着性爱的自由，常常是歌女、妓女的符号，因此，男人是不在后院种植柳树的，那里的房间是其女人居住的。但是，18世纪的欧洲人却认为柳树是一种典型的中国趣味，这是情有可原的，因为在园林里，在湖畔与河道边，柳树占据了重要的位置。

《诗经》中提及的第二种树——桑树（其叶子用以喂蚕）——在园林中从未被广泛地种植。但是，若干种最具装饰感的树木，如今依然可见于园林中，在古代，它们都被看作是实用的硬木。前面那首诗歌中的少女恳求仲子不要伤害的树，是一种特殊类型的硬木，或有可能是香椿树（红杉），如今，这种树由于其紧凑的特点以及可食用的

《园林雅集图》（局部），传为尤求（活跃于大约1570—1590）所作的手卷[12]。一位文人在象征学识、抱负的芭蕉叶下弹奏。

嫩叶而普遍地被种植在庭院里。它因寿命长而受人敬畏，在中国的中西部，人们在丧父时会用一根红杉木做哀悼棒，而在丧母时则用桑木棒。或许，《诗经》中的硬木树可能是楸树，因适合制作棺木、棋子、印模、乐器以及建房等而长期受到赞赏。在北方，楸树是专为遮阴而种植的树，同时，因其一簇簇乳白钟形花的芳香、漂亮的橘色线和紫斑点而备受称赞。

其他两种实用而又富有装饰性的树木是泡桐（约有三千年的历史）和被中国人叫作梧桐的树（Firmiana simplex），后者是传说中的中国凤凰的栖息处。这两种树在古代文献中均有记载，而且在园林里依然是常见的树种。泡桐是用以制作乐器的木料，有着大朵的像毛地黄那样的花朵，色呈优雅的灰蓝，花颈处染有黄色。梧桐以其可食用的籽儿（放在中秋节享用的月饼里）以及如同枫叶一样精美的大叶子而闻名。18世纪的诗人袁枚曾为梧桐写下了这样的诗句：

半明半昧星，
三点两点雨。
梧桐知秋来，
叶叶自相语。[13]

梧桐树常常是中国山水画卷中描绘的对象，它几乎总是与苍松一

12　此画纸本水墨，25.8厘米×770.26厘米，现藏美国纳尔逊-艾特金斯美术馆。——译者注
13　罗伯特·科特威尔和诺曼·L.史密斯译：《企鹅丛书·中国诗词》（英国哈芒斯沃斯，1962年），第68页。

起掩映着文人的乡间书房。在清代时的北京,它们被大量地种植在满族宫廷的园林里。

果树肯定从很早便开始被栽培了,譬如,柿子树上橙黄(在中国乃喜悦的颜色)的圆大果实,到了秋天开始霜冻时就变得绵软,带有甜味。还有桃子,古代被美誉为春天、婚姻和长生不老的象征;在西王母的园林里,据说,有一种果树每三千年才成熟一次,而那些品尝过果实的人得以长生不老。梨木则可能象征着一种比较适度的长寿,因为,众所周知,梨树的平均寿命为三百年。公元前1053年,公正不阿的召公曾坐在梨树下执法,所以,自此以后,梨树也就常常象征着仁政。总体而言,这些果树——以及最受人喜爱的"岁寒之友"梅花——其种植与其说为了收获果实,还不如说是求其绽放的鲜花,而其他开花的树,最受人喜爱的,如被大量种植的月桂树或桂花树,都以其花香而尤受喜爱。

经典礼制文献《周礼》曾提及五种被种植在墓地的具有象征性的树,分别为:天子为松,诸侯为柏,大夫为栾,士为槐,庶人则为杨柳。[14] 但这些所谓的象征性丝毫没有影响到这些树后来被栽种在游乐园里。槐树——"塔状树"——在园林中颇为常见,在北京就广为种栽,而一种叫作"龙爪槐"的芽变品种,枝条会摆动,其坚挺悬垂的枝条像一座天然凉亭。松树在园林中尤为重要,李渔曾将一座没有苍松的园林比作是一群没有好男人钟情的美女。由于松树和柏树在冬天时都不枯萎,这使其象征着逆境中的挚友;虽然将这种意义附加在墓园之树上是令人愉快的,不过,在墓地里种植这两种树,却是专为驱赶那些吞食不受保护的死者脑髓的罔象。[15]

汉唐时期,在中国文化最具吸纳力时,其与外面的未知世界有了新的接触,形形色色的外来植物也进入了北方的园林。尤其是红石榴，打开外皮可以看到无数的籽儿，这使它成为一种繁殖能力的象征。事实上，在整个汉唐和北宋时期，来自遥远省份的外来树与灌木都被运到京城，装点皇帝的园林，而其中的一些品种，虽然一开始显得奇怪，但是，最终都在中国文化里找到了一席之地。来自南方的有橘子、荔枝和枇杷。似乎早在汉代时，香蕉首次从亚热带的南方运至北方的园林，尽管一开始它一定只是令人好奇的对象，但很快便因为一名身无分文的文人而获得了令人愉悦的联想意义，据说，这名文人由于找不到更好的材料，便在阔叶上书写了，因此，香蕉象征着一种自我完善的树。如今，它遍种于中国的园林，无论在哪里，冬季时只要小心地用密集编织的茅草遮盖起来，就能存活，常常可见于园林的书房边，因为雨水打在其阔叶上的那种令人愉快而又微带忧郁的嘀嗒声，特别令人称道。在唐代，当遥远南方的热带省份越来越被帝国的统治者所熟悉，其他的外来树也开始在北方种植，尤其是薛爱华认定的南方馥郁的桂花。[16]

鲜花与药草

巫术是中国古人对植物和树木的态度中的一个重要因素，而且，要么因为植物和树木具有药用价值，要么因为其稀有，从而使巫术与特定种类的植物群联系在一起。神圣的意义和药用价值变得不可分离，而这种力量与力量的结合，或许也唤起了药草采集者的审美能力——一片药草是神圣的，也是美的。非同寻常地绽放的花朵，无论是开放在灌木、树，抑或草本植物上，都普遍被阐释为征兆。一株特别茂盛的灌木或是花朵奇多的兰花，会被看作是好运将降临在主人身上的直接迹象。而同样的原则也会朝反向发生作用，唐明皇逃亡蜀国时，皇

14　查汉郑玄《周礼注疏》，其中有引述《春秋纬》："天子坟高三刃，树以松；诸侯半之，树以柏；大夫八尺，树以栾；士四尺，树以槐；庶人无坟，树以杨柳。"——译者注

15　原文为"the wangxing bird"，明显有误。罔象系古代传说中的水怪，或谓木石之怪。《国语·鲁语下》："水之怪曰龙、罔象。"韦昭注："或曰罔象食人，一名沐肿。"——译者注

16　在《朱雀》一书的第195页，薛爱华指出，"桂"指的是肉桂以及月桂树家族的其他成员，而"诗人们留意桂树，主要也是因为其浓郁的芳香"。在古代人的思想里，桂树是种在月亮上的，"因而，在中国中世纪时，有品位的人自然而然地就会赞赏任何在月光之下的桂树"。薛爱华正是将这种月桂辨认为香味优雅的木犀属植物。他还指出，伟大的名相李德裕流放南方时带回的一种外来的红桂，被栽种于著名的洛阳附近的平泉别业中。

紫藤棚架,《圆明园四十景图咏》之一[17],唐岱、沈源绘,1744年。

家园林里来自南方的橘子树就不再开花了。在《红楼梦》中,贾府即将遭遇的厄运,通过一株秋海棠得以预示,这株秋海棠在九月中旬突然绽放,贾府中所有重要的成员都出来看这一奇迹,尽管宝玉的父亲严格遵循儒教,仅仅将此视为一种有趣的自然现象,可是,其他人都深感困惑。自然中的逆转现象常常预示着病症,因为它们反映了一种迟早会导致灾难的内在失调。

如果异常的植物现象预示着好运或厄运这两种极端,那么,像菊花那样的普通植物(花汁神奇而又丰富,形态俏丽),其生气勃勃而又如常绽放,则意味着适得其所的福祉。菊花的栽种最先是因其药用

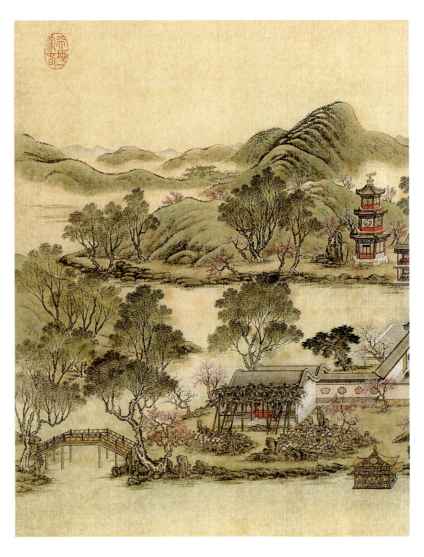

的特点，并且成为道家长生不老药中的重要组成部分。据说，古代中原的南阳人从盛开菊花的溪流中汲取饮用水，这些菊花的精华渗入水中，使得南阳人都长寿百岁。或许是菊花与众不同的绽放季节令人联想到了长寿，因为它们是在秋季开花，而其他植物在秋季正行将枯萎。补酒是用菊花花瓣浸泡酿造的，而芬芳的菊花茶也有益于健康。[18]

原先为药用和食用而种植的菊花，是最先进入园林的许多装饰性花卉之一。在唐代，有几位诗人写到了南方的采莲女，其探向芬芳花丛的优美身姿还能为诗文增添某种别致的情调。[19] 然而，她们不是休闲的仕女，得辛勤劳作，收获庄稼。荷花是所有装饰性植物中最具实用性的，其藕可以生吃或煮熟，有甜味，脆嫩多汁；还可以制成藕粉，易于消化，适合给病人吃。莲子加在汤里，或者用来做甜酱，常常用于月饼。叶子可用来调味，也可用来包东西。芸是沈复在其《浮生六记》中提到的讨人喜欢的妻子，她常常将纱布包的小茶叶袋放入莲花上绽开的花蕊。夜间，花瓣闭合，将茶袋裹在里面，到了清晨茶袋便会沾上荷花淡淡而又持久的清香。[20]

不过，有一种花进入园林的时间相对较晚，但很快最受宠爱，它就是牡丹。牡丹是贵族、财富、等级和美人的化身，同时，又自相矛盾地具现了阳的原则（牡丹字面的意思是"雄性之红"）。有趣的是，这一植物在《诗经》《礼记》或《离骚》（《楚辞》中的主要诗篇）中均未被提及，在汉代的文学中也未提到过。最早提及的似乎是4世纪中国第一位山水诗人谢灵运的诗文，他喜欢登山，其描述的缤纷绽放的牡丹树似是野生的。直到唐代，才有人提到园林中的这些花卉，诗人李白曾描写唐明皇的花园里为著名美人杨贵妃而盛开的紫红、粉红和洁白的牡丹花。[21] 甚至其繁茂而又好看的叶子本身也有悦目的装饰感。之后，牡丹树的粗糙树皮将会出现在处方里，用以治气血失调，

17　此为其中的第七景"慈云普护"（局部）。——译者注
18　在今天中国绝大多数的风景名胜，依然可以买到当地的草药茶，包括菊花茶和广东七星岩的特产——味美的粉红色的酒。
19　薛爱华在《撒马尔罕的金桃》第128页中，引用了白居易的诗《采莲曲》，见《白氏长庆集》，第28卷，第76页。
20　雪莉·M.布莱克译：《浮生六记》，第71页。清代年迈的慈禧太后也喜欢用同样的方法做成的莲香茶，参见凌叔华《古歌集》（伦敦，1969年）。关于豪华园林的经济，参见《红楼梦》，其中当家族财富开始滑坡时，大观园的落成便成为一种收入来源（第56回）。
21　此诗的英译可见于约翰·A.透纳的《中诗金库》（香港，1976年），第111页，以及小畑薰良译：《李白诗集》（纽约，1922年），第31页。

止园棚下的牡丹，张宏作，1627年。[22] 牡丹展于特制的花床里，可供雅致亭阁里的人观赏。

不过，它最先出现在皇家园林里，这意味着它是最早被栽培的纯观赏花卉之一。

牡丹有那么多的用处，以至于连皇帝也不能长久地专享牡丹树。于是，它就开始被栽种在私人庭院中，而且，不久便在整个长安城里盛开了。虽然牡丹的栽种业发展并普及了起来，也培育出更好和更非同寻常的花种，但是，即使是最司空见惯的牡丹花也代表着富贵与荣誉。

在武则天皇后统治的690—705年，牡丹的培育中心移至洛阳，引进了各种双瓣的牡丹花。在开花的季节里，一年一度的万花节便开始了，从所有的展品里遴选四种最美的花，用白菜叶子包好，在花茎上涂上蜡，放入竹笼，由骑兵接力送往皇后处。朝廷上下都等着一睹为快，屏住呼吸地期盼着。与此同时，在洛阳当地，满城的人都聚集在一起欣赏其他的展品，尽管有钱能买下最好品种的人寥寥无几。在9世纪早期，白居易曾描绘过当年相类似的一个鲜花节庆——搭起遮篷布，为花儿遮阴，而特殊的花种则半遮半掩，诱人注目。

> 帝城春欲暮，喧喧车马度。
> 共道牡丹时，相随买花去。
> 贵贱无常价，酬直看花数。
> 灼灼百朵红，戋戋五束素。
> 上张幄幕庇，旁织巴篱护。
> 水洒复泥封，移来色如故。
> 家家习为俗，人人迷不悟。
> 有一田舍翁，偶来买花处。
> 低头独长叹，此叹无人喻。
> 一丛深色花，十户中人赋。[23]

22 此画采自明张宏的《止园图》，册页，纸本设色，32厘米×34.5厘米，现藏柏林东方艺术博物馆。——译者注

23 阿瑟·伟雷译：《秦中吟·买花》，《中国诗歌》（伦敦，1971年），第121页。

北京紫禁城里盛开的桃花。

甚至连穷人也会赶去,虽然总体上来说那是都市的消遣。当诗中的老农听说"一丛深色花"的价钱后,便叹了一口气,因为这个数字是"十户中人赋"。

到了宋代,对牡丹的喜爱升格为某种举国上下的爱好了。唐代时,骊山华清宫曾订过一万束色泽各异的牡丹。主事的是宋单父,[24] 他是诗人兼牡丹花匠。在当时种植品种优良的牡丹,是任何一位有趣味的文人的一项重要成就。最后,在其他重要的培育中心兴起之后,因牡丹之美而驰名的洛阳被取而代之了。南宋时,陆游写了《天彭牡丹谱》;而到了清代,安徽亳州出了名,然后是山东曹州、上海以及太湖附近的一些城市。

园林中的植物

植物在中国文化中发挥的重要作用,特别是在宋代,在大量完全或部分地描述植物的文献里一目了然。编纂的植物一览表注明了所有的药效,而"充饥草本"则描述了所有已知的树木花草的可食部分;诸如兰花的培育这样的园艺专著得以问世,而华丽的颂词则声称,已经完全证明了荷花、牡丹或菊花高于其他的花种。与此同时,尽管通过诗文,花卉的象征与表现意义得到了持续的丰富与扩展,然而,毫无疑问,尽管植物在中国被附加上了重要的意义,但是,它们一开始在园林的修建中并没有显出任何特别显要的地方。这会使习惯于在现代英国园林中看到众多植物的人吃惊。一句中国古诗文是这样描述一座完美园林的特点的:

> 春有百花秋有月,
> 夏有凉风冬有雪。

---

24 宋单父,字仲儒,洛阳人,唐代著名的牡丹栽培专家,也是世界上最早的园艺大师之一。柳宗元在《龙城录》中曾称赞他善吟诗,亦长于园艺。惜无著录传世。——译者注

在四季中，唯有夏季被认为对植物与花卉而言是至关重要的，而没有提及乔木和灌木。不过，事实上，在中国园林里，栽种的方式常常微妙而又重要。碰巧，我自己最先访问苏州园林都是在三月和四月初，此时，一大半的树木还是光秃秃的。透过灿烂阳光下树干与树枝构成的美妙图案，墙面与假山、水与亭子等的并置，似乎都显得远比种着密密麻麻植物的英国园林更有魅力。常青的松树，在白墙上投下影子、瑟瑟作响的绿色竹林，以及在微风中像缕缕黄发飘拂的柳叶上的白芽等，由于远离其他生机勃勃的迹象而显得特别醒目。

同年四月，我在北京紫禁城御花园里，惊讶地看到了一块巨石。虽然从远处看，它就像是某种难以趋近的陡峭山峰，但是，通体还是盖满了因干枯而呈灰色的爬山虎枝条。在冬季，它或许是不屈野性的象征，而到了夏季，则会几乎消失在一层茂密起伏的叶子下，而且，可想而知，一年之中季节交替，园林里其他地方也会发生同样的情形。所有复杂的东西，无论是不同因素的微妙平衡，还是墙和假山上的斑驳光影，都会在人们对树木与花卉的日常感受中消逝。

只是到了很晚的时候，我才终于看到花团锦簇、果树成荫的苏州园林，也开始欣赏中国园林里通过栽种来扩展空间感的神秘性。当树木将不同的绿色舒展开来时，园林中的每一个庭院和空间单元就变得更富有私密性和与世隔绝，可是，却绝不是幽闭的效果。叶子和树枝在微风中摇曳，而它们的影子在下面闪烁，总是很难分辨白墙到底是真或是假。透过长廊和墙上的格子窗，花季灌木的鲜亮光斑让先前园林中不被注意的部分变得精彩起来了。而且，随风飘舞的气味形成阵阵芳香，对应和互补于一系列的墙、假山，以及露天的景致与封闭的庭院等。

中国私家园林要比任何别的园林更加崇尚变化，将其与英国风景园林做一比较，将有所启发。在冬天和夏天，诸如斯托海德那样的英

右上　早春时节，苏州拙政园的莲花池。

右下　苏州拙政园的荷花池，盖满了夏季生长的荷花叶。春夏之际，园林里的荷花在大多数情况下会以繁茂的叶子布满一池碧水，令人耳目一新。冬天时，剩下的断茎残枝在宁静的白天倒映在水中，就像是精美书法中的汉字。

25　黄幼藻：《夏日偶成》，引自谢无量：《中国妇女文学史》，第8章，第49页；罗伯特·科特威尔和诺曼·L.史密斯译：《企鹅丛书·中国诗词》（英国哈芒斯沃斯，1971年），第61页。

国园林基本上是一样的：虽然色彩以及形式的密集程度不同，但是，不同视点的构成还是一样的。在斯托海德，就像变色龙的皮肤是其身体的一部分一样，叶子和花卉也是园林的一部分。然而，在中国园林里，生长着的树木与花卉却更像是服饰，有提升、遮蔽与完全改变其下面形态的效果。

尤其是，中国园林里的季节变化因为时常用不同庭院和空间单元轮流展示不同季节的花卉的方式而愈加鲜明。譬如，牡丹时常被一起种在用石头或大理石围成的花床里，或者是被种在堤岸边的石台上。初夏时节，当鲜花盛开时，园林的这一部分就成为令人瞩目的中心了。牡丹不加修剪，而是任其自然生长、开花和凋谢，客人们前来仰慕之。在帝制时代的中国，雅集是以花的名义举行的。主人与宾客一起斟酒，即兴赋诗，坐着面对绽放的鲜花，一起逗乐。然而，在牡丹花季过去之后，园林的所有社交活动便移到另一个中心上了。

当夏季异常溽热时，大多数园林造访者会在种植了荷花的湖水一角的悬空亭中消磨时间。这些通风的亭子用薄帘遮阴，可在入夜时乘凉。来客在弧形的栏杆上俯身向外，就可以用手触摸从水下长出来的荷花叶子。17世纪的女诗人黄幼藻描述了夏日午后慵懒的倦怠：

> 深院尘消散午炎，
> 篆烟如梦昼淹淹。
> 轻风似与荷花约，
> 为送香来自卷帘。[25]

正如牡丹是初夏富足的花一样，荷花是夏日慵懒的花，它在中国园林中造就了一种非同寻常的季节性变化的效果。春季，湖水如镜面

一般，但是在荷花开放的季节，这些令人难以置信的植物以曲弯的茎高举起叶子，在高出水面约1米的地方形成一片新的绿浪。洛兰·库克描述了1930年代北京北海公园里盛开的荷花：

> 叶子状如一个圆形波纹边大碗。叶子表面有一层蜡，呈现一种令人好奇的半透明的碧绿。当雨滴或露珠汇集在这些如玉般的大碗中时，其表面的张力就将水滚成水晶般的水珠；而当叶子摇摆时，这些宝石般的水滴就滚来滚去。在几英亩这样的叶子于微风中一起摇曳时，从蜡质叶面上折射过来的一道道令人惊讶的蓝光，有时就在整片田地上闪烁。[26]

在像北海那样比较大的湖里，通道一般是在隐藏于植被之下的荷花床上开出来的，这样，小平底船就能穿行其中了。没有园林的住宅

左　仲夏之花——荷花的花瓣，熠熠生辉。在夏天越来越热的时候，光顾园林的人就会在露天亭子里消磨时间，这种亭子是建在木桩上的，位于种了荷花的湖水的四角。

右　广东省一间游客休息室旁的盆栽园。

会在庭院里用装满的肥沃泥土与加满水的大盆来种荷花。这样的大盆常常放在主入口的两旁，而上面有点偏蓝的硕大叶子就像小阳伞一样张开着。

中国境内的气候极为多样。在北方，牡丹有时替代荷花而成为传统的夏之花；而在南方，牡丹则是春天的鲜花。但是，处在温带的北方和处在亚热带的南方，秋季的象征就是遍地的菊花了，当菊花盛开，不管一个人的处境是何其窘迫，这都不可避免地成为季节性娱乐的绝好理由。沈复与其妻子芸，这对在《浮生六记》显得潦倒的夫妻在苏州郊区农田环绕的小屋里，又度过了一个炎热的夏天。与往常一样，感性以最令人愉悦的方式压倒了贫困：

> 篱边倩邻老购菊，遍植之。九月花开，又与芸居十日。吾母亦欣然来观，持螯对菊，赏玩竟日。[27]

菊花与其他时令花卉一起，除了被栽种于园林里，同时亦被种在花盆里。在每一座大型而又设计优雅的园林里，草本植物和盆景树也会被种在花盆里，一起放在墙后或篱笆后的特别区域。到了开花的时候，最好的植物会被拿出来，陈列在园林厅堂和书房的桌子与花架上，置于庭院里，放到假山中，摆在露台以及入口两旁。整个园林中的过道和矮墙都点缀着这种轮流摆放的花盆。这样，就提供了一种不断变化的形态与色彩的前景，是对位置相对不变的大树与灌木的一种补充。当人们沿着蜿蜒的长廊信步时，花卉就近在眼前，可一一观赏，但是，它们也与建筑结合在一起了，纳入园林远处的景致。而且，木质垂饰与栏杆的设计也呼应了置于附近的花卉和叶子的形态，因而，盆栽的花卉成为园林中自然因素与人工因素之间的一种重要联系。

26 洛兰·库克：《日本园林世界》（纽约，1968年），第33页。
27 雪莉·M.布莱克译：《浮生六记》，第33页。

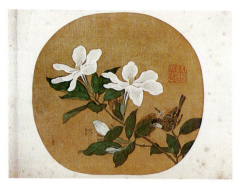

左上 《栀子花》，徐熙作，10世纪。
左下 《花篮图》[28]，李嵩 (1166—1243) 作。
右 春季南京城墙外公园里的草堂。

在富人的私家园林里，这些用于装点的盆栽植物自然是由专业的家庭园丁栽培的。但是，有些鲜花也常常由文人园艺师亲手种植，菊花就是其中的一种。因而，除了公之于众的菊花展以外，在帝制时代的中国，还有文人爱好者的私人雅集，他们各自将一两盆培育得最成功的花带来，与友人的花进行比较。

在赏花方面，像沈复那样具有艺术气质的文人训练有素，观察入微。品鉴各种各样的鲜花，总是一件微妙而又需要时日的事情。在《玛丽女王及其他》一书中，奥斯伯特·西特韦尔描述了1934年在北京发生的一个场景：在前一朝代终结之后，一位年迈的满族贵族在许多年后第一次出来，看其中一座幸存的亲王园林里的山楂花。老人形如二百年树龄的老树一般，腰弯背驼地出来巡看，然后艰难地登上石阶，自上而下地观赏着下面的花儿。

在那儿，他们会足足待上一个小时，在内心里将眼前的所见与前些年花儿盛开时的色彩和芳香——联系在一起……认真欣赏这种因季节而至的现象，是不可以匆忙为之的。毕竟，正好眼下完全用得上经年累月丰富起来的评判力，以及其他应用训练有素的诸种能力，因为，随着岁月流逝，他们已不太指望能看到太多如此绽放的花季了。

当西特韦尔离开时，他回头一望，看到在北京蓝天的映衬下，每一位老人低头凝视着"下面白乎乎的花丛，同时，默默地等候着，就像是塔上的看守人或是古代圣地的守护神，召唤信徒前来顶礼膜拜"。[29]

除了菊花以外，文人园艺师也喜欢养小蕙兰（在中国叫作兰花），正如我们已经了解的那样，此花让康熙皇帝想到了正气。这些花同样是盆栽，主要有两类：那种在春季开花的兰花，普遍地被认为是春天的象征和预示者。

---

28 此为册页，绢本设色，19.1厘米×26.5厘米，现藏北京故宫博物馆。——译者注
29 奥斯伯特·西特韦尔：《维新的旧世界》，《玛丽女王及其他》（伦敦，1974年）。

右上　苏州的留园早春。鲜花在柔和的灰墙映衬下，一年到头都不被注意的角落的一切，一下子变得引人注目。在这里，假山与墙融为一体，后者因风吹雨打所形成的色泽而受人欣赏。

右下　冬天，在北京紫禁城御花园里，阳光凸显了在红墙映衬下的树枝的形态。

养育兰花能陶冶情感，但文人园艺师有时也会为之精神崩溃。譬如，沈复在一位喜爱兰花的老友临终时，获赠一盆特别美丽而又稀有的兰花，那是春兰，"荷瓣素心……皆肩平心阔，茎细瓣净"。将其带回家后，沈复"珍如拱璧"，[30] 亲自灌溉，花叶颇茂，但是，有一天却突然枯萎死去。于是，哀伤而又对此疑惑的沈复拔起根查看，发现皆白如玉。后来，他"始悉有人欲分不允，故用滚汤灌杀也"。

作家兼画家叔华（凌叔华）在回忆世纪之交的童年时告诉我们，在她北京家里的暖房里就有二十多种兰花，它们均来自南方；其中最珍贵的是建兰（福建兰花），花瓣和花蕊均为淡绿色。她家有一种非常稀有的兰花品种，是从广东带到北京的粤兰（广东兰花）。常见于京城温室里的山东兰花，来自山东东部半岛，绿瓣红蕊。许多植物爱好者也拥有花瓣像薰衣草的吊兰，那是从遥远西部的四川引进的。

每天早上上完课后，叔华就与家里的园丁老周一起为兰花浇水。她将园丁描述为聪明而又有爱心的人，这也是对北京20世纪早期园艺生活的一种亲切勾勒。母亲准许小女孩和老周一起去城里的花市，那是一件快乐的事儿。在那儿，他们从和善的铁匠处要到了一对对的马蹄，熬成汤水，做兰花的花肥。他们也买内脏，老周将其埋在园中玫瑰花的附近。接着，他们会去看老周的一些学徒，他们已在市场里经营花房。老周曾将剪枝送给年轻人，让他们开张花房，而他们现在则会尽力地为他寻找稀有的植物。

在一个难忘的假期，老周带着叔华去见一位白发老农，老农在慈禧太后时期是颐和园里的首席园丁（慈禧太后对植物的无微不至的关照与其对人的极端冷酷，形成了强烈的对比）。他的回忆很好地描述了在颐和园里鲜花的使用方式：

30　雪莉·M. 布莱克译：《浮生六记》，第59—60页。

> 每天我都得记得把一些鲜花送到太后会待的亭子里。只有上帝知道她会待在哪座亭子。为保险起见，我得为大多数亭子送花。如果有太后不喜欢的花，她就会赐给我。她要我种上所有那些在画轴里开花的鲜花。她对花的趣味极为独特，从来不能忍受我们在市场上所见的那些扭来扭去或人工修过的鲜花。因而，我得在园林和自己的温室里种上各种各样的花。[31]

在老农的花园里，叔华看到了一棵已有两百年历史的紫藤，"其茎如同海上腾起的蛟龙"。另外也看到了一棵已有三百年历史的丁香树，这让她想起了"舞姿优美的女子"。他全力呵护这些珍贵的植物，遵循的是祖辈口口相传的园丁之学。他从这一丰富而又古老的传统里不但汲取了园艺中讲究的具体细节——例如，用什么油来烂根，以及如何繁殖果树的知识——而且，也获得了一种受到道家信念启发后形成的有关园丁及其植物之间的联系的特殊情感。

在中国园林里，人们常常觉得，花卉和树木（还包括建筑，甚至假山和水）的附带效应，较诸物品本身，好像几乎都会更显其重要性。一座园林的乐趣就在于，暑热中的流水所带来的清新感、远远传来的鱼儿在夜雾中跳跃的声音、荷花的清香，以及皑皑白雪改观一切的力量等。此外，园林的魅力更在于中国人对于悖论的特殊迷恋，如同人们所云，"蝉噪林逾静，鸟鸣山更幽"。沉浸在这些转瞬即逝而又频频重现的效果里，造园者越来越意识到了"道"的永恒转换，而通过对时光的转瞬即逝的敏锐感知，其本人也超越了时光本身。

---

[31] 凌叔华：《古歌集》（伦敦，1969年），第173—174页。

中国园林的意义

——查尔斯·詹克斯

试图总结我们讨论的中国园林的所有不同的意义，这将会是劳而无功的，也许还会误导他人。这些意义并不累积成任何单一的结论，而且，没有一种类型是本质的类型。传统从来不是让人总结并被转化成设计公式的。确实，当今建造的中国园林在手法上五花八门，以至于会显得大相径庭。在康涅狄格州的切希尔，有一座依照王维乡间别墅传统修建的园林，修建者吴讷孙是一位学者，其精彩的观点我们很快就会讨论到；还有一座仿照台湾一座八仙岛而建的园林，虽落俗却也令人愉悦；在中国大陆，好几座极为著名的古老园林得以修缮，与此同时，也设计了许多新的公园。[1] 这些园林毫不雷同，不过，它们却都可以声称是对中国传统的一种延伸。

天然与人工

然而，如果并不存在一种单一而又宏大的历史结论的话，我们却看到了一系列频频出现的主题，像是每一章节的中心思想一样，而这些都指向潜在的观念，其中的一个观念就是天然的观念。蜿蜒的道路、梦幻般的石窟，以及重建的农舍，如何才显得天然？这一似乎无法回答的问题形成了《红楼梦》中一场大辩论的主题，而这场辩论有助于理解天然与人工的差异。文明的许多主题就围绕着这一特性：象征着

[1] 参见附录"中国园林游一览表"。此外，在别的地方有少数几座受中国影响的园林。在加州纳帕谷的蒙特莱纳酒庄，有一座简朴而又令人印象至深的湖畔园林，其中有柳树、水洞、曲桥和亭子，就像杭州西湖那样，四周的丘陵皆是"借景"。在英格兰的斯塔福德郡的比达尔夫田庄，有一座中国风的"中国园林"，属于一个包括"日本式"和"埃及式"园林在内的非同寻常的综合设施。另外一些18世纪的英国园林也有所谓的"中式"亭子，它们如同在斯塔福德郡的舒巴勒庄园或沃本乳业的园林那样，或许有迷人之处，但是，却丝毫没有中国味道。在纽约大都会艺术博物馆中国艺术展厅的中央，有一个阿斯特庭院（即"明轩"——译者注），在中国人的协助下，精心修建，极力达到本真的水准。虽然它是纽约市中心里的一个疏朗、幽静的空间，但是，却缺乏一座真正的中国园林所具有的情趣和气度。在美国的一座艾比·奥德里奇·洛克菲勒花园，设计师比阿特丽克斯·法兰德把搜集来的韩国石灯和墓俑，作为园林的中心。一道中国风格的粉红色的墙圈住了外围的园林，其中有用一些日本风格且被随意放在树丛和青苔上的雕塑。里面有一道花瓶形门的墙引向一个开放的园林，其长方形的大草坪围着英国风格的界石。墙的尽头，一个月洞门凸显了一棵古松的景致。此园是受到中国影响的景观设计作品，但是，尽管它借用了中国母题，却既无意也没有获得任何中国园林的真正韵味。

在澳门，有一座令人感兴趣的卢廉若公园，这是有着浓郁葡萄牙风格的中国热带园林。公园于1972年翻修，如今面向公众开放。也有一些其他计划，台湾要重建板桥，这是一座在台北郊外的大家族林家的园林；然而，当时（1978年）那儿却是一片荒芜，而如果重建计划仅仅只是一种良好愿景的话，将一年不如一年。两座颇有新意的中国园林，在中国的协助下，如今在温哥华和旧金山得以筹建。第三座拟建于得克萨斯州的休斯顿。

左　幽静一角，苏州。

右　卢廉若公园，澳门。商人兴建的亚热带花园，融合了葡萄牙和中国的趣味。

儒家的朴素农舍的观念、审美惯例的观念、"气"的观念、与自然"元气"保持一致的需要，以及"道"的观念，等等。

令人意味深长的是，《红楼梦》里的辩论就发生在一座新建的园林里，当时，一家之主的贾政及其儿子宝玉，与一帮文人正在做第一次巡游。由于在大观园中看见一个新建的村庄（或者应该说是逼真的草屋小村²？），从而引发了一场辩论。此村庄坐落在几百株杏树间，由一排稻茎墙头的茅屋组成。贾政对这些事物的反应合乎儒家的规矩，他为在艳俗之物中找到了如此毫不铺张的景观而松了一口气，他笑道："倒是此处有些道理。固然系人力穿凿，此时一见，未免勾引起我归农之意。我们且进去歇息歇息。"

然而，宝玉却对这些事物有新鲜的看法，对天然也有颇为不同的观点。他年少而又有生气，尚未被陈规戒律教化得循规蹈矩——或许，他就是要怀疑自己的教养。首先，他说，他确实偏爱那些色彩鲜艳的楼阁。贾政便恼了："无知的蠢物！你只知朱楼画栋，恶赖富丽为佳，哪里知道这清幽气象。终是不读书之过！"宝玉遂以挑衅的言辞应答，他认为自己从来就不知古人常云"天然"二字为何意。贾政或许是被惹怒了，说出了其儿子想要的那种再也明白不过的结论："'天然'者，天之自然而有，非人力之所成也。"³

宝玉毫不费劲地应对了这种观点："却又来！此处置一田庄，分明见得人力穿凿扭捏而成。"确实，就像此园中的一切，不管显得多么天然，或者大自然会怎样在时间的流逝中何其深刻地改变它们，但是，贾政却早已有认定（"固然系人力穿凿……"）。所以，宝玉抨击的不仅仅是父亲的偶然失误，还有更为深层的传统自然观。因而，他质疑这一村庄处在这么奢华语境中的合理性，以及与自己所认知的乡村不相符合的程度——他说道："远无邻村，近不负郭，背山山无脉，

2　此为大观园里的稻香村。程乙本中的原文为："……俄尔青山斜阻。转过山怀中，隐隐露出一带黄泥筑就矮墙，墙头皆用稻茎掩护。有几百株杏花，如喷火蒸霞一般。里面数楹茅屋。外面却是桑、榆、槿、柘，各色树稚新条，随其曲折，编就两溜青篱。篱外山坡之下，有一土井，旁有桔槔辘轳之属。下面分畦列亩，佳蔬菜花，漫然无际。"——译者注

3　此处有误，因为这段话并非出自贾政之口，而是众人所言。参见《红楼梦》第十七回。——译者注

4　引自霍克斯译：《红楼梦》，第334—337页。

5　此画绢本设色，126.1厘米×187厘米，现藏台北"故宫博物院"。——译者注

临水水无源……峭然孤出，似非大观。"

简而言之，村庄是非天然的或人工的，因为它建得并不协调一致，与"其早已见过的地方的天然形式和精神"相比，尤其如此。宝玉做了怎样的区分呢？有关这一关键段落的两种不同的译文，引出了种种问题。霍克斯的译文是这么往下说的：

> 虽种竹引泉，亦不伤于穿凿。古人云"天然图画"四字，正畏非其地而强为地，非其山而强为山，虽百般精而终不相宜……[4]

正当我们将要听到结论的时候，贾政大声呵斥儿子，争论被打断了。然而，安德鲁·H. 普拉克斯将宝玉在这里的陈述，解释为"一种

《玩古图》[5]，明杜堇作，15世纪。在中国的家庭里，值钱的古玩并非像在西方那样，被永久陈列在柜子或架子上，而是拿出来让主人与其友人一起称赞和欣赏，然后再收藏起来。在这幅画里，一位成功人士请人在私家园林里为自己绘制了一幅随意的画像，而他收藏的青铜器就放在一张桌子上。一道屏风挡住了背后的凉风；头上的树木为其遮阴，园林则因古物的展示而增色。

对强加于人的表述的厌恶，一种对'天然'的有意捣乱，已非中文词语'天然'如此贴切所指的自发本性"。⁶ 他继而引用《园冶》中告诫不要触犯天然（得体）的原则。不过，正如我们在论述《画家之眼》一章中所看到的那样，对构成气韵生动的基本原则的事物，存在两种明显不同却又总是有交叉的观点。它是内在创造的自发原则，是画家内心的"气韵"，而且，同时关乎其与外在自然的"共鸣"；它是心理兼写实的规则，也是创造性个体兼创造性自然的规则。

宝玉如此地搅和，不只是在反对父亲心中传统儒家的简朴观，同时也是在抵制画家们的清规戒律。他觉得，这些观点在与自己对自然的理解进行比较时，就都没什么道理了。他甚至可能会同意奥斯卡·王尔德的文雅反驳，"自然而然是一种何其难以保持的姿态"。⁷ 18世纪英国园林理论家也有过一场类似的关于清规戒律的大论战，他

广东商人潘长耀之园，托马斯·阿罗姆（1804—1872）根据一幅画而创作的版画。这是一位18世纪从事外贸的中国商人名下的一座奇异而又不无俗气的园林。值得注意的是，亭子的叶状屋顶以及活鹿与水禽。艺术家将这一高度风格化的游乐园融进了背景上的自然树林中。

们要促成一种倾向于不规则布局的趣味，以让英格兰乡村显得更为天然。不过，其模式仍然是"人为的"——洛兰和普桑为罗马乡村而作的画！所有的园林如同其中生长的植物一样，一定是人为经营的，假如"天然"被理解为"本来状态"的话。因而，争议是一种伪论战。不过，英国人和中国人都有一种"因地制宜"的倾向，同时偏爱对天然效果的如画渲染。他们都会在方便的时候采用自然主义的观点，也会在讨论这种显而易见的人工性（诸如迷人的假山、神秘的奇石和石窟）时，将这种观点弃之一旁。这样的矛盾是如此明显和持久，表明了它是与若干种根深蒂固的价值观相抵触的。

顺乎"天然"当然就是遵循自然之道，让自己与季节、植物与宇宙的内在节奏相协调，所以，在内心存在与外在现实之间，并没有矛盾之处。由于这既是另一意义上的儒家之礼（正确的秩序或行为原则），也是画家的理想，因而，在宝玉及其父亲都诉诸他们的"天然"观时，许多事物就显出至关重要的特点了。我们正在目睹的是一种基本的哲学争辩，一方是儒家简朴的理想、道家自然天成的理想，以及画家"气韵生动"的理想；另一方则是再现这些理想的若干惯例。毫不奇怪，争辩会在一座园林里发生，因为园林毕竟恰恰是微观的宇宙，在其中，一切力量都会显现出来，或者至少被再现出来——这一观念将我们带向了构成中国园林基础的另一个最重要的主题。

丰富性与无休止的分化

正如我们所看到的那样，人们对园林的使用和想法是多方面的，其中有些还相互矛盾。初看起来，大量有差别的使用似乎无法尝试概括与理解，直到当我们准确地针对这种极度的丰富与对立为止，而其

6　安德鲁·H. 普拉克斯：《原型和寓言》，第 186 页。在前面一页，有关同一辩论的译文稍稍异于霍克斯的译文。

7　这一颇有悖论性的语句出自奥斯卡·王尔德的《好丈夫》（1895 年），《奥斯卡·王尔德全集》，伦敦，1966 年，第 487 页。——译者注

享受家居生活，选自麟庆《鸿雪因缘图记》的木刻，19世纪。总督坐在桌边，看着他的小儿子拿着扇子追逐蝴蝶。一个小庭院坐落在开放的厅堂周围，因而，文人在享受隐居的同时，仍能欣赏悦目和舒心的景致。

万花筒般的格局随之开始变得清晰起来。园林作为大自然丰富性的一个缩影，必须在某种审美层面上容纳所有的体验，而这种容纳创造了一种特殊的空间，对此，我们将很快在下文中论及。

一座园林既可用作独处，也可与友人同乐；既可读书，也可随心嬉戏；既可悄然陶醉，也可养心化育；既可赋诗冥想，也可让家人出户或泛舟，而且，规模也呈皇家的尺度，甚至可容下打仗游戏。与日本或英国的园林中颇为沉思和受动的生活所不同的是，中国园林中的生活是日常功能和沉思默想的融合。由于中国园林是主人的生活和性格的符号，它必定表现和传达其抽象的思想与日常活动，因而，赋予了园林一种不能完全实现的功能——它应以其"万物"象征整个宇宙，同时，使这种丰富性具有相当的可理解性。普拉克斯将此视为所有中国文人园林的基本意义:"文人园林圈定的空间显然'代表'有限创造中的总和。"[8] 然而,这也提出了一个问题,因为,尽管园林竭力要重现世界的整体的可理解性,以及万物可知的观念,但它也颇为显然地摒弃了对这类知识的死板把握。

园林解决这种难以解决的两难境地的方式是双重性的,它竭力将每一点滴体验吸纳到紧凑的空间里;同时,它又不断在相对的两极(阴与阳、实与虚)或普拉克斯已经揭示的五行(另一种原型模式,意即"众多")之间摆动。[9] 总之,园林通过其形式上的手法,象征着整个宇宙。这也部分地解释了在我们看来显得特别奇怪的中国园林的一些特征,例如在一个非常小的空间里塞满密集的意义、密不透风的外观及其不断变化的内容。由于它在情绪和景致上不停地变化,以至于人们不能完全从审美方面进行记述。沈复的一段著名文字就将审美的动机和象征的考虑联系在一起:

> 若夫园亭楼阁,套室回廊,叠石成山,栽花取势,又在大中见小,小中见大,虚中有实,实中有虚。[10]

换句话说,一种事物是另一种事物的替代品或象征——园林作为一种事物的存在,代表更为浩大的宇宙的一部分。一位精通这种象征的文人甚至会欣赏呈现的事物怎样代表了缺席的特性、秋天的意绪怎样暗示了下一个春天,每一种可见的品质(石、虚空和色彩)如何隐含了其对应物(水、充实和无色)。这种否定式的象征主义是一种不断出现的主题,正如我们在皇帝以及画家或文人的态度中所看到的那样,他们都有一种对秋天、古树和空寂的特殊偏爱,部分道理就在于,这些消极的品质都象征着其对立面。在任何一座园林里,两极对

8　普拉克斯:《原型与寓言》,第146页。
9　同上书,第50页。
10　同上书,第167页。

立的用意在于让其中的一极总是增益，而另一极则衰减下去。假如某一品性体现得过多，那么，设计者必须得把钟摆摆到另一方向上，不然，就会停顿下来，而唯如此，才有不断的摆动。沈复接下来的文字就表达了这种无休止的两极化：

> 或藏或露，或浅或深。不仅在"周回曲折"四字，又不在地广石多徒烦工费。[11]

造园的劳作，如同建造者的性格一样，永无完结，总是经历着发展、衰变和改造。但是，这种象征性的理由并不完全说明园林中如此典型的形式方面的丰富与复杂，还有其他的动机在起作用。

神奇的空间

假如说园林确实是一种象征着宇宙以及隐藏其后的仙人之谷或佛教阿弥陀佛的天堂的严肃尝试，那么，其结构就应该与其他宗教形式或仪式化的空间共享某些内容。正如我们所看到的那样，园林的起源是与圣山、神石，皇帝为长生不老而做的某些实际（灾难性的）尝试，以及文人和隐士竭力获取与"道"之奥秘保持和谐的悠久不断的传统联系在一起的。一些晚近的作者宣称，中国人的自然之爱是如此强烈，如中国山水画和园林所表现的那样，以至于形成了一种与儒、道、释相提并论的思想或信仰。[12] 因而，把园林平面图看作是一种实际的宗教形式，这是有道理的，进而可以带着这种眼光去询问它创造了何种类型的体验。

埃德蒙·利奇在其晚近有关不同种类的交流的研究中，揭示了与神话、仪式、禁忌以及宗教相关联的典型形式结构。[13] 他在这些"神话—逻辑"的形式背后，找到了一种颇异于传统事件日常逻辑的模式，这一模式的成因是常态的中断和界限的超越。用他的话来说，儒家的居所在平面图上具有谨慎的表述，具有以高墙划分的严格界限、有序对称和社会等级等，可与道家园林等量齐观，而后者有意打破内在的界限，没有任何清晰的秩序，当然，也就没有任何的对称性。

利奇专门关注的关键概念是途径，由此，人们在其所有的活动中引入了人为的界限，诸如那些将持续流动的时间分为秒、分钟、小时和天等划分。[14] 这些划分将生命的自然或生物的流动，确认为各自的单元，它们如今都获得了社会和宗教的意义。因而，人们可以谈论被标志为不同社会化状态的仪式所切断的社会化时间，例如成人仪式、婚礼、葬礼和康复仪式。标示每一个被清晰区分的社会状态（譬如未婚与已婚之间的空档）的界限，都充满了焦虑，并被感受为时间上的不确定，含混而又庄严。我们或可称中国园林为"空间的不确定"，因为出于可类比的理由，中国园林以其非常态和令人难以理解的模式，打断了城市中平常的社会关系与功能关系。

利奇进一步地描述了介于这些形形色色状态之间的调停者的作用，并发现了一种原型结构，不管这一调停者是一位先知，还是一种类似祭祀这样的仪式化行为方式，或是一座诸如教堂这样的真实建筑。在所有这些例子中，调停者的共同特点在于，他、她或它呈现"临界点的特点——既是凡人，又是仙人；既是人，又是兽；既驯服，又野性"。在上帝之城与众生之城之间调停的《圣经》的先知们，"在荒野中"占据了一种双重的位置。同样，建立在两极对立基础上的中国园林，也竭力在相当矛盾的内容（如拥有后宫的奢华宫殿与拥有简朴菜畦的儒家农舍，道家的洞天福地和赛船的舞台场景）之间进行斡

11 同上书，第168页。

12 譬如，劳伦斯·史克曼在论述山水画时曾说："……中国人的心灵最终在自然界中找到了自己憧憬的一种答案，它比辉煌的皇家宫殿、儒家伦理或大乘佛教万神殿中的众神，显得更为真实和悦人。"参见史克曼和索伯：《中国艺术与建筑》，第186页。亦参见李雪曼：《中国山水画》，第3页，其中讨论了自然哲学的重要性。

13 参见埃德蒙·利奇：《文化与交流：符号连接的逻辑》（剑桥，1976年），第33—36页，第72页，第82—83页。这一简短的"结构主义指南"，在神话、仪式和社会行为的诸种形式的分析与思考上，极有启发性。

14 同上。

旋。这正是利奇描绘的同一类的"临界区域",它旨在进行许多的调停,而其他诸如教堂、墓地和神龛等仪式性的场所也有这样的作用。所有这些宗教或慰藉灵魂的场所都竭力跨越日常社会的时间,以非同寻常的神圣事件打断常态的事件的发展。当然,神圣的事件必须发生在真实的时空之中,但是,它标志着一种状态的转变,这种状态是即时而生且又永恒,甚或为瞬间的感受。在一座名副其实的中国园林里,正如在一出给人带来深刻影响的戏剧中,人们对不同而又有序的差别的感受被一种新的秩序(事件本身的秩序)超越了。

但是,园林真的可以被看作是一种更广义的,同时注视着精神和现世领域的"临界区域"吗?为了支持这一观点,晚近一位居住在中国园林里并又在康涅狄格州自己动手建了一座园林的学者吴讷孙,从另一角度获得了相似的结论。他在《中国和印度的建筑》一书中指出,通常在许多不同中文语境里出现的方圆模式——如建筑平面图、曼荼罗符号——通常分别指天与地。

> (中国的)城市非天然的形态既界定了内部的区域,同时也为外在于正方形之外的世界赋予了意义。同样非天然的秩序——礼(人为的社会规范和正式礼数,以支配自己的行为和情感),也只有在四堵城墙作为其相关性的参照时才起作用。论述礼的大师孔子曾声称,那些"方外"之物不在他关心的范围内,而这一引语在道家经典《庄子》中也意味深长,指的是掌管那一领域的另一种价值观。以天圆地方的基本观念设计而成的中国曼荼罗符号,自中心向外辐射,是一系列交替和同轴的方圆,它们始于和终于方(秩序和人的知识)或圆(混沌和自然真相)……外在于每一个方块,但又内在于下一个更大的圆形的范围,或可方便地

左和右 两种"与众不同的地方"。在亭子中隐现的文人与在月下信步的道士,都要"洗心"——这是中国园林的终极目的。

称为"天人之间"。处于这种永远否定的空间里的中国园林,就介乎建筑与山水画、理性和纯净情感、直线的准确与曲线的自如、可度量的有限性和浪漫的无限性之间。[15]

要了解园林是如何共享曼荼罗的这种二元的神奇形式,或许,我们得看一下最后一座园林苏州留园的平面图。在平面图的东南部分,我们可以辨认出儒家有关居家结构的诸种因素。对称安排的厅堂庭院是朝南的,并传达出一种可预期的社会秩序;不过,由于引入许多紧凑而又眼花缭乱的空间、突兀的角度和局部的远景,以及理所当然会有的假山和树林等,这种秩序被打破和复杂化了。尽管人也确实可以住在那儿,但是,这些地方并非房屋。相反,它们都是介乎不完全能居住的和不完全是天堂的事物之间的"临界点"超越性空间。在东面的主要建筑物被称为鸳鸯厅,这一美满婚姻的隐喻通过既分又合的对称格局来体现。这种仪式与社会意义的产生,以及这类隐喻的无所不在,都在证实一种二元的阐释——诸如此类的地方有意让人解读为同时对两种世界的占据。但是,确确实实,正是整体的格局提供了一种有待解读的宗教观。由此,我们能够理悟什么呢?浑融、杂糅、不确定的空间,以及不确定的时间,等等。

在研究这种格局(花样百出的迂曲进入、围绕中心的不断聚结、假山和流水的复杂组合),以及研究各种各样在园林里拍摄的、难以确定具体位置的照片之后,一种颇为显然的意义就清晰了起来,即这种设计并非想要包罗万象:各种尺度的单元并不充分重复而形成某种图案化的效果;它主要是在一种虚构主题基础上的变体;诸如中心与边缘、前与后等定位,都不是很重要了。确实,虽然主要的湖与亭是某种中心,但是,却又因另一系列的小的中心,以及园林无休止的延

---

[15] 吴讷孙:《中国与印度的建筑》,第45—46页。

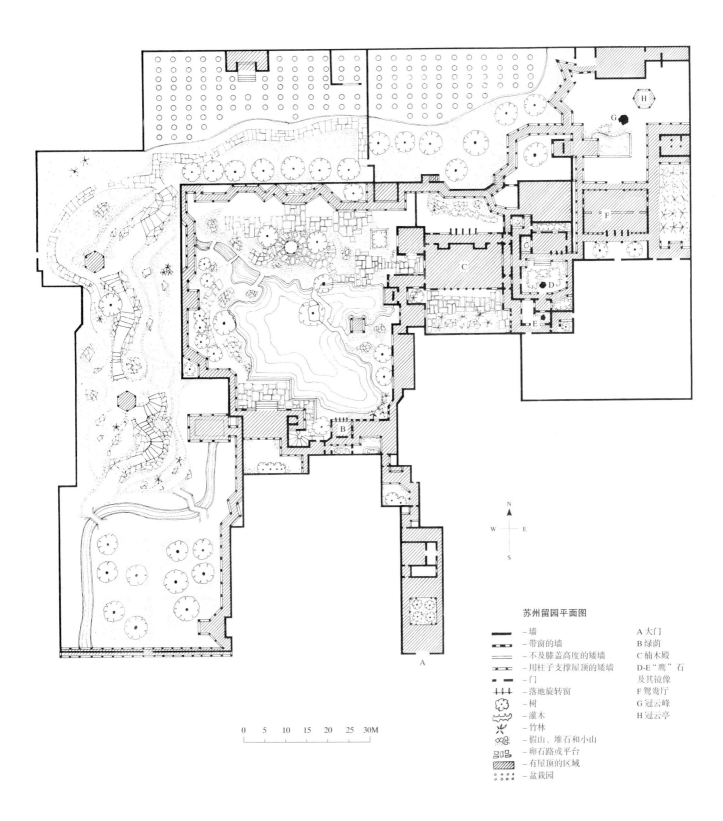

伸而被冲淡了，这也提供了一种引人入胜的体验。这里完全没有像在凡尔赛宫会有的那种势不可挡的"终结感"。虽然有一种最终可以察觉到的复杂秩序，但是，中国人并不像法国人与意大利人所做的那样，把他们的园林安排得井然有序，想象在俯视时可以看得一目了然。中国园林被视为一种线性序列，就像"想象中进入的卷轴画"，显得无穷无尽。正如许多宗教体验和仪式那样，其内在的界限同样变得含混或多义，时间停顿，空间则变得无可限制。它清楚不过地表明，这不仅仅是一种有关复杂性和矛盾性的审美游戏；相反，它还以其自身特定的意义，迷人地替代了充满重任的世界，成为一个与众不同的地方，曾经而且依然是神奇的，无须人为照看。

中国园林游一览表

前页　南京莫愁湖上的亭子。

　　注：本表尽管在1986年版的基础上做了大量的补充，但绝不是详尽无遗的。中国古老的园林，或在旧址上修建的新园林，常常进行修复后再向公众开放。许多传统建筑物，诸如寺庙和住宅，在其庭院和四周的环境中也吸收了类似园林的因素，尽管其自身还不能被称为园林，本表也列入了这样的一些建筑物。非常感谢弗朗西斯·伍德博士提供山东园林的信息。最后，书中附了用汉字写的地名和园林名一览表，以便访问者寻访这些园林。[1]

中国北方

北京地区

　　北海公园：位于北京紫禁城西北方向，10世纪时首次被记载为帝王御苑所在地。如今69公顷的范围，有一半以上是水面，开挖于1179年的一系列湖泊（北海、中海和南海）是其中的一部分，而且，依然流入来自西山附近的玉泉。

　　挖掘的泥土在这里形成了第一个人造山岛"琼岛"，至今犹在，曾依次在忽必烈时期（依照马可·波罗当时的描述）、明代以及清代得以扩大和修缮。不过，你今天看到的绝大部分景物，包括岛上高高的大白塔、与湖岸相连的宽阔的大理石桥，都可回溯到18世纪乾隆

---

[1] 原文中附有中国园林的中英文名称，因为对中文读者而言没有实际意义，故略而不译。——译者注

皇帝造园的年代。中南海周边的园林，如今作为政府办公和居住的地方，不对公众开放，但是，北海却是北京市中心的公园。湖上有船出租，而摆渡木船则在湖心岛和北岸的五龙亭运行。在湖畔和湖心岛上，散落着一些"小景点"、有围墙的园林和宗教庭院建筑，它们定时开放，包括清王储曾经居住的静心斋。1982年正式对外开放的静心斋，被认为是北京古代园林中幸存下来的最佳个案之一。而被称为"濠濮间"（"濠濮间想"，典出道家经典《庄子》）的园中之园，要通过一座莲花池上的桥才能到达，尽管年代较晚，但是，显得颇有魅力，而且在风格上也非常严谨。北海的一些"假山"，据说用了从宋代皇家园林艮岳（毁于1126年）中抢救出来的石头（参见第94—95页）。同时值得看的景物还有：在通往石桥的入口附近，围绕团城中元代石刻的美丽的白皮松；琼岛上的仙人承露像（可回溯到汉武帝对仙人长生不老药寻寻觅觅的观念），以及辉煌的琉璃九龙壁。"琼岛春阴"是传统的燕京八景之一。

宁寿宫花园（乾隆花园）：紫禁城中现存的三座园林之一，是乾隆皇帝出于孝心而建的，他当时认定自己不会像其祖父康熙那样在位长达61年之久。因而，此园沿着南北轴线排列的五个连续的庭院修建——就像宫里东北角的北京四合院落那样——是为皇帝退位后所用（大多数亭阁也是如此命名的）。两个庭院简单地在铺设过的地面上种了树，另外的庭院则布置了假山、亭阁和回廊，虽然相比宫里的其他地方显得更为繁复，却已是中国东南地区的抒情风格，更为自由和不拘形式。它包括第一个庭院里雕刻在禊赏亭地面上的"流杯渠"。宁寿宫花园经修缮之后在1982年向公众开放。

御花园：在北宫门内，背靠紫禁城的高大红墙，是围绕着紫禁城中央的坤宁宫的庭院，进行对称布置。它是宫殿南北主轴线上大庭院中最后一个，也是让人觉得最亲切的园林——一个供皇帝案牍之余消闲的地方。其布局反映出宫廷建筑尺度宏大的特点：每一座居左的亭子，都有一座居右的亭子相对应；奇石被摆在大理石台座上；牡丹和菊花被种植于长方形大理石花床。但是，其规整性由于精致的假山和许多古松而得以调剂，古松高大弯曲的树干撑起了一个由松针织成的天棚，为下面的小径遮阴。晚清时，重修了卵石路（包括在传统的花瓶与亭阁图案中添加的自行车和摩托车），中国末代皇帝溥仪的苏格兰籍教习庄士敦曾一度住在此园西面的平房里。

中山公园：以孙逸仙（孙中山）博士而命

名，是一个坐落在天安门高大西墙后的公园，在紫禁城的外围入口。公园里面还有围墙将其分为若干部分，包括一片种植了俯视高高宫墙和金水河的松柏林。公园大都为平地，由笔直的长廊分出矩形的区隔；公园以精心喂养的金鱼群而著称，在天气较暖和的月份，金鱼被放在陶瓷大水缸中展示。

1983年修复的钓鱼台是一个古老围墙内的园中园，在其形状不规则的小湖四周布置了石头、桥、楼阁和加屋顶的走廊。它如今归属国宾馆的范围，是老北京园林的一个范例，较诸中国东南地区十分著名的园林，更为精心制作，不过略显古板。

恭王府：位于北京旧城区的"后海"。据说，曾经是传教士利玛窦在北京期间的居所。最先，它是乾隆皇帝的宠臣和珅（1750—1799）的私邸，但是，在其失宠以及死后，它就变成了皇家的财产。1851年，此园为恭亲王（1833—1898）所属，他在1860年圆明园被洗劫之后签署了《北京条约》。恭王府也是恭亲王的孙子、著名画家溥濡（溥心畬，1896—1963）童年时居住的地方，1949年之后，他在台湾终老；他是皇室里最后一位拥有这一府邸和园林的人。接着，恭王府变成了后来并入北京师范大学的天主教学校辅仁大学的所在地，有一部分现为北京音乐学院所占。园中有一座令人好奇的小"长城"，还有一个"耶稣会巴洛克风格"的门道，显然属于和珅时期。园中东面有一座华丽的戏楼。总体而言，此园以其相当壮观的建筑，成为北方风格的范例。被称为滴翠岩的假山顶上埋置了蓄水的大陶缸，躲在后面的仆人用水浇淋岩面，以取乐酷暑中的主人和宾朋好友。据说，此园曾影响了曹雪芹在其伟大的18世纪长篇小说《红楼梦》中对大观园的描绘。

竹园：现在被合并为一家不错的川菜馆的旅馆，1956—1975年间，曾被臭名昭著的康生（1898—1975）占住，此公令人奇怪地痴迷传统文化和精美古董。园中环境很是怡人。据说，该宾馆依然属于公安部。

宋庆龄故居：1949年之后，此为孙逸仙遗孀宋庆龄（1893—1981）的官邸，与恭王府处在同一区域，曾是另一清代王府的所在地。如今，依然可寻原园林的痕迹。

大观园：一个完全现代（1980年代）的建筑物，是对《红楼梦》中想象性地描绘的名园的一种重现。选址与历史没有任何的相关性，而且，无论如何，作者曹雪芹（约1715—约

1763）几乎肯定是在北京以外的某个地方构想这一园林的，但是，它或可视为一种18世纪园林设计的重现而让人产生兴趣。

勺园：北京大学校园，前身为燕京大学校址，占据着明代的两大名园，其中勺园是明代书法家、石头收藏家和鉴赏家米万钟（1570—1628）所建。勺园布局的某些痕迹或许存留在现今未名湖周围。晚明时期，北京大学所在的海淀区曾是许多皇亲国戚的名园的所在地。

颐和园：大多数西方人称之为"夏宫"，是一座元代寺庙的所在地，后在1760年代乾隆皇帝执政期被大规模重建。常常被流入北京玉泉水所淹的沼泽地经过疏浚，增高了远处的山丘，同时，挖出的湖曾用于海军作战训练。很快，乾隆皇帝又以母亲六十大寿为由头，在万寿山坡上建了亭台楼阁，而山下则是仿杭州西湖的水中堤道。乾隆命建的美丽石桥，其灵感来自无锡寄畅园的小谐趣园，都还存世。由于1860年英法联军的焚烧和洗劫，加上疏于管理以及当地的偷窃，颐和园曾每况愈下，直到慈禧太后为庆祝六十大寿而在1887年对其重建，除了其他珍品奇物外，还增建了大戏台和石舫。如今，它变成了公园。湖上的船只可租用，商店和饭店都建在一些地势较低的庭院里。多数游客纷纷去往更易进入的区域，并沿着长达728米的长廊步行。长廊一直延伸到万寿山脚下，其横梁上绘有8000余幅装饰性的山水和园林景观彩画。不过，由于公园占地2.9平方公里（其中四分之三为水面）以上，对时间与精力充沛的人来说，尚有许多安静的步行道和景致。

圆明园：多年以来，住在北京的外国人最喜欢的公共场所，一直是圆明园东北角的西洋楼废墟——是1785年时耶稣会神父蒋友仁为乾隆皇帝所建的。这些废墟，如今在农田上，依稀可辨认出湖与洲的轮廓，却是圆明园的仅存。通过王致诚教士的书信，圆明园曾经是欧洲谈论的话题。1980年，在一次学术大会上，中国的建筑师和规划师呼吁将此园重建为国家公园，不过，这尚未实施。同时代的绘画和版画依然存世，使这种重建有可能实现。其中一些最好的作品，如乾隆皇帝委托绘制的大幅系列水彩画，在圆明园落成时就完成了，可以在巴黎国立图书馆预约浏览。

承德避暑山庄：承德位于北京西北200多公里处，依傍一条曾被称为热河的河流；因此，即使是在北方的冬季，温泉也能使冰冻不再。承德四周环山，是自然风光极美的地方，康熙皇帝进行一年一度的巡行满族人故乡时，曾以该地为中途的歇脚点。1703年，由康熙下令修建的避暑山庄首先得到皇帝本人一系列诗篇的赞美，由他命名的三十六景也变成了木刻作品；接着，康熙的孙子——乾隆皇帝也称誉之，进行了修缮，并又添了三十六景。出于政治原因，乾隆在东面山坡上修建了十二座大型寺院，其中七座幸存于世。皇帝们在承德待的时间那么多，以至于它必定会变成一个重要的政治中心，在避暑山庄的南面建了大片的行政楼群。这一座中国最大的园林有一条建在起伏山坡上的围墙。山坡在整个避暑山庄里占五分之四，余下的是栽种了松树和柳树的低地、湖和堤——有一条仿杭州苏堤，同时，各自又都有一系列的亭阁。其中有位于湖中的观莲所与烟雨楼，还有可从后面地平线借景进来的，形态奇特、天然形成的磬锤峰。承德避暑山庄由于不像颐和园或杭州西湖那样可以方便地游玩，因此显得不是那么拥挤，尤其到了秋天，湖面似雾，碧空如洗，山头染成金色一般，是中国最美的景色之一。

山东省

济南

大明湖最早由北魏著名地理学家[2]提及，如今坐落在济南市中心，七十二名泉流入其中。1072年，著名作家、齐州知州曾巩（1019—1083）为水利而修筑堤堰，自此以后湖畔建起了寺庙和园林群，也有了赞誉的诗篇，使之几乎与杭州西湖齐名。在湖的北岸是北极阁，东侧是纪念曾巩的南丰祠。西面是为纪念明代抵抗篡位者而守护济南城的巡抚铁铉（1366—1402）而建的铁公祠，墙上有许多书法碑刻，其中一块由铁铉亲笔题写："四面荷花三面柳，一成山色半城湖。"环绕大明湖而建的公园并入了若干座小园林，包括遐园和小沧浪亭（参照的是苏州沧浪亭），其中小沧浪亭建于18世纪晚期。

济南市以众多的泉水闻名。位于老城西南角的趵突泉，据说不仅仅是七十二泉中的翘楚，而且还是"天下第一泉"。其园林环境皆以泉水为核心。

曲阜

在第七十七代衍圣公1940年随国民党政府去了重庆（后又去了台湾）之前，孔府一直是哲人孔子后代居住的地方。宅邸院落后面是铁山园，始建于1503年。18世纪，当乾隆皇帝的公主嫁给了第七十二代衍圣公[3]时做了修缮。在这座典型的北方园林里，有一棵有四百年历史的柏树。

---

[2] 此当指《水经注》的作者郦道元。——译者注

[3] 乾隆皇帝的公主是否嫁给了第七十二代衍圣公，是一个颇有争议的问题。——译者注

淄博

蒲松龄故居位于古城淄博市郊区，是清代带庭院民居的一个很好的例子。蒲松龄（1640—1715）生前屡屡遭遇科举考试的失败，死后因其具有超自然性的短篇小说而驰名，不少故事也被译成了英语和其他欧洲语言。

中国东部

南京

瞻园：最先在此建园的是佐助建立明代而闻名的将领徐达。清代时，乾隆皇帝两次驻跸此园，并亲自在南门上书写题词，从而奠定了它的声誉。园里的房屋曾二度修缮与扩建，一名太平天国起义领袖曾在此住过，如今内设太平天国历史博物馆。入园后往西，有两个池塘，各自都有一座有趣的假山，相互间由西面的一条溪流和东面的一条长廊连接起来。1949年，中华人民共和国成立之后，此园得以修缮。北山仍保持传统风格，而南山却是有新意的，构思精致，做工考究，1960年才建成。南山的池塘上用平石板铺出一座宛若天成的平台，而"山"本身逐渐上升而形成一浅洞，水便从假山的裂缝处向下直泻。仙人峰是一块精美的太湖石，据称曾是宋徽宗所属，人们从街上透过门廊的窗户可看到这块半隐半现的石头。

煦园：如同瞻园一样，这是一位曾帮助明代强盛的武将的私人园林。清代时，曾是官邸，一度被太平天国起义领袖所占。

莫愁湖：因莫愁女得名，据说南齐时她惨死于此。美丽的莫愁湖柳树环绕，宋元以来即是闻名遐迩的"金陵第一名胜"。靠南的、可通过连续的门廊观赏湖景的两个庭院有一些讲究的老楼，都已修复；同时，添加的现代亭阁是为了让游人多在湖畔走走。但是，总体而言，它现在缺乏一种伟大园林所具有的那种复杂的强度，即使在鱼池中央增加一袭古装的莫愁女白色雕像，也鲜有助益。晚明时，在此湖附近有一座属于阮大铖（1587—1646）之父的园林，他是园林设计大师、理论家计成（1582—1642）的赞助人；此园很可能是由计成本人设计的，但是，却无法考证。

无锡

寄畅园：一座位于大型公园中的有围墙的明代园林，以其借景而闻名——南面是有塔的惠山，西面则是西山，而园中西头的假山巧妙地布置得像是西山的一个天然石头山坡似的。不过，此园是由造园名家张涟在康熙年间建成的，显然，他没能预见到将会有人在自己的作品上再加上现代中国巴洛克风格的照明，也想不到园中的湖——锦汇漪——不只会映照惠山上的塔，而且，有一天还会倒映出两根电话线柱子。然而，这是一座精彩的园林，充满了精心安排的交叉重叠，同时有一种颇异于谐趣园的抒情感，后者是乾隆皇帝下令建造颐和园时模仿寄畅园而建的，显得比较拘谨（参见第110—111页）。此园原本属于秦氏家族，而该家族至少从宋代起就出过几位著名的文官和文学家；其后代中，当记者的秦家骢在《秦氏千载史》一书里记叙了家族的历史，其中包括了一些关于寄畅园的信息。

蠡园：一座20世纪的园林，始建于1920年代，在中华人民共和国成立后又有扩建。它沿着太湖支流的宽阔水域而建，分为两个部分，两者之间有千步长廊相连，由此可以观赏园中景致，一边是湖，另一边则是透过漏窗看到的岸上的田地。近观的话，部分设计和修建显得粗糙，而在大假山上建一座混凝土亭子也显得过分与夸张了。但是，1950年代的四季亭，建于湖畔方塘的四边，却优雅之极，它借景远处的水景、天空、山，以及近处的亭阁轮廓，营造了某种神奇的效果（参见第241—242页和第246页的图片）。

梅园：与蠡园一样，坐落在太湖边上。它是19世纪晚期或20世纪早期的一座私家园林。顾名思义，它以早春时节的梅花而驰名，也有秋季开花时花香浓郁的桂花。除此之外，它似乎没有什么特点了。

扬州

瘦西湖：是在隋唐时期旧护城河的一个弯口基础上逐渐发展的。在清代，由于乾隆皇帝几次南巡的促动，湖畔有厅堂、亭阁、别墅和桥等组成的二十四景。[4] 今天，最令人印象至深的画面就是五亭桥，其细长的红柱支撑起中央大拱门上一组对称的琉璃瓦屋顶。

在湖的南面有一座白塔，规模小于北京北海公园的白塔。据说，这座白塔是用当地的主要特产盐巴在一夜之间建成的，以取悦乾隆；然后，再用更为持久的材料修建以备皇帝再次钦临。在瘦西湖岸边建有若干座（包括徐园在内）私家园林。

个园：建于19世纪早期，是为一位成功的盐商而修建的（扬州是盐业的重要中心之一）。园名中的汉字"个"如果重复的话，就会组成"竹"字，指涉园林的第二个主人广为种植的竹林，而且意味着他要提升其文化地位的意愿，正如一位早期文人谈及竹子时所说：

---

[4] 即卷石洞天、西园曲水、虹桥揽胜、冶春诗社、长堤春柳、荷蒲熏风、碧玉交流、四桥烟雨、春台明月、白塔晴云、三过留踪、蜀岗晚照、万松叠翠、花屿双泉、双峰云栈、山亭野眺、临水红霞、绿稻香来、竹市小楼、平岗艳雪、绿杨城郭、香海慈云、梅岭春深、水云胜概。——译者注

"不可使居无竹。"竹子以及相配的"石竹林"（一种细高的绿石）是该园的特色之一。此外，它也以用不同类型的石头与象征四季的不同植物营造的四座假山而驰名。

何园：另一位盐商的园林，年代晚于个园，它是扬州现存最大的私人园林。18世纪时，原址上还有一座园林，但如今的园林是19世纪最后二十五年间修建的，属于何家，因而被称为"何园"；其正式名字为"寄啸山庄"，而"寄啸"指的是一种与道家练习呼吸有关的发声法。在假山、水面和植物中，建筑的比例很高，甚或还有某种西方风格情调的装饰。此园很大程度上是19世纪晚期的产物。其中一个有趣的特点是有一栋在主庭院池塘上所建的小戏楼，何家的男女宾客可以在周围建筑里看戏（女宾待在楼上的窗户后）。个园和何园都被视为扬州的特色，虽然不如苏州园林那么柔和与抒情，但是，在构思上下了功夫，值得将其修复到过去的那种优雅状态。

平山堂：临近大明寺，是宋代大学者兼官员欧阳修（1007—1072）于1048年所建的园林住宅。欧阳修在官场失意时起了这样的名字，表面上看，是指园林的居高位置及其与扬州周围山丘的空间联系，然而却颇为微妙地暗指他与那些在朝廷受宠的官员不相上下。

片石山房：此园据说是由明末清初著名画家石涛（1642—1708）设计并占用，但如今看来，此园似乎完全是现代重修的建筑。

扬州也是若干座小型私家园林的所在地，它们是否向公众开放，视情况而定。

苏州

温暖的气候、充沛的水源、长期的繁荣以及众多的文人与艺术家等，使得苏州成为中国最著名的园林之城。尽管许多园林已不复存在，但是，一些最有名的园林都得以修缮，并向公众开放。它们几乎总是人满为患，其错综复杂的特点在短暂的游览中令人摸不着头脑，不过，在春天阳光明媚的早晨，在游客尚未入园的半小时里游览，这些园林依然能够成为中国最神奇的地方。

狮子林：是由高僧天如禅师维则的弟子于1342年修建的，成为菩提正宗寺的北园。它以假山驰名，而且，由于"师"与"狮"在中文里是同音词，园名一语双关，既指园中狮子形态的石头，又指天目山上著名的天然狮子岩，那是高僧曾经隐居的地方。据说，有十多位著名艺术家参与了设计，尽管这可能只是传说而已，但其中一位艺术家倪瓒约于1373年为该园画了一幅手卷《狮子林图》。然而，如今的园林，在湖的四周有一大堆奇形怪状的岩石喷涌而出，变成了山峰和洞穴，与画家笔下的那种颇为朴素、用石头垒成的庭院毫无相似之处。一条长廊贯穿大半个园林，墙上有许多镌刻的石碑和精致的"花窗"。20世纪新建的东西，包括湖东北角的一艘用混凝土和木头建成的"石舫"、亭子里彩色亮丽的玻璃窗，以及灯泡裸露的照明设施。所有这一切在我看来都是令人遗憾的。以前，它曾是美籍建筑师贝聿铭家族的私人园林。

网师园：由扬州的某一官员始建于1174年，他去世之后被弃，1770年重建。18世纪时，此园曾以牡丹驰名，19世纪时则频繁地几度易主，最终由收藏家何亚农在1940年代买下这座园林并加以修复。作为被保护得最佳的古代园林之一，网师园所占约半公顷，其独特之处在于向公众开放了相毗房屋中宽敞而又幽暗的厅堂（1958年，苏州市接管时，屋内仍有人居住）。位于园中西北角的小庭院殿春簃为纽约大都会艺术博物馆的艾斯特庭院的设计提供了灵感，后者建于1981年，以为馆内的中国艺术品增色（参见第九章《中国园林的意义》注释1）。

拙政园（源自3世纪一位对朝政不满的文人官员，他曾声称，经营园林乃"拙者之为政"的唯一形式）[5]。原址曾是唐代一位儒家文人的居所，元代时为寺院，后由明代一位仕途顺畅的官吏王献臣重建。他的儿子因赌博而失此园，后再几经易手，最终由吴三桂将军的女婿王永康所得。吴三桂臭名昭著，曾降清，并引清军入关。此园被频频地卖掉、再修、重毁又再修，在太平天国起义期间，被用作忠王府。1930年代，喜龙仁拍摄了杂草丛生、池塘淤塞的拙政园，但是它依然极有情调。如今再次重修之后，被分为三部分，用墙区隔，加在一起，便使拙政园成为最大的古代园林之一。东面的部分是在中华人民共和国成立后加建的，其布局采用现代西方风格，有草坪、若干座亭子，以及土丘上栽种的悦目树林。中央和西侧部分比较丰富有趣，园林绕湖布局，而湖水蜿蜒，拉长得似手指一般，而人们也赞美其营造的那种处身"江南水乡"的氛围。拙政园也因其与明代画家文徵明的联系而著称，文徵明画过并描写过该园；与此同时，拙政园与诗人、剧作家袁枚也有关系，他在18世纪时曾常到此游览。

耦园：该园位于老城区东西部，因在房屋的东西两侧各建有一园，故名。最先由清代早期知府陆锦所建，此园如今的格局得自晚清道

---

[5] 出自晋代潘岳《闲居赋》："筑室种树，逍遥自得……灌园鬻蔬，以供朝夕之膳……此亦拙者之为政也。"——译者注

台沈秉成。西园由一间书房建筑而分为两个庭院，前院有一座非凡的假山。东园则是城里最有意思的园林之一，进入大门，有一个小庭院通往一个比较大而未加开发的空间，周围是带有若干个装饰性漏窗的白墙，以及通往远处园林景观的月洞门。有屋顶的长廊引向此门，进入之后，顺着墙走，便可在园中信步了。双层重檐的正房掩映在高大而又浑然一体的黄石假山后，站在门口是看不见的；假山东侧陡峭地伸向一片窄长、有倒影的池塘。该园的造园匠艺颇受赞誉。蜿蜒曲折的台阶沿着这座假山的山崖铺设，给游人一种穿过深巷的感觉。这里有一条新近铺设的棋盘路面，由于棋盘格偏向右边，因而将视线引向围墙上的系列装饰性窗户。沿着东墙，有一栋双层楼可眺望繁忙的运河、园林以外的城市景观。游客团队通常不安排参观耦园，这使它已显得有点荒芜了，但以其对空间和光的细腻驾驭与许多幽静的角落而成为苏州园林艺术中的一个经典。

留园：建于明代，当时由一位名叫徐泰时的官吏设计。现在的称谓来自后来的主人刘蓉峰，他的姓音同汉字"留"，也表示是经过太平天国起义后留存下来的。该园分成四个部分，面积约2公顷，以其精美的漏窗、细密的路面铺设、由厅堂和过道组成的复杂迷宫、300多件镌刻在石碑上的书法作品，以及"冠云峰"（一块高6.5米并在所在庭院中最引人注目的太湖石）而闻名。

西园：坐落在留园的西面，也由徐泰时所建。后来，它成为了一座寺院，里面依然保留着万佛堂。此园讨人喜欢，却并不特别引人注目，主要以其高大、双层的亭子而著称，人们得从中央的湖两边的九曲桥才能到达亭子。

沧浪亭：该亭如今的布局，依然如同宋代时那样；1044年，该亭在10世纪一座别墅的基础上修建。为其起名的是诗人苏舜钦（苏子美），"沧浪"源出《楚辞》："沧浪之水清兮，可以濯我缨；沧浪之水浊兮，可以濯我足。"后曾毁于太平天国起义，1927年重建，成为苏州美专的一部分，而在其旁边的运河岸上是一座西方古典风格的、显得有点粗糙的建筑。虽然现在的沧浪亭实际上是混凝土结构，但是园中还有一些美丽的庭院和竹子，而一些具有戏剧性装饰效果的窗户，在欧洲人眼里有点"新艺术"（Art Nouveau）风格[6]——光影效果运用得极好，尤其是在边角处连起来的成系列的三间矩形的房间，形成了一条长长的、对角的"走廊"，其中的光线交叉地从格子窗里透进来。阳光泻入两边种植的高大竹林，这使室内几乎变成了绿色，像是水下的洞穴

---

6 "新艺术"指的是兴起于19世纪末20世纪初的一场艺术运动，是西方艺术由古典主义进入现代主义的转折点，在短短的三十年内风行欧美，留下了大量有着自然优美曲线造型的艺术设计杰作。——译者注

似的。双层的看山楼可以看到城外的山景。沧浪亭也以其"借景"门外运河而闻名，由于在墙的两边有一条带窗的通道穿过园林，游人便无以知道园林从何处始又在何处终，因而，感觉比实际范围还要大得多。

怡园：相对晚近，是一位有钱的官员在晚清时修建的。该园坐落在明代书法家吴宽旧宅遗址上。它以巧妙地适应其他更为古老的园林的特点而著称，而且，虽小却是一座复杂、雅致、令人愉快的园林。

艺圃：是苏州小型园林中最具吸引力的一座园林。文震孟（1574—1636）曾是它的主人，他是16世纪画家、诗人和书法家文徵明（1470—1559）的重孙。文震孟的弟弟文震亨（1585—1645）以优雅生活的鉴赏家而闻名，其《长物志》论述了许多内容，也表达了他的园林风格思想。园中的亭子之一——乳鱼亭，据说是明代所建，亭子旁的大假山或许也是明代始建的。面向池塘另一边假山的建筑物，如今是一间茶馆。

环秀山庄：位于苏州刺绣博物馆内。虽然参观者容易到达，但并不作为园林向普通观众开放，因而，尽管不是很大，通常却不那么拥挤。它建于清代中期，出众的假山是18世纪著名叠山大师戈裕良的作品。在园内的小范围里有如此众多的曲径和山坡，以至于游人可以花相当多的时间游览而不会重蹈旧路。可惜，园中植被颇被忽略，曾经长在"山上"根深蒂固的大树和灌木也任其枯死，园内显得颇为荒凉。

鹤园：系苏州市政协的办公场所，尚未正式向公众开放。不过，据说会中文的外宾都慕名前往。它是20世纪早期的小型私家园林，令人愉悦，虽然不值得专门赶去参观。

虎丘：在苏州城外，是著名的古迹，顶上有一座长达1000多年历史的斜塔——云岩寺塔。周围的天然岩石间有一些厅堂亭阁。从此塔眺望，可以看到乡村美景。

上海地区

豫园：位于上海老城区，是一座庞大而又复杂的园林，系一解职官吏潘允端于1559年为取悦年迈父亲潘恩而建。此园屡遭破坏并不断重建，但是，用黄石建成的大型假山据信是原园留存下来的，它是明代造园名家张南阳的作品。园中有若干块令人惊艳的独石，包括玉玲珑（据说是宋徽宗为其艮岳之园收集材料而委托藏石家留下的）。

古漪园：位于上海市城乡结合部的南翔镇，建于16世纪，当时为闵家所属。据说由著名竹刻家朱三松设计，他的许多竹刻作品流传至今。此园历经频繁毁损和重建，一度成为城隍庙灵苑。1980年代，在著名园林史学家陈从周教授的指导下，此园得以精心修复。

秋霞圃：位于上海市嘉定区嘉定镇。16世纪早期曾是一座私人园林，到18世纪早期，变成了寺庙园林。此园在18世纪时合并了隔壁的私家园林，从而形成了如今的格局。自从作为寺庙园林以来，园内还存留了一个气派的戏台。较诸纯粹的私人园林，它保留了相对规整平直的布局。园中有一些形状装饰得非常迷人的门。

小莲庄：位于南浔[7]，过去为一位企业家兼藏书家的家族所属。园中有一间20世纪早期的书房。虽然园林中的一些建筑显现出一种强烈的西方影响，但依然相当迷人地与一个巨大荷花池周围的环境相融合。夏季，荷花盛开时，是一个很美的景点。对那些有兴趣的人而言，到该园一日游，还可以顺道去游览松江佘山的一座气派的老天主教堂。

醉白池：作为上海市内不起眼的地区（以中国人的标准看），松江却一度是重要的实业和文化中心，中国园林史上饶有意味的发展便是在这里发生的。唯一幸存下来的园林是醉白池。如今，该园分为东西两部分，东区是老园。据说，该园曾是明代著名书画家董其昌的住处。他的宅子不乏无价之宝的艺术收藏，却被暴民付之一炬，后者是被董其昌的儿子强抢当地一年轻寡妇所激怒。董其昌手书的一块匾额被保存了下来。17世纪中叶，清代著名画家顾大申重新修建该园，他将池塘作为主要特色加以设计，以纪念其作为主管灌溉工程的工部主事的业绩。他仿喜在安阳家中池塘边的醉白堂饮酒的唐代诗人白居易（而非名气更大、更为嗜酒的唐代诗人李白），为池塘命名为醉白池。自此以后，此处曾是育婴堂和日军的慰安所，如今重修后向公众开放了。

杭州

西湖：三面环山，是中国山水中最受人喜爱和仿效的对象。在有记载的约两千年的历史中，原来的湖事实上被转化成为一个人工湖，而且，其非同寻常的魅力，部分地在于它所提示的人与自然的完美和谐景象。将湖水一分为二的两条种满柳树的堤坝苏堤，是以伟大诗人白居易和苏东坡的名字命名的，他们疏浚并加固西湖，以防御洪水。后来，杭州成为南宋的

7　现属浙江省。——译者注

都城，西湖沿岸建了许多精美的别墅。湖中三叶草状的小岛叫作"三潭印月岛"，"三潭印月"是中国最美景点之一。

郭庄：位于西湖岸上不远处游人不多的地方，也叫汾阳别墅，取自郭家在山西的发祥地。虽然建于1907年，并在后来被毁和重修，但它借景整个西湖，很是迷人，不乏古典气象。当地的新娘最喜欢在那里拍照。郭庄还收藏了一些用树根和竹根制作的造型奇特的家具。

在环湖的山上有许多有名的庙宇，其中最为著名的是灵隐寺。

绍兴

绍兴是王羲之兰亭的所在地，4世纪的文人曾在这里蜿蜒的溪流旁雅集、饮酒和赋诗。兰亭位于市区外的不远处。在那里所见的一切——流水、亭子、鹅池（鹅迂回的动作曾启迪了王羲之的书法）——均是后世重建，不过，却非常迷人。

市内的沈园应该是绍兴本地人、宋代诗人陆游（1125—1210）遇见其妻子的地方，陆游因其独断母亲的逼迫而离婚。他满怀伤悲，在墙上题了一首诗；之后，当曾经的陆夫人重回此园看到此诗时，她也和了一首诗。陆游的这首诗一直是其最脍炙人口和最扣人心弦的作品之一。沈园在20世纪时已相当荒芜，但却是中国为数寥寥的可以展开考古发掘的园林之一，人们发现了一个低矮的土丘和葫芦形的宋代水井，而整座园林也按看上去颇为正宗的宋代风格进行重修。

青藤书屋曾住过两位著名的明代文人，先是疯癫画家、戏曲家徐渭（1521—1593），后来是"风格主义"书画家、诗人陈洪绶（1598—1652）。小庭院里有青藤或葡萄，尽管未必是徐渭所知的那种，而院中名为"天池"的小池是徐渭取号"天池山人"的由来。在另一庭院里，有一座挨着墙而建的小假山，名为"自在岩"。总体而言，这是中国最令人愉悦的园林住宅之一。

直到19世纪和20世纪，绍兴依然诞生出文人。晚清女诗人、烈士秋瑾（1875—1907）故居和作家鲁迅（1881—1936）曾经读书的私塾三味书屋，均是传统建筑兼顾园林因素的优秀例子。

宁波

浙江繁荣的港口城市宁波，是天一阁藏书楼的所在地。天一阁的地面布局为传统的园林风格，最初是范家拥有的私人藏书楼，现在则是中国现存最古老的图书馆（天一阁建于1561年）。其名取义于《易经》中的"天一生水"，在尚无灭火器的时代，调用水，显然对一座藏有数万卷易燃书籍的木质建筑来说，起着重要的作用。该藏书楼作为清代四库全书阁的一种楷模，其本身具有极大的意义，同时对周围的园林也深具影响。

歙县

安徽南部的歙县，从前为徽州府的所在地，当地商人因控制了全中国的盐业（不少扬州盐商来自徽州）和大部分的出版业（包括印刷、造纸和制墨）而闻名。该地区以"三刻"（石刻、砖刻和木刻）而驰名，当地居民也为其特色鲜明的建筑而自豪。历史上，安徽园林的风格似乎有别于作为文化中心地带的江南。虽然该地区的建筑物一般都保护得相当不错，但是，园林却没有留下多少。在坐落于歙县城外（太白楼附近）的园林里的新安碑园（新安是歙县的旧名），汇集了书法碑文，或许会让人获得有关该地区传统园林的某种概念。一些周边的村庄保留（或修复）了传统的"水口园林"，即一种建在流出村外的溪流周围的小公园；这些园林常常是当地成功的商人捐建的，在唐模村就可以看到这样的例子。可以从上海坐火车方便地抵达歙县，但当地为外国人配备的设施比较有限，建议找会中文的人同行。不过，许多旅游者则是通过屯溪机场去往黄山；航站楼外装饰的石头据说是取自休宁附近的坐隐园，该园属于晚明出版家、戏曲家和棋王汪廷讷。虽然已经没有什么园林的痕迹了，但是，有一幅题为《环翠堂园景图》的华丽水印木刻手卷，由其自豪的主人刊于约1608年，人们依然可以欣赏其复制品（原作在"文革"中遗失了）。

中国西部

西安

华清池坐落在离西安约25公里的骊山北麓，上有山径与亭阁。这里的温泉是公元前221年统一中国的秦始皇的"行宫"，他的都城位于如今西安附近。不过，华清池的鼎鼎大名却始于唐明皇，他将其开发为一个大型的宫殿群，冬天时与"四大美人"之一的杨贵妃一起居住。后来，唐代白居易的《长恨歌》描述了他们的故事，从而让每个受过教育的中国人都对此园名及其环境变得耳熟能详，尽管这些地方已毁于逼迫唐明皇下令处死杨贵妃的"安禄山之乱"。华清池在五代时是一座寺庙，清代重修，后来曾是蒋介石专用的场所。如今，唐代的宫殿地基依然固在，而且也可以在杨贵妃迷倒皇帝并且叫得出名字的宫廷楼阁中的温泉里，身心放松地洗浴，但是，建筑物却大多建于1950年代之后，园林以及湖、山坡上建在溪流边的亭阁等，只占原园林的一小部分而已。

成都

杜甫草堂是一座北宋重修过的文人草堂，曾居住过唐代伟大的诗人（也许是中国最伟大的诗人）杜甫。在唐代之后的每一个朝代，此园均被修复和扩建，最后一次修缮是在1949年，如今它有一个长条形的池塘，树丛中建有若干座亭子和庭堂。武侯祠纪念的是三国时期被封为武侯的著名政治家诸葛亮（181—234）及其主子昭烈帝刘备（161—223）。灰瓦红墙组成的一条蜿蜒的小径将杜甫草堂、武侯祠与园林连成一片，而在墙的上方则是高大的竹林，墙壁上显出婆娑竹影。

成都城外的青城山是道观建筑群的所在地，是一个乡村庙宇建筑形成"设计景观"的优秀例子。

中国南部

广州（广东）

在这个城市里有三家著名的老饭店，客人们可以在数个重修、新布置的庭院和古老园林的厅堂里用餐。尽管它们是特别令人享受的餐饮场所，不过，作为园林本身，却有点俗气了。

兰圃在中国大酒店附近，或多或少与广交会的场址相对，是一座现代而又令人愉悦的公园，专门种植兰花等。兰圃以其亚热带的植被，给参观者一种强烈的印象，即不同季节创造的园林风格的差异性。其中有一个小型的苏州风格的园林，原先是为德国举办的园林展而设计的。

"广东四大名园"（事实上，在广东省以外不甚有名）中，或许最迷人的是番禺的余荫山房。此园建于1867年，显现出中国与欧洲的影响的奇妙融合，而这也是广东园林的特点。园中有一个竹编的孔雀笼，不幸的是（或许也是有幸），已不再关孔雀了。可从香港坐渡船到番禺。而顺德的清晖园里混凝土多于植被，并不值得一看。佛山的梁园，也叫群星草堂，如今是广东盆景协会的总部，展出许多精美的盆景；游客还可以游览拥有丰富陶瓷装饰的佛山祖庙，参观佛山有名的陶瓷工厂。在"四大名园"中，前面这三个均位于珠江三角洲西面。第四个名园位于如今制造业发达的东莞的西面，叫作可园。此园建于19世纪下半叶，具有该地区典型的砖砌建筑风格，同时显现出某些欧洲的影响，也是对广东乡村常见的防御性塔楼的模仿；它为园林的主人提供了一种居高临下的视线以及在闷热的夏季凉爽就寝的地方。园林的一部分挨着如今颇为肮脏的池塘，显然一度曾是当地类似于英国乡村养鸭池塘的地方。此园林富有魅力，值得一看。可以方便地从香港或广州坐汽车抵达到东莞。

香港

1990年代，拆除了"九龙寨城"（事实上，在人们的记忆中，它从未被围成寨城，不过，有一种奇怪的法定地位，它是曾被英国割占而由中国行使领土主权的区域），就地建了一座公园。其中包括一座设计得很好的"传统"中国园林，与其说采纳了广东的风格，还不如说沿用了江南的风格。附近也可以看到古老寨城的考古遗址。

澳门

19世纪的卢廉若花园，曾为卢家所属，如今成为公园。与"广东四大名园"有相似之处的是，它也具有中国南方风格和欧洲影响的交融，尽管更为倾向于葡萄牙的风格。作为越来越喧哗的澳门城中的怡人绿洲，卢廉若花园是举办澳门音乐节的表演场所。如同其他南方园林一样，它也体现了气候与植被究竟在多大程度上会影响园林的风格。

参考书目

所胪列的是论述中国园林的著作与文章，或收录自从《中国园林》初版之后以英文和其他欧洲语言出版的有关这一主题的讨论，再加上一些玛吉·凯瑟克没有参考过的较早出版的著作和论文。虽然中文图书不在其中，但是，在注释中提供了某些细节，中文读者也可以参考冯仕达的《论述中国园林的二手资料指南》。

1. 班宗华：《桃花源：中国绘画中的园林与花卉》，纽约大都会艺术博物馆，1983年。
2. 玛丽安娜·比克特：《中国园林》，科隆，1983年；第2版，慕尼黑，1988年。
3. 白馥兰：《技术与性别：晚期帝制中国的权力经纬》，伯克利：加州大学出版社，1997年。
4. 邓肯·坎贝尔：《祁彪佳的〈寓山注〉：译介》，《园林史与景观设计研究》，第19卷，第3—4期，1999年7—12月，第243—275页。
5. 陈从周：《说园》，陈雄山等英译，上海：同济大学出版社，1984年。
6. 陈淏子：《花镜：17世纪中国园丁实用指南》，朱尔·阿尔芬法译，巴黎：普隆出版社，1900年。
7. 陈励先：《苏州园林建筑艺术》，南京：译林出版社，1992年。
8. 邱治平：《〈园冶〉：中国园林论》，《亚洲II – 发展空间》，弗洛拉·布兰勋编，巴黎：巴黎-索邦大学出版社，1993年，第281—296页。
9. 邱治平：《正当性和明晰性：圆明园的景观》，《园林史与景观设计研究》，第19卷，第3—4期，1999年秋冬号，第364—375页。
10. 邱治平、吉尔·波特·贝尔蒂埃：《圆明园》，贝桑松：印刷出版社，2000年。
11. 钟华楠：《中国园林艺术》，香港：香港大学出版社，1982年。
12. 柯律格：《长物：早期现代中国的物质文化与社会状况》，乌尔班纳和芝加哥：伊利诺伊大学出版社，1991年。
13. 柯律格：《硕果累累的住所：明代中国的园林文化》，伦敦：雷克逊图书公司，1996年。
14. 柯律格：《明代园林的理想与现实》，《真正的园林：一次园林研讨会》，张四发、E.德·琼编，莱顿：克卢修斯基金会，1991年，第197—205页。
15. 柯律格：《馈赠与园林》，《方向》，第26卷，第2期，1995年2月，第38—45页。

16. J.C.库柏:《道家园林的象征性》,《比较宗教研究》,1977年秋季号,第224—234页。

17. 约翰·达德思:《明代的风景:江西泰和县的定居、土地使用、劳动力以及审美倾向》,《哈佛亚洲研究杂志》,第49卷,第2期,1989年12月,第295—364页。

18. 约翰·达德思:《明代社会:14—17世纪的江西泰和县》,伯克利、洛杉矶和伦敦:加州大学出版社,1996年。

19. 埃莉诺·冯·厄达伯格:《欧洲园林结构中的中国影响》,布雷默·怀登庞德编,波士顿:哈佛大学出版社,1936年。

20. 费慰梅:《梁思成和林徽因:探索中国建筑史的伴侣》,费城:宾州大学出版社,1994年。

21. 菲利普·弗雷:《绘制承德:清代的山水规划》,檀香山:夏威夷大学出版社,2000年。

22. 菲利普·弗雷:《1780年承德皇家园林的愿景》,《园林史与景观设计研究》,第19卷,第3—4期,1999年秋冬号,第343—363页。

23. 冯仕达:《中国明代散文中的语词与园林:关于方法问题的札记》,《界面》11,1997年,第77—90页。

24. 冯仕达:《关于将就园的札记》,《乌托邦研究》,第9卷,第1期,1998年,第142—148页。

25. 冯仕达:《〈园冶〉读解中的跨学科方面》,《园林史与景观设计研究》,第18卷,第3期,1998年秋季号,第211—231页。

26. 冯仕达:《论述中国园林的二手资料指南》,《园林史与景观设计研究》,第18卷,第3期,1998年秋季号,第269—286页。

27. 冯仕达:《〈园冶〉中的此处与彼处》,《园林史与景观设计研究》,第19卷,第1期,1999年春季号,第36—45页。

28. 冯仕达:《刘士龙的乌有园》,《新大地》,第2卷,第4期,1997年秋季号,第15—21页。

29. 安托万·古尔乃:《中国园林的空间布局》,《亚洲II-发展空间》,弗洛拉·布兰勋编,巴黎:巴黎-索邦大学出版社,1993年。

30. 郝大维、安乐哲:《中国园林的宇宙观背景》,《园林史与景观设计研究》,第18卷,第3期,1998秋季号,第175—186页。

31. 肯尼斯·詹姆斯·哈蒙德:《王世贞有关弇山园的散文:解说一座文人园林》,《园林史与景观设计研究》,第19卷,第3—4期,1999年7—9月,第276—287页。

32. 乔安娜·F.汉德斯·史密斯:《祁彪佳社交世界中的园林:明代晚期江南的财富和价值观》,《亚洲研究学刊》,第51卷,第1期,1992年2月,第58—81页。

33. 夏丽森:《计成〈园冶〉的社会背景》,《真正的园林:一次园林研讨会》,张四发、E.德·琼编,莱顿:克卢修斯基金会,1991年,第207—214页。

34. 夏丽森:《胡应麟的〈别花人〉:译文和评述》,《园林史与景观设计研究》,第19卷,第3—4期,1999年秋冬季,第272—275页。

35. 何瞻:《徽宗的神岳:开封艮岳游乐园》,《华裔学志》,第38卷(1989—1990),第1—48页。

36. 韩文彬:《11世纪中国绘画与私人生活:李公麟的〈山庄图〉》,普林斯顿大学出版社,1998年。

37. 韩文彬:《北宋的艺术与认同性:来自园林的证据》,《宋元艺术》,何慕文、朱迪思、G·史密斯编,纽约大都会艺术博物馆,1996年,第147—164页。

38. 韩文彬:《独乐园中的景点命名及其意义》,《园林史杂志》,第13期,1993年,第199—213页。

39. 韩庄:《能之核,地之骨:中国艺术中的石头华美协进社》,纽约:中国之家画廊,1985年。

40. 胡东初:《至善之道:艺术与哲学对中国园林设计的影响》,北京:新世界出版社,1991年。

41. 胡广俊:《米万钟(1570—1628)的勺园:透过视觉和文献资源重访晚明山水》,《园林史与景观设计研究》,第19卷,第3—4期,1999年7—12月,第314—342页。

42. 洪业:《勺园图录考》,第5卷特刊,北京:哈佛燕京学社引得编纂处,1933年。

43. 计成:《园冶》,夏丽森英译,玛吉·凯瑟克撰写前言,纽黑文、伦敦:耶鲁大学出版社,1988年。

44. 计成:《园冶》,邱治平译自中文版并加注释,贝桑松:印刷出版社,1997年。

45. R.斯图尔特·约翰斯顿:《中国的文人园林:中国私家园林空间设计的研究与分析》,剑桥大学出版社,1991年。

46. 玛吉·凯瑟克:《中国园林》,《设计图书评论》,1985年,第7期,第38—40页。

47. 玛吉·凯瑟克:《中国园林指南》,《建筑设计》,56,9(1986年),第41—47页。

48. 玛吉·凯瑟克:《中国园林导论》,《真正的园林:一次园林研讨会》,张四发、E.德·琼编,莱顿:克卢修斯基金会,1991年,第189—195页。

49. 玛吉·凯瑟克、朱迪·奥伯朗特、乔·魏:《在一座中国园林里:中山公园古典园中的艺术与建筑》,温哥华中山公园协会,1990年。

50. 梁庄爱伦:《仇英描绘的司马光独乐园和中国园林的景观》,《东方艺术》,第33卷,第4期(1987—1988冬季号),第375—380页。

51. 李琼恩、高居翰:《张宏的〈止园图〉:重访一座17世纪的中国园林》,洛杉矶艺术博物馆,1996年。

52. 刘敦桢:《苏州古典园林》,约瑟夫·C.王英译,纽约:麦格劳希尔公司,1993年。

53. 刘敦桢:《苏州传统园林》,弗朗西斯·伍德英译,《园林史》,第10卷,第2期(1982年秋季号),第108—141页。

54. 约翰·麦克汉姆:《儒家在命名传统中国园林中的作用》,《园林史与景观设计研究》,第18卷,第3期,1998秋季号,第187—210页。

55. 斯蒂芬·马克巴雷特,《上海豫园》,《亚洲艺术》,第9卷,第6期,1979年第11—12月号,第99—110页。

56. 梅泰理《深入认识中国传统植物学知识》,《真正的园林:一次园林研讨会》,张四发、E.德·琼编,莱顿:克卢修斯基金会，1991 年，第 215—223 页。
57. 梅泰理：《中国古代文人园丁》，《中国传统农业和应用植物学杂志》，1995 年，第 37 卷，第 1 期，第 31—44 页。
58. 梅泰理：《略论中国传统"文人园林"和植物》，《园林史与景观设计研究》，第 18 卷，第 3 期，1998 秋季号，第 248—256 页。
59. 梅泰理、尼科尔·斯托布尔·泰希尔：《中国菜园》，韦威：食品博物馆，1997 年。
60. 闵福德：《中国园林：一个死亡的象征》，《园林史与景观设计研究》，第 18 卷，第 3 期，1998 年秋季号，第 257—268 页。
61. 宗像清彦：《神秘的天堂与中国古典园林》，《物品》，第 15 期，1988 年春季号，第 61—88 页。
62. 宗像清彦：《中国艺术中的圣山》，乌尔班纳、芝加哥：克兰纳特艺术博物馆、伊利诺伊大学出版社，1991 年。
63. 毕梅雪、安娜·莎耶等：《圆明园：中国宫廷的水戏和 18 世纪欧洲宫殿》，巴黎：文明研究出版社，1987 年。
64. 皮埃尔·苏珊娜·兰巴赫：《万寿园》，日内瓦：斯基拉出版社，1987 年。
65. 皮埃尔·苏珊娜·兰巴赫：《中国与日本的万寿园：筑石的艺术》，纽约：里佐利出版社，1987 年。
66. 薛爱华：《古代中国的猎苑与动物保护》，《东方经济和社会史杂志》，第 11 卷，1968 年，第 318—343 页。
67. 江文苇：《片山碎石：中国园林中的石头》，《东方艺术》，第 44 卷，第 1 期，1998 年春季号，第 18—27 页。
68. 喜龙仁：《中国与 18 世纪欧洲园林》，纽约：罗纳德出版公司，1950 年。
69. 喜龙仁：《中国园林的建筑元素》，《建筑评论》，103 卷，第 618 期，1948 年 6 月号，第 251—258 页。
70. 维多利亚·M. 苏：《交织在一起的中国与欧洲：畅春园西洋部分新探》，《园林史与景观设计研究》，第 19 卷，第 3—4 期，1999 年秋冬号，第 376—393 页。
71. 石泰安：《微观世界：远东宗教思想中的园林和住所》，巴黎，1987 年。
72. 石泰安：《微观世界：远东宗教思想中的园林和住所》，菲利斯·布鲁克斯英译，斯坦福大学出版社，1990 年。
73. 司美茵：《语词与图像重构的明代园林》，《园林史杂志》，第 10 卷，第 3 期，1990 年，第 162—172 页。
74. 司美茵：《明代中国的一座文人园林：梦想与现实》，《亚洲艺术》，第 3 卷，第 4 期，1990 年秋季号，第 31—51 页。
75. 雷吉娜·蒂里耶：《蛮夷的镜头：西方人拍摄的乾隆皇帝的西洋宫殿》，阿姆斯特丹：戈登和布里奇出版社，1998 年。
76. 诺拉·蒂特雷、弗朗西斯·伍德：《东方园林》，伦敦大英图书馆，1991 年。
77. 张四发、E. 德·琼编：《真正的园林：一次园林研讨会》，莱顿：克卢修斯基金会，1991 年。
78. 朱亚新：《中国园林中的风景设计》，纽约，1988 年。
79. 童寯：《中国建筑中的外来影响》，《天下月刊》，第 6 卷，第 5 期，1938 年 5 月，第 410—417 页。
80. 彼得·沃尔德：《中国园林植物》，伦敦：韦德菲尔德和尼科尔森出版公司，1999 年。
81. 彼得·沃尔德：《中国园林》，波特兰：蒂姆博出版社，2002 年。
82. 汪德迈：《中国插花》，《亚洲艺术》，第 11 卷，1965 年，第 2 分册，第 79—140 页。
83. 文以诚：《家庭财富：王蒙 1366 年〈青卞隐居图〉中的个人家境与文化类型》，《东方艺术》，第 13 卷，1982 年，第 1—29 页
84. 王绰：《中国园林》，香港：牛津大学出版社，1998 年。
85. 王毅：《传统中国园林室内陈设与外在空间的关系》，布鲁斯·多尔、约翰·麦克汉姆英译，《园林史与景观设计研究》，第 18 卷，第 3 期，1998 秋季号，第 232—247 页。
86. 赫尔穆特·威廉：《石崇及其金谷园》，《华裔学志》，第 18 卷，1959 年，第 314—327 页。
87. 汪荣祖：《失乐园：皇家园林圆明园》，檀香山：夏威夷大学出版社，2001 年。
88. 弗朗西斯·伍德，《苏州传统园林》，《园林史》，第 10 卷，第 2 期（1982 年秋季号），第 108—141 页。
89. 吴世昌：《关于中国私家园林起源的札记》，葛瑞丝·M. 博因顿英译与缩减，《中国杂志》，第 23 期，1935 年 7 月，第 17—22 页。
90. 许亦农：《时空中的中国城市：苏州都市形态的发展》，檀香山：夏威夷大学出版社，2000 年。
91. 许亦农：《相互作用的形象和事实：苏州沧浪亭》，《园林史与景观设计研究》，第 19 卷，第 3—4 期，1999 年秋冬号，第 288—301 页。
92. 杨鸿勋：《中国古代园林：历史和设计技巧》，纽约：凡·诺斯特兰德·雷恩霍德出版公司，1982 年。
93. 蔡九迪：《石头的秘密生命：明清想象中的物品与藏家》，《方向》，第 30 卷，第 5 期，1999 年 5 月。
94. 张岱：《陶庵梦忆》，由布丽奇特·特博尔·王译自中文并做介绍和注释，《东方知识》，巴黎：伽利玛出版社，1995 年。
95. 钟鸣（音译）：《中国园林的记录与维护的一种途径》，《真正的园林：一次园林研讨会》，张四发、E. 德·琼编，莱顿：克卢修斯基金会，1991 年，第 225—230 页。
96. 朱钧珍：《中国园林植物景观艺术》，北京：外文出版社，1992 年。

索引

A

澳门 291，292，321
阿罗姆 294
阿弥陀佛的极乐之园 127
安禄山之乱 320
安徽 239，278，319

B

巴金 14
白居易 132—136，140—141，172，247，252，258，275，277，317—319
白檀 263
白塔山 99
半亩 233，235
柏树 262—263，272，311
百合 261，263
班固 59，61，69
趵突泉 310
北京 5，9，16—17，21，23，25—26，28，34，49，56，67—68，72—73，79—81，96—100，104，106，108，124，157，190—192，210，212，214—215，217，219，220—221，223，233，235，236，247，251—252，261—262，271—272，278—279，282，284，286，306—310，312
北海公园 16，98—99，106，223，251，282，306，312
亳州 278

C

沧浪亭 136—138，206，223，310，315—316
畅春园 104，108
长安 82，86，87，132，270，277
长城 97，106，203，308，
《长物志》316
曹雪芹 308—309
曹州 278
陈从周教授 8，317
陈淏子 139
陈洪绶 131，318
陈知节 86
成都 34，320
成化 266
成吉思汗 96—97
承德（热河）5
慈禧太后 73，100，106—107，109，112，286，309
《楚辞》56，58，63，275，315
萃秀堂 193

D

大观园 182—183，292，308—309
大明湖 310
大明寺 313
大水法 100
大血藤 264
《道德经》117，146，253
道家 28，31，60，68，112，117—119，121—123，126—127，129，131，146，166，236，240，253，267，274，288，295，299—300，307
道教 31，72，122，125，150
殿春簃 8，35—36，48，314
钓鱼台 308
丁香（也参见紫丁香）107，261，264，288
东莞 321
董其昌 10，317
董仲舒 71
冬青树 263
杜甫 223，320
杜甫草堂 320
杜堇 293
杜鹃花 50，261
杜松 262
杜绾 241
《独乐园》9，134，135，137，242

E

萼绿华堂 92

F

凡尔赛 21，28，190，303
范成大 269

范宽 157—159
舫 107—109，185—186，198，309，314
方丈 69，83
汾阳别墅 318
风水 6，93，249
佛山 320
佛香阁 107—108
佛陀 267
佛教 117，126，127，129，133，146，214，256，267，270，298，
佛教徒 127，146，267，270
福海 79
芙蓉花 57
《浮生六记》137，275，283

G

高凤翰 131
个园 22，25，39，48—49，57，92，96，107，191，193，203，212，283，312，313，314
戈裕良 7，316
艮岳 93，94—95，307，317
恭亲王 308
恭王府 10，308
顾大申 317
古漪园 317
冠云峰 239，304，315
广东 10，32，66，207，214，224，247—248，261，265，282，285，294，320—321
广西 53，235，262
光绪皇帝 100
桂林 53，90，235，262
桂花树 272
郭熙 160，176
郭庄 318

H

哈拉和林 97
汉代 58—59，61—62，66，69—71，73，76，83—84，90，117，231，261，267，273，275
汉高祖 70
汉武帝 61，69，83，231，307
杭州 34，67，90，95，96，97，106，134，162，207，244，248，256，258，309，310，317，318
荷花 57，79，244，251，256，267，275，278，280，282，283，288，310，317

何仙姑 267
何园 41，121，313
《红楼梦》14，17，54，182，183，223，273，291，292，308，309
鹤园 316
红花檵木 262
《鸿雪因缘图记》120，208，211，233，296
虎豹别墅 178
虎丘 235，316
湖畔宫殿园林 98
华清池 86，319—320
华山 63，156
华兹华斯 160
槐米树 41
环秀山庄 316
黄巢 270
黄公望 174—175
黄河 53
黄幼藻 280
惠山 312
慧远 128
徽宗皇帝 90，118，162，233

J

寄畅园 49，110，111，309，311，312
计成（也参见《园冶》）1，7，10，33，34，83，162，183，189，311
济南 310
寄啸山庄 313
集虚斋 35，49
嘉定 317
夹竹桃 202
建章宫 69
江南 1，5，10，11，105，117，190，314，319，321
江苏 165，217，239
江西 11
蒋友仁 100，247，309
桀王 81
锦带花 261—262
金谷园 123—124
金缕梅 262
《金瓶梅》183
金水河 26，308
金银花 262
荆浩 154
《静听松风图》163
景山 28

菊 261，268，269，274，275，278，283，284，307

K

开封 88，94，247
看松读画轩 35，40，44
康生 308
康熙皇帝 79，104，255，265，284，310
柯勒律治 97，160
可园 189，321
孔子 72，117，121，253，300，310
昆仑山 63，64，231
昆明湖 79，104，107—109，114，210，248

L

兰圃 224，320
兰亭 125—126，318
兰花 57，200，224，265，273，278，284，286
兰亭 125—126，318
老周 286
老子 117
梁园 320
勒·诺特尔 21，190
乐农轩 72，108
冷枚 187
李白 275，317
李德裕 140，233
李格非 140—141
李公麟 158—159
李嵩 284
李贤 58
李渔 173，176，204，207，233，236，238，239，272
李约瑟 85
蠡园 75，90，240，247，312
梨 53，86，262，272
《离骚》275
利玛窦 308
《礼记》275
漓江 235
骊山 278，319
连翘 261
列子 60
《临流独坐图》157，159
灵隐寺 256，258，318
麟庆 120，208，211，233，235，296
灵芝 66，69，93

柳 23，56，95，104，106，162，185，190，198，199，224，227，255，269，270，272，279，310
刘伶 118，122
刘蒙 269
刘蓉峰 315
留园 67，189，197，208，214，215，239，286，302，304，315
龙华植物园 67
龙王岛 104，107—108
卢鸿 133
卢廉若花园 321
陆锦 315
庐山 128，132，252
鲁迅 318
陆游 278，318
栾 272
罗聘 186
洛兰 17，74，282，295
洛阳 34，63，82，135，140—141，277—278
吕梁瀑布 121

M

马可·波罗 96—97，256，261，307
马麟 163—164
马力斯 262—263
马远 72
满族人（也参见清代）310
梅花 87，119，145，173，185，199，265，267，272，312
梅园 94，312
玫瑰 12，36，187，261—262，286
蒙古人 96—97，169
孟子 81—82，104，112
米芾 158，233
米万钟 9，309
《明皇幸蜀图》145，149
茉莉 261—262
莫愁湖 185，306，311
莫是龙 176
牡丹 124，208，217，261，263，275，276，277，278，280，283，307，314
木兰 36，39，251，263

N

南海 90，98，100，306—307

南京 34，185，211，212，284，306，311
南翔 317
南浔 317
南阳 274—275，317
内园 185，197—202
尼克尔森 33
倪瓒 163，165—166，169，174，314
宁波 227，261，319
牛僧孺 233

O

欧阳修 313
耦园 12，315

P

潘恩 317
盘古 253
番禺 320
潘允端 194—196，199，201，317
泡桐 271
蓬莱 69，83
片石山房 313
盆景 35，42，44，66，67，68，173，220，231，235，241，250，283，320
平山堂 313
平泉 140
拼音系统 11
蒲柏 32，191
蒲松龄故居 311
普桑 295
葡萄牙、葡萄牙人 261，321

Q

祁彪佳 9，11，181，195
齐宣王 82
七星岩 247—248
气 7，28，33，36，41，44，54，68，69，79，80，82，83，85，92，93，99，104，106，107，119，121，126，128，132，134，135，140，150，154，155，160，164，166，169，170，173，175—176，178，185—186，189—190，199，200，202，211，214，226，238，240—241，247，248，251，255—256，258，262—263，265，267，274—275，278，279，283—284，292，294—295，308，313，317—318
气韵生动 150，154，294，295
钱穀 126
乾隆皇帝 21，24，46，49，100，104，106，107，109，110，114，191，220，223，247，307—312
乾县 58
青城山 320
秦始皇 61，69，319
清晏舫 107—109
清代 8，54，98，131，176，193，278，307，308，311，312，315，316，317，320
清晖园 320
群星草堂 320
琼华岛 98
秋海棠 217，274
秋牡丹 263
秋瑾 317
秋霞圃 321
楸树 271
仇英 17，124，134，146，156，172，173，175，242
曲阜 310

R

荛花 263
热河（也参见承德）5，106，310
日本 6，14，17，68，70，112，255，259，265，296
日本园林 17
阮大铖 311

S

三味书屋 318
桑树 56，270
山茶花 261
山东 58，72，278，286，306，310，315
山荆子 262
山水 10—11，18，28，31，33，54，56，72，82—83，105，117，119，123，125—129，132，141—142，145—146，148—149，151，154—156，159—160，162—164，166—178，185，194，200，204，217，221，224，228，235，238—240，242，263，271，275，298，302，309，317
舜 315
宋代 34，94，96—97，134，159—160，191，193，265，268，278，307，312—313，318
宋单父 278

宋庆龄 308
松江 10，317
瘦西湖 312
苏堤 310，318
苏东坡 134，139，158—159，164，244，248，266，318，
隋代 82，84
隋炀帝 82—84，247
随园 204，211—212
孙克弘 122
孙逸仙博士（孙中山）308
苏舜钦（苏子美）315
苏州 2，4—6，8，9—10，12，15—16，33—35，42，55，67—68，73，94，114，134，136—138，146，148，165—166，169—171，186，188—189，194，197，205—206，208，210，212，214—215，217，219，223—224，233，235，239，240，242，245，249—250，252，256，269，279—280，283，286，291，302，304，310，313—316，320

T

太湖 42，90，94，176，235，248，278，312
太湖石 94，118，120，157，173，176，196，233，235，239，241—242，311，315
太平天国起义 199，311，314—315
太阳王（路易十四）21，28，74
泰山 64
台湾 7，109，291—292，308，310
坦普尔爵士 31
唐代 17，58，62，84，87，89，93，123，132，154，231，233，252，254，285，267—268，273，275，278，314，317，319—320
唐岱 24，46，274
唐明皇 85—87，97，273，275，319—320
桃 53，59，83，88，97，202，261，267，272
桃花源 8，33
陶潜（陶渊明）125，129—132，134
天安门 308
天津 361
天目山 314
天彭 278
天如 313
天堂之城（杭州）256
天一阁藏书楼 247，319
铁山园 311
铁线莲 261
铁铉 310

童寯 1，16，38，159，191，202，211
同里镇 217
退思园 217

W

万寿山 72—73，79，104，107—108，112，309
王蒙 11，175—176
王维 132，156—147，149—150，154—155，170，172，196，291
王羲之 125，318
王献臣 314
王永康 314
王致诚神父 21，23，25—26，28，31，49，105，212
王尔德 288，297—298
辋川 132，146—147，149—150，196
网师园 8，15，34—36，38—42，44，48，55，76，194，205，217，223，314
汪廷讷 319
威尔逊 262—264
魏明帝 243
惟则 242，243
文徵明 165，169—172，314，316
翁万戈 8，17，139，149
沃勒维孔特 74
无为 122—123
无锡 34，49，74—75，90，94，107，110—111，188，240，247，309，311
吴道子 154
吴宽 316
吴讷孙 17，291，300，302
吴三桂 314
武则天 84，89，277
梧桐 14，271

X

喜马拉雅山 50，53，64，263
西特韦尔 284
歙县 319
夏代 81
香港 2—3，68，178，275，320
香椿树 270
小瀛洲 244
杏 53，73，90，199，261，263，265，292
日本杏花（梅花）265
须弥山 127

西安（长安）86—87，319
西湖 95—96，139，162，164，207，240，248，256，258，291，309—310，312，317—318
西山 97，106—107，114，134，262，306，312
西王母 156，272
西园 72，158—159，164，181，196，312，315
禊赏亭 307
遐园 310
咸丰皇帝 80
仙人（长生不老）6，53，64，67—70，74，93，109，117，127，145，156，176，178，198，201，231，235，243，255，298—299，307，311
小沧浪 250，310
小飞虹 171，250
小莲庄 317
榭 35，83，94，140，181，185，189，194，198—199，224
谢赫 150
谢家 125
谢鲲 125
谢灵运 125，128—129，131，247，275
谐趣园 49，107，114，309，312
新安碑园 319
新加坡 178
休宁 319
绣线菊 261
煦园 314
徐达 314
徐渭 318
徐熙 284

Y

烟雨楼 255，310
杨贵妃 86—87，97，275，319—320
杨鸿勋 6，247—248
扬州 30，34，84，174，312—314，319
阳朔 53，235，262
耶稣会（也参见王致诚、蒋友仁、利玛窦）21，31，100，106，191，247，308—309
野菊 269
宜昌 262—263
颐和园 9，16，49，72—73，79，100，104，107，109，112，114，172，210，214，219—220，223，248，286，309—310，312
《易经》56，319
怡园 148，208，252，316
银杏 199，261，263

樱草花（报春花）264
英国皇家园艺协会 261
阴阳 202—203，243，248
瀛台 100
瀛洲 6，69，83，244
永乐皇帝 98
玉华堂 198，201
玉泉 106，108，114，306，309
余荫山房 10
豫园 6，118，185，188，191，193—195，197—199，201，203，210，220，231，239，316
御花园 9，67，81，105，157，191—192，214，217，233，279，286，307
寓山（寓山园）9，181
元代 169
尤求 270
袁广汉 73—74，117，139，231
袁枚 211—213，271，315
圆明园 6，8，22—25，27—28，38，46，79—80，84，100，105—106，108—109，112，212—213，247，252，274，308—309
《园冶》（也参见计成）7—82，16，32—33，141，150，155，159，162，173，175—176，186，189—190，193，203—204，208，211，213，235—236，238—239，248，255，294
云南 50
云实花 263
芸（沈复之妻）137，139，275，283
月桂 261
月桂树 272—273
越秀公园 224

紫丁香 264
紫禁城 9，21，26，28，67，81，98—99，105，157，191—192，214，217，221，233，236，247，278—279，286，306—308
紫藤 208，210，215，263，274，288
中山公园 3，68，214，308
周代 58
周敦颐 266—267
周文王 56，82—83
朱德将军 224
朱勔 94
朱三松 317
竹 312，313
竹林七贤 188，122
竹园 134，308
庄士敦 192，308
庄子 117，119，121，253，300，307
拙政园 6，73，148，165，169—172，181，188，194，206，217，219，249，250，280，314
祖秀 92，94—95
醉白池 317
坐隐园 319

Z

斋 35，48—49，163，181，185，212，227，250，307
张衡 59，69
张宏 8，117，276—277，323
张涟 7，10，312
张伦 231—232
张南阳 317
张彦远 154
瞻园 174，311
召公 272
赵孟頫 158
浙江 1，227，319
郑州 63
止园 8，117，276
淄博 311

致谢

除了以下所列的图片，本书中的园林图片均由玛吉·凯瑟克拍摄。对以下个人与机构许可复制档案材料并提供本修订版的图片，表示感谢：

英格丽德·博斯·莫里约翰
布里奇曼艺术图书馆
大英博物馆
彼得·海登
安·雅克
查尔斯·詹克斯
柏林国家博物馆东亚艺术博物馆（斯杜宁摄影，1991）
台北"故宫博物院"
密苏里州堪萨斯城纳尔逊-艾特金斯美术馆
大阪市立艺术博物馆安倍收藏馆

本书第一版的图片来源：
航空摄影有限公司
巴黎国立图书馆
大英博物馆
艾弗里·布伦戴奇收藏馆
京都知恩院
华盛顿特区弗利尔美术馆
哈佛燕京图书馆
火奴鲁鲁艺术学院
纽约摩尔斯收藏馆

台北"故宫博物院"

纽约王季迁夫妇收藏

翁万戈收藏

香港沃伦·金收藏

出版方为本修订版的出版感谢以下人员：

项目编辑：乔·克里斯蒂安

装帧设计：贝姬·克拉克

图片编辑：苏·格拉德斯通

制　　作：金姆·奥利佛

译者后记

我接手翻译玛吉·凯瑟克的《中国园林：历史、艺术和建筑》一书，颇为偶然。

我自小在南方长大，对那儿的古典园林，如宁波的天一阁，颇有亲近感，但是，却从未下过什么研究的功夫。因而，也一直没有动过要翻译园林方面著作的念想。

2008年，我为莅临北京大学讲演的美国著名学者查尔斯·詹克斯担任口译，并在讲演之后与其一起商议如何组织翻译他的代表性著作《现代主义的临界点：后现代主义向何处去？》一书。2009年，我访问英国皇家艺术学院时再遇詹克斯先生，当面就其著作翻译过程中发现的诸多问题一一讨教，他对中文翻译团队的认真态度颇为感慨，专门抽出时间和我讨论文本细节的翻译问题……从此，我俩也有了忘年交。每次路过伦敦，就会拜访他，一起神聊，颇为开心。

本书的作者玛吉·凯瑟克（1941—1995）是詹克斯先生的已故夫人，他因之极为看重中文版的翻译与出版，毕竟这是一本研究中国园林文化的重要著作。他也一度有意让我联系他们夫妇俩共同的友人、上海同济大学教西方建筑史的罗小未教授来亲自担纲本书的翻译，觉得她理当是《中国园林：历史、艺术和建筑》最理想不过的译者人选。可是，等我辗转联系上了罗教授时，才发现她年事已高。大概读了我用英文写的电子邮件（写英文只是为了做抄送时方便詹克斯先生也能读到），罗教授反倒觉得我才是最合适不过的译者，就极力提议我来接手翻译本书。后来，詹克斯先生也来信表达此意。作为晚辈，如此受托于两位长辈，自己就只有恭敬不如从命了。所幸的是，北京大学出版社很快慨然承诺了中文版的出版。

于今看来，玛吉·凯瑟克的著作依然有特别的价值。1978年，此书在纽约出版；1986年，在伦敦和纽约出版修订过第二版；2003年，再分别由哈佛大学出版社和伦敦弗朗西斯·林肯有限公司出版,至今仍不失为了解中国园林的一本重要参考书,也被学界屡屡引用。

玛吉·凯瑟克第一次到中国还只有4岁。她曾分别在上海、香港接受过教育,对中国及其文化的认知极为具体而又丰富。多年来,她和中国的园林史学家,如同济大学的陈从周先生,保持着密切的交往。与此同时,她无数次地考察和品味中国各地的园林,搜集了大量的第一手资料。她对中国园林(尤其是苏州园林)的挚爱在西方学者中显得极为突出。某种意义上,本书也可以说是其酷爱中国园林的一种心路历程的记录。

玛吉·凯瑟克本人并不缺乏亲身参与园林设计的实践。她曾同丈夫查尔斯·詹克斯先生一起,在苏格兰老家的私人大庄园里设计了颇具特色的景观园林。因而,在我看来,可能很难再有一位作者会像玛吉·凯瑟克那样对传统的中西园林以及当代园林有如此深入的了解和细致的体会,她的《中国园林:历史、艺术和建筑》堪称一本不可多得的导览,也是我们了解西方人如何激赏中国传统园林的一种重要参照。或可参照着独特的中西园林的比较,我们更能体味中国园林本身所包含的精彩精神意蕴。

作者在本书中不仅仅是一位尽心的游览者而已,她还试图在纵深的历史和宽阔的对照中把握中国园林的精粹。其中,既有追本溯源的梳理,也有典型个案的描述与分析,因而,是一本颇有研究深度的论著。与中国的园林研究者不同,她更为敏感于研究对象的特点,同时,又对需要从容体验的细节、气氛、趣味等投入了长期的、常人颇难比肩的功夫,做出了具有独特见地的描述与总结,行文明快通畅。因而,这本书于今读来,不仅令人开卷有益,而且始终也是沉甸甸的,给人以绵绵不绝的启迪。

在今天，似乎越来越多的现代平庸建筑包围甚至矮化了原本应该是幽静怡心的中国园林，这真是蒹葭倚玉树的莫大尴尬。就此而言，中国古典园林无疑正在离我们远去……这本书或许会是一种不错的提醒，同时，我们从中也能获得一种再认识中国园林的崭新动力，进而思考如何让更多的人甚至全世界的人深切领悟这份依然呈现一定活态的文化财产的独特魅力。

当然，如何在理性和感性的把握中重新体悟中国园林的价值观，作为中国人的一种必修的文化课，就不只是体现为一种学术意义上的思究和努力，而更应当成为某种身体力行的践履。或许，只有当我们的当代建筑和景观设计不再与传统园林渐行渐远，而是并行不悖甚或相映生辉时，我们才有资格说，我们是传统中国园林当之无愧的继承和发扬者！

是为后记。

2013年5月22日
谨记于北京蓝旗营寓所

补记

拙译的编辑与出版因故有所拖延，而关心的朋友又不少，因而在个别刊物上发表过若干章节（其中有些署名为陈蕾和丁译林）。

令我特别遗憾的是，原作者的丈夫詹克斯先生生前极看重已故妻子著作中译本的面世，每每写信，必有提及，可是他已于2019年10月13日去世，再也无法看到中译本的出版了。同时，曾被选作《中国园林》中译者的罗小未教授亦于今年6月8日辞世，我也不再有机会呈上拙译请益了。

谨补记之。

2020年8月18日